迈向碳中和：我国海洋油气行业低碳发展战略与转型路径

米立军　尹汉军　陈宏举　编著

科学出版社

北京

内 容 简 介

本书聚焦海洋油气行业低碳发展战略与转型，系统总结了作者团队多年来关于海洋油气低碳开发及 CO_2 封存技术战略方面的研究成果。全书共7章，围绕全球应对气候变化形势，全球油气行业低碳转型趋势，海洋油气低碳开发战略，海洋可再生能源发展战略，海上碳捕集、利用与封存 (carbon capture, utilization and storage，CCUS) 发展战略、海洋碳汇发展战略展开介绍，主要阐释海上油气生产过程的源头控碳、过程降碳及末端治理关键技术的发展现状及趋势，评估我国海上 CCUS 封存潜力，并提出面向碳中和的海上 CCUS 发展战略，旨在为国家海上油气低碳发展和 CO_2 封存提供战略决策和技术储备。

本书主要面向 CO_2 封存利用领域专业技术人员及碳减排从业人员，也可以作为碳减排技术和 CO_2 地质封存相关专业本科生、研究生和科技人员的参考书。

图书在版编目（CIP）数据

迈向碳中和：我国海洋油气行业低碳发展战略与转型路径 / 米立军，尹汉军，陈宏举编著. -- 北京：科学出版社，2024. 8. -- ISBN 978-7-03-079132-0

Ⅰ. F426.22

中国国家版本馆CIP数据核字第20246HA336号

责任编辑：万群霞　李亚佩 / 责任校对：王萌萌
责任印制：吴兆东 / 封面设计：无极书装

科学出版社 出版

北京东黄城根北街 16 号
邮政编码：100717
http://www.sciencep.com
北京中科印刷有限公司印刷
科学出版社发行　各地新华书店经销
*

2024 年 8 月第 一 版　开本：787 × 1092 1/16
2025 年 1 月第二次印刷　印张：11
字数：260 000

定价：198.00 元
（如有印装质量问题，我社负责调换）

前　言

随着全球人口和经济规模的不断增长，以 CO_2 为主的温室气体排放导致全球变暖并引发一系列生态环境问题。为应对全球气候变化和环境污染带来的挑战，中国提出了碳达峰、碳中和的重大战略决策。如何实现 CO_2 减排成为解决全球变暖问题的关键。我国海域二氧化碳地质封存潜力达 2.58 万亿 t，具有封存盖层条件好、安全性高、封存潜力大等优势，利用海上沉积盆地开展 CO_2 地质封存是实现我国"双碳"目标，特别是沿海地区规模化碳减排的必然选择。本书汇集作者团队多年来关于海洋油气低碳开发及 CO_2 封存技术战略方面的研究成果，旨在与广大科研工作者及工程技术人员共同探讨，以促进 CO_2 封存利用理论与技术发展，推动我国碳达峰、碳中和技术进步。

本书对标国际油公司，聚焦海上油气生产过程的源头控碳、过程降碳及末端治理关键技术发展现状及趋势，开展海上油气开发全过程低碳减排路径研究，探索海上油气低碳技术发展战略，并评估我国海上 CCUS 封存潜力，结合我国沿海地区碳封存需求，开展沿海 CCUS 产业集群规划研究，提出面向碳中和的海上 CCUS 发展战略。

本书由米立军提出总体编写思路，共 7 章，分别是全球应对气候变化形势、全球油气行业低碳转型趋势、海洋油气低碳开发战略、海洋可再生能源发展战略、海上 CCUS 发展战略、海洋碳汇发展战略及总结与展望。第 1 章由米立军、温阳、王昭等编写；第 2 章由陈宏举、张一平等编写；第 3 章由魏澈、邱银锋、车久玮、孙盛平等编写；第 4 章由于邦廷、高翔、周宇航等编写；第 5 章由刘强、李林涛、李彦尊等编写；第 6 章由于航、郭雪飞等编写；第 7 章由尹汉军、孙丽丽等编写；本书由米立军、陈宏举、尹汉军、刘强、魏澈统稿，最后由米立军统一审定。

在本书编写过程中，得到了中海油研究总院有限责任公司新能源研究院各级领导和专家、中海油研究总院有限责任公司工程研究设计院相关领导和专家的大力支持与帮助，在此，谨向给予本书大力支持的专家和同仁表示诚挚的谢意！此外，本书引用了许多专家和学者的文献资料，在此表示感谢。

受专业知识范围所限，以及从事低碳与新能源研究的经验不足，书中难免有不足之处，真诚希望广大读者见谅并提出宝贵的意见和建议，以期在今后的研究和写作工作中不断改进。

作　者
2024 年 2 月于北京

目　　录

前言
第1章　全球应对气候变化形势 ·· 1
　1.1　国内外低碳政策 ··· 1
　　1.1.1　国外低碳政策 ·· 1
　　1.1.2　国内低碳政策 ·· 6
　1.2　国内外油气行业低碳政策 ··· 9
　　1.2.1　国外油气行业低碳政策及趋势 ································ 9
　　1.2.2　国内油气行业低碳政策及趋势 ······························· 12
　1.3　国内外低碳政策对油气行业的影响 ······························ 14
　　1.3.1　"双碳"目标对油气行业的影响 ····························· 14
　　1.3.2　"双碳"约束下油气行业转型发展主要举措 ··············· 15
　1.4　小结 ·· 18
　参考文献 ·· 18
第2章　全球油气行业低碳转型趋势 ······································ 21
　2.1　国内外油公司低碳转型策略 ·· 21
　　2.1.1　国外油公司碳中和目标与路径 ······························· 21
　　2.1.2　国内油公司碳中和目标与路径 ······························· 23
　2.2　国内外油气行业低碳转型的典型案例分析 ····················· 25
　　2.2.1　壳牌的典型案例分析 ·· 26
　　2.2.2　道达尔能源的典型案例分析 ···································· 28
　　2.2.3　埃克森美孚的典型案例分析 ···································· 30
　　2.2.4　艾奎诺的典型案例分析 ·· 32
　　2.2.5　中国石油的典型案例分析 ······································· 34
　　2.2.6　中国石化的典型案例分析 ······································· 38
　　2.2.7　国家管网的典型案例分析 ······································· 40
　2.3　小结 ·· 42
　参考文献 ·· 43
第3章　海洋油气低碳开发战略 ·· 45
　3.1　海上油气行业碳排放现状 ··· 45
　3.2　海上油气低碳转型的总体路径 ····································· 52
　　3.2.1　减排总体路径 ··· 53
　　3.2.2　增汇总体路径 ··· 53
　3.3　海上油气行业典型低碳技术应用成效案例分析 ··············· 54

3.3.1 岸电应用案例分析 ·················· 54

3.3.2 海上风电典型案例分析 ·················· 56

3.3.3 海上光伏典型案例分析 ·················· 57

3.3.4 海上氢能典型案例分析 ·················· 60

3.3.5 海洋能典型案例分析 ·················· 63

3.3.6 CO_2 回注及 CO_2 回收利用 ·················· 65

3.4 小结 ·················· 66

参考文献 ·················· 67

第 4 章 海洋可再生能源发展战略 ·················· 68

4.1 海上风电发展战略 ·················· 68

4.1.1 海上风电发展现状 ·················· 68

4.1.2 海上风电发展潜力 ·················· 72

4.1.3 海上风电发展战略 ·················· 73

4.2 海上光伏发展战略 ·················· 74

4.2.1 海上光伏发展现状 ·················· 74

4.2.2 海上光伏发展潜力 ·················· 79

4.2.3 海上光伏发展战略 ·················· 80

4.3 海洋能发展战略 ·················· 82

4.3.1 海洋能发展现状 ·················· 82

4.3.2 海洋能发展潜力 ·················· 86

4.3.3 海洋能发展战略 ·················· 88

4.4 海上风电制氢发展战略 ·················· 89

4.4.1 海上风电制氢发展现状 ·················· 89

4.4.2 海上风电制氢发展潜力 ·················· 91

4.4.3 海上风电制氢发展战略 ·················· 92

4.5 小结 ·················· 93

参考文献 ·················· 94

第 5 章 海上 CCUS 发展战略 ·················· 95

5.1 CCUS 对碳中和的作用 ·················· 95

5.1.1 CCUS 在中国碳中和中的作用 ·················· 95

5.1.2 CCUS 对海上油气低碳发展的作用 ·················· 95

5.2 海上 CCUS 发展现状及趋势 ·················· 96

5.2.1 国内外海上 CCUS 项目发展现状及趋势 ·················· 97

5.2.2 CCUS 技术现状、问题与挑战 ·················· 102

5.2.3 海上 CCUS 关键技术趋势 ·················· 109

5.3 全球海上 CCUS 典型案例分析 ·················· 113

5.3.1 挪威 Sleipner 项目 ·················· 113

5.3.2 澳大利亚 Gorgon CCS 项目 ·················· 115

5.3.3 日本苫小牧 CCS 项目 ·················· 116

5.4 我国海上 CCUS 产业发展现状 ··· 118
　　5.4.1 我国沿海典型碳源分析 ··· 118
　　5.4.2 我国近海 CO_2 地质封存适宜性分析 ······························· 121
　　5.4.3 我国海上 CCUS 源汇匹配分析 ··· 127
5.5 小结 ··· 128
参考文献 ··· 129

第 6 章　海洋碳汇发展战略 ·· 131
6.1 海洋碳汇政策 ·· 131
　　6.1.1 国际海洋碳汇政策 ··· 131
　　6.1.2 国内海洋碳汇的政策 ·· 134
6.2 发展海洋碳汇措施及潜力 ·· 140
　　6.2.1 海洋碳汇技术研究进展 ·· 140
　　6.2.2 国内发展海洋碳汇措施及潜力 ··· 147
6.3 我国发展海洋碳汇挑战与建议 ··· 156
　　6.3.1 我国发展海洋碳汇的挑战 ··· 157
　　6.3.2 我国发展海洋碳汇的建议 ··· 157
6.4 小结 ··· 158
参考文献 ··· 159

第 7 章　总结与展望 ·· 160
7.1 海上油气低碳发展现状总结 ··· 160
7.2 碳中和下海上油气低碳发展趋势展望 ·· 161
7.3 海上油气低碳发展的思考与建议 ·· 164

第1章　全球应对气候变化形势

1.1　国内外低碳政策

气候变化问题是目前人类社会可持续发展面临的最大环境挑战，积极应对气候变化是实现可持续发展的内在要求。在全球应对气候变化的发展过程中，有三个里程碑式的成就：一是1992年通过的《联合国气候变化框架公约》（以下简称《公约》），其最终目标是根据本公约的各项有关规定，将大气中温室气体的浓度稳定在防止气候系统受到危险的人为干扰的水平上；二是1997年通过的《京都议定书》，是《公约》的补充条款，其签署是为了人类能免受气候变暖的威胁，是气候谈判以来全球第一个具有约束力的共同减排行动；三是2015年通过的《巴黎协定》，形成了2020年后的全球气候治理格局，是迄今为止第二个具有约束力的，也是缔约方最多、应对气候变化决心最大的共同减排行动。

1.1.1　国外低碳政策

为应对气候变化，美国、欧盟各国、日本等国家纷纷响应，积极制定符合本国国情的低碳发展目标和战略，这些政策主要涉及低碳技术、节能减排、循环发展等各个领域，具有明确的政策导向。

1. 美国推进低碳发展的主要经验和措施[1]

美国的低碳政策受其执政党和总统的影响，不具有连贯性。

1）奥巴马执政期间（2009～2017年）

奥巴马执政期间，高度重视低碳发展，推动形成了较为完善的低碳政策体系，如表1.1所示。

表1.1　奥巴马执政期间美国主要低碳政策[1]

年份	政策	主要内容
2009	《2009美国复苏与再投资法案》	投资580亿美元用于新能源开发与利用，包括发展高效电池、智能电网、碳储存、可再生能源（风能和太阳能）等
	《2009美国清洁能源与安全法案》	加强能源生产、利用效率，进一步细化和明确新能源标准，发展智能电网技术
2010	《美国电力法》	设定减排目标，2020年比2005年减排17%，2050年减排83%以上；针对主要碳污染源建立逐步降低的碳排放量上限[2]
	《电动汽车促进法》	推广电动汽车

续表

年份	政策	主要内容
2010	《新电厂温室气体排放标准》	提高新建电厂排放标准，促进电力部门节能减排
2013	总统气候变化行动计划	美国第一份全国气候行动计划，其核心是减少发电厂的碳排放，加强可再生能源发展
2015	《清洁电力计划》	提高燃煤电厂热效率，扩大天然气发电量，应用可再生能源发电

在国际上积极引导气候治理，奥巴马积极参与历次联合国气候变化大会，促使美国和其他国家签订了一系列的合作计划，如"北美气候、清洁能源和环境伙伴关系行动计划""美加清洁能源对话行动计划(第二层级)"等，推动低碳发展。2015年，美国与中国发表了《中美元首气候变化联合声明》，坚定推进落实国内气候政策，加强双边协调与合作并推动可持续发展和向绿色、低碳、气候适应型经济转型的决心。

美国国内层面，积极发展低碳经济，推动节能减排，颁布了一系列政策法案和指导文件。充分利用市场机制，促进风能、太阳能等可再生能源的发展，推动能源结构不断调整和优化；通过税收、补贴等手段，支持低碳技术创新，促进企业和个人层面的碳减排。这些措施都对美国的低碳发展产生了积极作用。

2) 特朗普执政期间(2017～2021年)

特朗普执政期间，以消极的态度应对气候变化问题，其政策倾向于支持传统的能源行业发展，实施了一系列新的举措，影响了美国的碳减排效果。但由于美国长久以来坚持发展低碳经济奠定的丰厚基础，特朗普执政期间美国的低碳发展整体方向并未改变，美国能源部、部分州政府和企业依然坚持发展低碳技术，形成了"自下而上"的减排模式，只是减排效果不够理想，见表1.2。

表 1.2 特朗普执政期间美国主要低碳政策

年份	政策
2017	特朗普政府签署"促进能源独立和经济增长"的行政命令，撤销部分减碳政策法案，废除了《清洁电力计划》[3]
2018	美国内政部宣布允许在美国几乎所有水域进行钻探的计划，这是史上最大的海上石油和天然气租赁扩张计划[4]
2019	特朗普政府用不限制排放的平价清洁能源规则取代了奥巴马时期的清洁能源计划
2019	美国正式退出《巴黎协定》，使全球范围内的碳减排受到巨大影响
2020	特朗普政府发布了新的车辆排放标准，预计将导致额外的10亿 t CO_2，使美国的年排放量增加约1/5[4]
2020	特朗普政府批准北极国家野生动物保护区的石油租赁计划，首次开放这片原始荒野进行石油钻探[4]

3) 拜登执政时期(2021年至今)

拜登执政时期，美国重新以积极的态度应对气候变化。2021年1月27日，拜登在白宫签署了一项名为"应对国内外气候变化危机"的行政令，宣布一系列应对气候变化的政策举措。行政令的第一部分主标题即指出，"把应对气候危机置于美国外交政策和国家安全的中心位置"，将应对气候变化上升为"国策"。

(1) 提出"3550"目标，到 2035 年通过可再生能源实现无碳发电，到 2050 年实现碳中和。

(2) 开展"气候外交"。行政令提出美国将通过联合国、七国集团以及二十国集团等多边机制，"发挥领导作用，促进大幅提高全球气候目标，以应对气候挑战。"

(3) 首次在白宫内设置气候政策办公室，协调有关气候政策的决策过程。为此还专门成立了"国家气候工作组"，由国家气候顾问主持工作。设立了"总统气候问题特使"的新职位，代表总统全权负责气候变化事务。

(4) 修订和加强《国家环境政策法》[4]。

(5) 发布《应对国内外气候危机的行政命令》《清洁未来法案》等，将发展清洁能源与美国经济发展相结合，加速各部门的低碳发展。

(6) 2021 年 2 月，美国方面宣布，正式重新加入《巴黎协定》。

(7) 2022 年，美国能源部发布《工业脱碳路线图》，该路线图确定了减少美国工业部门排放的四个关键途径。同期还宣布了一项 1.04 亿美元的融资资助，用于推进工业脱碳技术的发展。

(8) 美国能源部宣布启动四项计划，以帮助在美国建立一个商业上可行、公正和负责任的二氧化碳清除行业，共投资 37 亿美元。

从美国整体的低碳政策发展过程可以看出，美国充分利用市场机制，促进可再生能源的发展，推动能源结构不断调整和优化；通过税收、补贴等手段，支持低碳技术创新，促进企业和个人层面的碳减排，形成了"自下而上"的减排模式，为我国的低碳发展提供了宝贵经验。

2. 欧盟推进低碳发展的主要经验和措施[5]

欧盟自《京都议定书》后就以争当气候领域的"领军者"为己任，不仅注重将自身的国际承诺转化为每个成员国的减排责任，更注重对其他国家的引领和示范，持续推动国际及内部的碳减排进程。以下从萌芽期、探索发展期、成熟期对欧盟的低碳政策进行总结。

1) 萌芽期 (1990 年以前)

欧盟早期的低碳发展举措以污染治理为主，以源结构调整为辅。这些举措虽然并未直接针对碳排放，但也对欧盟减少碳排放起到了积极作用，见表 1.3。

2) 探索发展期 (1991~2017 年)

在初步提出减排目标之后，欧盟主要从发展新能源、调整能源结构角度出发进行减碳政策的制定与实施。环境污染治理取得一定效果之后，欧盟也更加重视气候变化问题，同时为解决能源依赖问题，欧盟的减碳政策重心转移至发展新能源方面，见表 1.4。

表 1.3   萌芽期欧盟主要减碳政策

年份	政策	主要内容及意义
1973	第一个环境行动计划纲领	提出要减少环境破坏，标志着欧盟(欧共体)开始从环境保护角度讨论气候方面的举措[6]
1986	《能源政策》	奠定欧盟能源政策法律基础，提出开发利用可再生能源[7]
1987	《单一欧洲法令》	对欧盟能源政策做出规定，将环境问题的重要程度与其他领域统一
1988	《能源内部市场》报告	构建欧盟(欧共体)一体化的天然气与电力市场
1990	欧共体减排要求	将 2000 年的二氧化碳总排放量控制在 1990 年的水平

表 1.4   探索发展期欧盟主要减碳政策

年份	政策	主要内容及意义
1991	《马斯特里赫特条约》	催生了欧洲联盟。重点关注能源、土地整治与利用等领域
1995	《欧盟能源政策白皮书》	完成了欧盟能源发展总政策制定任务
1997	《未来能源：可再生能源——共同体战略与行动计划》	把可再生能源在一次能源消费中的比例从1995年的6%提高到2010年的12%，到2050年在能源供应结构中达到50%[8]
1998	《能源行动框架计划》	制定欧盟能源行动框架[9]
2000	第一个欧洲气候变化计划	大力开发利用新能源，同时发展碳排放交易市场，推动欧盟各成员国的碳减排
2005 年至今	欧盟碳排放交易体系	优化市场资源配置，推动欧盟低碳发展
2006	可持续、竞争和安全的欧洲能源绿皮书	统一欧盟内部电力与天然气市场；保证供电的可持续性、竞争性和安全性[10]
2007	《2020 年气候和能源一揽子计划》	将"20-20-20 计划"作为减碳目标，提高可再生能源利用、减少各部门碳排放、扩展欧盟碳排放交易体系及发展碳捕集与封存技术
2011	《2050 年迈向具有竞争力的低碳经济路线图》《2050 年能源路线图》	提出相比1990年，在2050年将碳排放量减少80%~95%
2012	第七个环境行动计划	提出了2050年欧洲环境和社会的总体愿景。提出开展气候变化政策立法、提高能源利用效率、投资绿色创新等，要求将减碳融入各部门中
2014	《2030 年气候与能源政策框架》	到2030年将温室气体排放量在1990年的基础上至少减少60%
2017	《强化欧盟地区创新战略》	以创新技术推动欧盟脱碳[11]

3）成熟期（2018 年至今）

在这一时期，欧盟发布了一系列政策来制定碳中和实施路径。考虑到欧盟自身碳排放情况与经济特点，其重点举措为持续创新新能源技术、拓展碳排放交易体系、严格各行业产品碳排放标准、发展碳汇项目、全面推进能源税等，全面推进各部门的碳减排，重点降低能源、建筑、交通行业的碳排放，同时辅以创新负排放技术、应用财政政策、发展绿色金融、增加碳汇等政策，共同推动欧盟碳中和目标的实现，见表 1.5。

表 1.5　成熟期欧盟主要低碳政策

年份	政策	主要内容及意义
2018	《欧盟 2050 战略性长期愿景》	能源、建筑、交通、土地利用与农业、工业、循环经济等多方面入手，推动欧盟全面低碳化发展
2019	《欧洲绿色新政》	使欧洲到 2050 年成为"首个气候中立的大陆"
2020	《欧洲气候法》	以法律的形式来推动欧盟碳中和目标的实现
2020	《欧洲新工业战略》	帮助欧洲工业向气候中立和数字化转型，并提升其全球竞争力和战略自主性
2020	《生物多样性战略 2030》	制定了 30 亿棵树的植树目标，推动恢复生物多样性的同时增强碳吸收
2021	《欧盟适应气候变化战略》	旨在为欧盟提高气候变化适应能力、降低面对气候变化的脆弱性、实现碳中和等目标，提出实施措施与路径，主要通过技术创新、数字化发展、各部门碳减排、财政政策、提高新兴技术投资等方式来实现碳中和
2021	减碳 55(Fit for 55)计划	碳定价、发展可再生能源、能源税
2021~2030	碳排放交易体系第四阶段	创新发展阶段，对欧盟内部的减排率、配额方式等进行改革，推动欧盟碳减排
2022	欧盟委员会宣布将从创新资金中拨款 18 亿欧元，投资 17 个大型创新清洁低碳技术项目，以支持突破性技术引入能源存储及可再生能源等关键领域	

3. 日本推进低碳发展的主要经验和措施

2020 年 10 月，日本首次提出 2050 年实现"碳中和"的低碳发展目标，并将经济与环境的良性循环作为经济增长战略的支柱，最大限度地推进绿色社会发展。同年 12 月，日本政府发布《2050 年碳中和绿色增长战略》，为日本实现"碳中和"提出了相应的产业指导方向，见表 1.6。

表 1.6　日本主要低碳政策[4]

年份	政策	主要内容及意义
2007	"美丽星球 50"构想	在 2050 年实现全球温室气体排放量减半的目标
2010	《气候变暖对策基本法案》	提出日本中长期温室气体减排目标，并提出要建立碳排放交易机制以及开始征收环境税
2016	《能源革新战略》	确定了节能挖潜、扩大可再生能源和构建新型能源供给系统三大改革主题，以实现能源结构优化升级，构建可再生能源与节能融合型新能源产业
2016	《全球变暖对策计划》	到 2050 年实现国内温室气体排放量减少 80%
2017	《氢能基本战略》	计划到 2030 年实现每年 30 万 t 氢能产量，成本降至每标准立方米 30 日元；实现 100 万 kW 发电装机规模，发电单价降至 17 日元/(kW·h)；发展"可再生能源制氢"等
2018	《能源战略计划》	将煤炭使用量从 32% 减少到 26%，将可再生能源从 17% 增加到 22%~24%，并将核能从 6% 增加到 20%~22%[12]

续表

年份	政策	主要内容及意义
2019	《2019综合技术创新战略》 《氢能与燃料电池技术开发战略》 《2019节能技术战略》 《碳循环利用技术路线图》	这一系列应对气候变化的技术战略清晰地勾画出日本"脱碳化"技术创新的核心内容及其发展方向
2020	《2050年实现碳中和的绿色成长战略》	提出海上风电、氢能、交通、农林水产等14个产业的绿色发展目标和重点任务[13]

近年来，世界各国加大低碳发展力度，发布了一系列低碳政策，涉及节能减排、循环发展、低碳技术等诸多领域，形成了比较完善的低碳政策体系，对我国低碳发展具有较大的启示作用。

1.1.2 国内低碳政策

从20世纪下半叶开始，我国的二氧化碳排放量显著增加，我国在温室气体减排方面面临前所未有的压力。我国始终坚定不移地实施积极应对气候变化的国家战略，参与和引领全球气候治理。

2015年6月30日，我国向《联合国气候变化框架公约》秘书处提交了《强化应对气候变化行动——中国国家自主贡献》文件，确定了到2030年的自主行动目标：二氧化碳排放2030年左右达到峰值并争取尽早达峰；单位国内生产总值二氧化碳排放比2005年下降60%~65%，非化石能源占一次能源消费比重达到20%左右[14]。

2020年9月22日，国家主席习近平在第七十五届联合国大会一般性辩论上发表重要讲话，"中国将提高国家自主贡献力度，采取更加有力的政策和措施，二氧化碳排放力争于2030年前达到峰值，努力争取2060年前实现碳中和。"这是中国在《巴黎协定》之后第一个长期气候目标，也是第一次提到碳中和，意味着中国的应对气候变化工作进入了一个新的局面。"双碳"目标提出后，国家各有关部门陆续出台一系列"双碳"政策，加速相关工作推进。

1. 加强顶层设计

2020年10月29日，中国共产党第十九届中央委员会第五次全体会议公报发布，首次将"碳排放"写入2035年远景目标，"广泛形成绿色生产生活方式，碳排放达峰后稳中有降，生态环境根本好转，美丽中国建设目标基本实现"[15]。

2020年12月16~18日中央经济工作会议将"做好碳达峰、碳中和工作"作为2021年要抓好的重点任务[16]。

碳达峰、碳中和成为我国现代化建设过程中的核心议题，见表1.7。

2. 推进节能减排

近期内，节能减排仍是碳中和政策关注的重点。各有关部门陆续发布节能减排相关政策，以能源革命、产业结构调整等为主要抓手有序推动节能减排。国家发展改革委等多部门制定了《绿色产业指导目录》(2019 年)和《产业结构调整指导目录》(2019 年),作为各地区、各部门明确绿色产业发展重点、制定绿色产业政策、引导社会资本投入的主要依据,指导各地区明确节能减排发展路径,见表 1.8。

表 1.7　我国"双碳"顶层设计政策文件

部门	年份	政策	主要内容
国务院	2021	《国务院关于加快建立健全绿色低碳循环发展经济体系的指导意见》	到 2025 年,产业结构、能源结构、运输结构明显优化,绿色产业比重显著提升,主要污染物排放总量持续减少,碳排放强度明显降低,生态环境持续改善,市场导向的绿色技术创新体系更加完善,法律法规政策体系更加有效,绿色低碳循环发展阿臣产原形塑需、消费体系初步形成[17]

表 1.8　我国节能减排政策

部门	年份	政策	目标或措施
国务院	2021	《国务院关于加快建立健全绿色低碳循环发展经济体系的指导意见》	发展要建立在高效利用资源、严格保护生态环境、有效控制温室气体排放的基础上,建立健全绿色低碳循环发展的经济体系[17]
生态环境部	2021	《关于加强高耗能、高排放建设项目生态环境源头防控的指导意见》	严格"两高"项目环评审批,推进"两高"行业减污降碳协同控制[18]
国家发展改革委	2021	《完善能源消费强度和总量双控制度方案》	严格制定各省能源双控指标,国家层面预留一定指标;推行用能指标市场化交易[19]
国家发展改革委	2021	《关于严格能效约束推动重点领域节能降碳的若干意见》	到 2025 年,通过实施节能降碳行动,钢铁、电解铝、水泥等重点行业和数据中心达到标杆水平的产能比例超过 30%,行业整体能效水平明显提升,碳排放强度明显下降,绿色低碳发展能力显著增强。到 2030 年,重点行业能效基准水平和标杆水平进一步提高,达到标杆水平企业比例大幅提升,行业整体能效水平和碳排放强度达到国际先进水平[20]
国务院	2021	《"十四五"节能减排综合工作方案》	到 2025 年,全国单位国内生产总值能源消耗比 2020 年下降 13.5%,能源消费总量得到合理控制[21]

3. 推进碳市场建设

为应对全球气候变化,减少温室气体排放,实现人类社会可持续健康发展,我国已将建立全国统一碳市场、推行碳排放权交易制度作为一项控制碳排放的重要措施,希望通过经济和市场化手段,实现温室气体减排总体目标、淘汰落后产能,促进经济结构优化调整和产业转型升级。2021 年 10 月,国务院发布《中国应对气候变化的政策与行动》白皮书,明确提出加大温室气体排放控制力度要充分发挥市场机制作用。

1) 开展碳排放权交易试点工作

碳市场可将温室气体控排责任压实到企业,利用市场机制发现合理碳价,引导碳排放资源的优化配置。2011 年 10 月,国家发展改革委发布《关于开展碳排放权交易试点工作的通知》，碳排放权交易地方试点工作在北京、天津、上海、重庆、广东、湖北、深圳 7 个省、市启动。2013 年起，7 个试点碳市场陆续开始上线交易，覆盖了电力、钢铁、水泥 20 多个行业近 3000 家重点排放单位。试点碳市场重点排放单位履约率保持较高水平，市场覆盖范围内碳排放总量和强度保持双降趋势，有效促进了企业温室气体减排，为全国碳市场建设积累了宝贵经验。

2) 持续推进全国碳市场制度体系建设

制度体系是推进碳市场建设的重要保障，为更好地推进完善碳交易市场，先后出台《全国碳排放权交易市场建设方案(发电行业)》《碳排放权交易管理办法(试行)》，发布全国碳排放权交易市场(以下简称全国碳市场)第一个履约周期配额分配方案。2021 年以来，陆续发布了企业温室气体排放报告、核查技术规范和碳排放权登记、交易、结算三项管理规则，初步构建起全国碳市场制度体系。积极推动《碳排放权交易管理暂行条例》立法进程，夯实碳排放权交易的法律基础，规范全国碳市场运行和管理的各重点环节。

3) 启动全国碳市场上线交易

2021 年 7 月 16 日，全国碳市场上线交易正式启动。纳入发电行业重点排放单位 2162 家，覆盖约 45 亿 t 二氧化碳排放量，是全球规模最大的碳市场。全国碳市场上线交易得到国内国际高度关注和积极评价。截至 2021 年 9 月 30 日，全国碳市场碳排放配额累计成交量约 1765 万 t，累计成交金额约 8.01 亿元，市场运行总体平稳有序[22]。

4) 建立温室气体自愿减排交易机制

为调动全社会自觉参与碳减排活动的积极性，体现交易主体的社会责任和低碳发展需求，促进能源消费和产业结构低碳化，2012 年中国建立温室气体自愿减排交易机制。截至 2021 年 9 月 30 日，自愿减排交易累计成交量超过 3.34 亿 t 二氧化碳当量，成交额逾 29.51 亿元，国家核证自愿减排量(China Certified Emission Reduction，CCER)已被用于碳排放权交易试点市场配额清缴抵销或公益性注销，有效促进了能源结构优化和生态保护补偿[22]。

5) 加强碳排放信息披露

2022 年 1 月，生态环境部发布《企业环境信息依法披露格式准则》(以下简称《准则》)，自 2022 年 2 月 8 日起施行，碳排放信息将强制披露。《准则》中规定，纳入碳排放权交易市场配额管理的温室气体重点排放单位应当披露碳排放相关信息：①年度碳实际排放量及上一年度实际排放量；②配额清缴情况；③依据温室气体排放核算与报告标准或技术规范，披露排放设施、核算方法等信息。

《准则》强化了企业的生态环境保护主体责任，为行政监督和社会监督提供依据，以披露找短板、以披露促治理，推动企业绿色转型发展，加强源头管控。

1.2　国内外油气行业低碳政策

化石燃料燃烧是温室气体最大的来源之一。油公司在为社会生产化石燃料的同时，也直接排放着大量温室气体。因此，油公司应为解决全球气候变暖问题贡献力量、履行社会责任。近年来，国内外主要油公司纷纷加快低碳转型步伐，把应对气候变化、实现能源转型等纳入公司发展战略，并将公司业务由"传统油气生产"向"低碳"和"综合型能源公司"调整，积极布局电力、氢能和碳捕集、利用与封存(carbon capture, utilization and storage，CCUS)等相关领域，在战略调整、产业结构、业务布局、管理架构等方面积极作为，出台了一系列低碳发展政策，形成各具特色的低碳转型发展道路，更扎实、积极地推进了油气行业低碳转型。

欧美油公司主要通过调整组织机构、战略方向、加大可再生能源和氢能的投入、降低油气行业价值链上的排放水平、发展碳移除等举措，推动能源行业绿色低碳发展，支持《巴黎协定》及其气候目标的实现。相比欧洲油公司较为激进的能源转型计划，以埃克森美孚(Exxon Mobil)和雪佛龙(Chevron)为代表的美国油公司选择坚守油气业务，他们坚信在未来相当长的时间内油气市场需求的基本逻辑不会改变，油气产业仍有强大生命力，并选择利用碳捕集与封存(carbon capture and storage，CCS)等技术开展油气业务脱碳工作。

油气在未来较长时间内仍是我国能源的重要组成部分。为实现"双碳"目标，我国出台了一系列有关油气行业的低碳发展政策，主要围绕加快非常规天然气规模化开发利用、构建绿色节能环保的治理体系、能源清洁低碳转型等几方面展开，有序推动油气行业重点领域节能降碳。

1.2.1　国外油气行业低碳政策及趋势

低碳发展已经成为各国油公司的共同选择，但由于所处环境、资源禀赋和对未来趋势判断的不同，各公司具体发展路径和发展节奏也有着明显的差异。特别是 2021 年以来，随着各公司低碳业务发展力度加大，能源多元化、业务低碳化的特点愈发鲜明。欧洲油公司持续加大各类新能源探索力度，领跑能源转型；美国油公司则成为改革转型的稳健派。

1. 壳牌(Shell)

为了实现净零排放，壳牌采取了一系列举措。随着在实现 2050 年目标方面取得进展，将继续制定减少碳排放的短期目标，并与 16500 多名员工的薪酬挂钩。这包括一套新的降低净碳强度的目标：基于 2016 年的碳强度水平，实现 2023 年下降 6%～8%，2030 年降低 20%，2035 年内降低 45%，在 2050 年实现净零排放[23]。

为实现到 2050 年成为净零排放的能源企业的目标，壳牌将发展碳捕集与封存作为重要战略方向，力争到 2035 年达到每年增加 2500 万 t 的碳捕集与封存能力[24]。2021 年，壳牌参与了三个重要碳捕集与封存项目，即加拿大的奎斯特(Quest)(正在运营)、挪威的北极光(Northern Lights)(已批准)和荷兰的波尔托斯(Porthos)(计划中)。

短期内，壳牌的战略将重新平衡其业务组合，每年在未来增长型业务投资 50 亿~60 亿美元(其中市场营销业务约 30 亿美元；可再生能源和能源解决方案业务 20 亿~30 亿美元)，在转型支撑业务投资 80 亿~90 亿美元(其中天然气一体化约 40 亿美元；化工和化工产品业务 40 亿~50 亿美元)，在传统上游业务投资约 80 亿美元。计划主要包括以下几方面。

(1)低碳燃料方面需继续扩展领先的生物燃料生产和分销业务。

(2)电力一体化方面，力争到 2030 年年销售约 560 万亿 W·h 的电力。预计将为全球超过 1500 万个零售和商业客户提供服务。目标是成为清洁的"电力即服务"(Power-as-a-Service)的领先提供商。将通过与其他公司合作，以管理清洁电力为重点，进行进一步投资。

(3)基于自然的解决方案方面，预计每年将针对高质量、独立验证的项目投资约 1 亿美元，以打造一项极具规模及盈利能力的业务，帮助客户实现净零排放目标。

(4)氢能方面，通过开发一体化的氢能中心，为工业和重型运输行业服务，巩固壳牌在氢能领域的领先地位，实现在全球清洁氢能销售中占据两位数市场份额的目标。

2. 碧辟(bp)

目前，碧辟已形成实现净零排放、提升人类生活水平、关爱地球的可持续发展框架。碧辟设置了 5 个子目标促进自身绿色低碳发展、应对气候变化，分别为业务净零排放、石油与天然气净零排放、碳强度减半、减少甲烷排放、加大新能源投资规模。

根据目标指引，碧辟设定重点业务领域——低碳电力与低碳能源(扩大低碳电力与低碳能源业务规模)、零售和移动出行(提供差异化燃料、电气化服务、移动出行能源解决方案)、具韧性的油气业务(持有优质油气业务)，以及三个重要战略行动——集成能源系统(整合碧辟现有业务，为客户提供综合化的解决方案)、与国家城市和行业结成伙伴关系(帮助城市和行业减少碳排放)、数字化和创新(进行数字化发展、推动技术创新)。

优化油气业务、发展低碳能源业务来促进业务低碳转型，剥离低效益的传统能源业务。碧辟贯彻"具韧性的油气业务"战略，通过资本运作对传统能源业务进行剥离，使原油产品营收占比不断下降，优化油气业务结构。天然气是石油产品的低碳替代，伴随天然气需求增加、价格上涨的趋势，碧辟天然气业务逐步扩张，将会成为相对优质的油气业务板块。

碧辟公司推行"低碳电力与低碳能源"战略，通过资本运作投资低碳能源相关项目，扩大低碳电力与低碳能源的投入，并取得了一定的成效。碧辟近年来发展生物燃料、氢能、海上风电、光能发电、CCUS 技术、充电桩、碳交易、碳汇等低碳业务，目前可再生能源装机容量迅速增加(可再生能源发电装机容量达 1.9GW)，低碳业务快速发展。

3. 埃克森美孚

埃克森美孚制定了与欧洲油公司不同的减排目标。2020 年 12 月，公司发布的《能源和碳排放摘要》确定了 2025 年的碳减排目标：上游排放强度下降 15%~20%，甲烷排放强度下降 40%～50%，燃烧排放强度下降 35%～45%，减排计划涵盖范围 1(公司自身生产过程中产生的碳排放)和范围 2(公司买来的原材料在产生过程中的碳排放)；到 2035 年，实现行业领先的温室气体排放水平，但并未提出零碳目标和计划[25]。

而在《推进气候解决方案——2022 年进展报告》中提出，2030 年减排计划符合《巴黎协定》路线、美国和欧盟的全球甲烷承诺及"美国甲烷减排行动计划"。与 2016 年的水平相比，这些计划有望实现：①温室气体强度减少 20%～30%，绝对减少约 20%(或约 2300 万 t)；②上游温室气体强度减少 40%～50%，绝对减少约 30%(或约 1500 万 t)；③甲烷浓度降低 70%～80%；④燃烧强度降低 60%～70%[26]。

与欧洲油公司相比，埃克森美孚的减排力度并不算大。从范围上看，碧辟等欧洲油公司都公布了囊括范围 1、范围 2 和范围 3(油气产品消费中产生的碳排放)的净零目标，而埃克森美孚只承诺范围 1 和范围 2 的减排目标。

从时间上看，欧洲油公司不仅有长期净零目标(一般是 2050 年)，还有中短期分步目标。而埃克森美孚没有长期目标，只设定了中短期目标。

此外，由于转型战略不同，埃克森美孚的减排目标侧重也有所不同。欧洲油公司的减排目标基本覆盖集团全产业链，而埃克森美孚的减排目标只与其核心上游油气领域相关。

埃克森美孚在低碳领域的策略是选择避免进入新的业务领域(如可再生能源发电等)，而是采取以传统油气业务"去碳化"为主的低碳策略，如加快碳捕集与封存等技术的研发应用，达到减少传统化石能源排放量的目标，以及发展本来已经长期涉足的低碳领域，如生物燃料、塑料和氢等。

埃克森美孚的目标是到 2050 年实现其运营资产的净零排放。它以本公司 2030 年减排计划为基础，其中包括到 2030 年实现二叠盆地业务净零排放的计划，以及对低排放解决方案的持续投资，包括碳捕集与封存、氢气和生物燃料。

4. 雪佛龙

雪佛龙在 2021 年 3 月初投资者日发布了新一轮发展计划，提出了未来数十年实现净零排放的路径。雪佛龙首次表示，尽管存在重大的技术和政策障碍，但打算为实现自身经营的净零碳排放而不断努力。

从雪佛龙低碳业务战略选择中可以看出，将减少范围 1 和范围 2 的碳排放作为公司核心战略，不放弃石油和天然气生产，减少碳排放强度，这与公司制定的 2028 年减排目标相一致。

与埃克森美孚相同，生物燃料技术也是雪佛龙的核心战略之一，这也是唯一在新能源开发方面部署的重点核心战略。核心战略之外，大部分的新能源开发被雪佛龙设置为重点领域，如综合天然气开发、太阳能和陆上风力发电、氢能利用，以及 CCUS 与碳抵消方案等。

从雪佛龙的低碳业务战略可以看出，在能源转型方面，与更为传统的美国石油龙头老大埃克森美孚不同，2021 年雪佛龙已经加强了低碳业务投入，积极抢占低碳技术领域市场。雪佛龙短期内不会选择风电和光伏等"热门"新能源领域进行投资，而是希望发展公司具备一定竞争优势的新能源产业来解决碳排放强度问题，低碳技术研发主要集中在生物燃料、地热和可再生能源发电等几个方面。项目组合多样化，集成生物能源碳捕集与封存技术，合作开发新能源技术领域；打造竞争优势，参股地热技术相关企业，探索地热能源技术商业化；分散投资风险，布局可再生能源发电领域，风险投资风力发电技术。

碳中和时代的来临，使雪佛龙意识到全球能源转型进程中低碳技术对于战略发展的重要性。为保持财务的稳健和现金流动性，2021年雪佛龙加大了全球资产处置力度，继续大规模处置非核心资产，持续加大资产剥离力度，打造低成本、短周期、低碳化和低风险的资产组合。

公司资产处置计划主要剥离以原油为主的高碳资产，资源开发周期长、成本高、收益率较低的资产，以及地缘政治不稳定地区的高风险资产等。

1.2.2 国内油气行业低碳政策及趋势

1. 加快非常规天然气规模化开发利用

2020年6月，国家能源局发布《关于做好2020年能源安全保障工作的指导意见》和《2020年能源工作指导意见》，要求积极推动国内油气稳产增产[27]，多措并举增强油气安全保障能力，特别是推动页岩气、煤层气、致密气等非常规油气资源规模化开发利用。7月，财政部印发《清洁能源发展专项资金管理暂行办法》，明确了要使用专项资金对煤层气(煤矿瓦斯)、页岩气、致密气等非常规天然气开采利用给予奖补，仍按照"多增多补"的原则分配；对取暖季生产的非常规天然气增量部分按照"冬增冬补"的原则给予奖补。专项资金实施期限为2020～2024年[28]。在国家能源清洁低碳转型发展的背景下，非常规天然气资源将获得相应的政策支持。

2021年9月发布的《中共中央 国务院关于完整准确全面贯彻新发展理念做好碳达峰碳中和工作的意见》指出，要严格控制化石能源消费，加快推进页岩气、煤层气、致密油气等非常规油气资源规模化开发[29]；《2030年前碳达峰行动方案》也指出，保持石油消费处于合理区间，逐步调整汽油消费规模，大力推进先进生物液体燃料、可持续航空燃料等替代传统燃油，提升终端燃油产品能效。加快推进页岩气、煤层气、致密油(气)等非常规油气资源规模化开发[30]。

2. 加快构建绿色节能环保的治理体系

2020年3月，国家发展改革委、司法部印发《关于加快建立绿色生产和消费法规政策体系的意见》指出，要建立能源开发生产、贸易运输、设备制造、转化利用等环节能耗、排放、成本全生命周期评价机制，落实好支持节能、节水、环保、资源综合利用产业的税收优惠政策[31]。9月，生态环境部印发《环评与排污许可监管行动计划(2021—2023年)》，要求聚焦重点区域重点行业的突出问题，聚焦环评与排污许可违法违规行为，引导相关责任主体主动落实环评与排污许可管理要求[32]。

2021 年 5 月，生态环境部印发《关于加强高耗能、高排放建设项目生态环境源头防控的指导意见》，要求加强源头引领，遏制高耗能、高排放(以下简称"两高")项目盲目发展，严格环评审批，推进"两高"行业减污降碳协同控制，促进"两高"行业有序发展，推动绿色转型和高质量发展[18]。11 月，《中共中央 国务院关于深入打好污染防治攻坚战的意见》发布，要求坚决遏制"两高"项目盲目发展，依法依规淘汰落后产能和化解过剩产能，合理控制煤制油气产能规模，严控新增炼油产能；加强重点领域节能，提高能源使用效率[33]。

2021 年 12 月，国务院印发《"十四五"节能减排综合工作方案》，要求完善实施能源消费强度和总量双控(以下简称能耗"双控")、主要污染物排放总量控制制度，组织实施节能减排重点工程，进一步健全节能减排政策机制，推动能源利用效率大幅提高、主要污染物排放总量持续减少，实现节能降碳减污协同增效、生态环境质量持续改善，确保完成"十四五"节能减排目标[21]。

国家发布的一系列有关节能环保的政策文件，一方面是推进我国生态文化建设、落实绿色发展理念的体现，另一方面对从事油气勘探开发的企业绿色发展提出了更为严格的要求。

3. 加快能源清洁低碳转型

2020 年 12 月，生态环境部出台《碳排放权交易管理办法(试行)》，并印发配套的配额分配方案和重点排放单位名单[34]，这是自国家发展改革委于 2011 年设立 7 个碳排放权交易试点以来首次在全国范围内全面推开，标志着全国碳排放权交易体系正式投入运行。下一步，煤炭、油气等重点行业也将迎来新的排碳挑战，政策将倒逼企业开展技术创新，减少碳排放强度，实现减碳脱碳。

2021 年 1 月，生态环境部印发《关于统筹和加强应对气候变化与生态环境保护相关工作的指导意见》指出，把降碳作为源头治理的"牛鼻子"，协同控制温室气体与污染物排放；加快全国碳排放权交易市场制度建设、系统建设和基础能力建设，以发电行业为突破口率先在全国上线交易，逐步扩大市场覆盖范围，推动区域碳排放权交易试点向全国碳市场过渡，充分利用市场机制控制和减少温室气体排放[35]。

2021 年 5 月，生态环境部印发《关于加强高耗能、高排放建设项目生态环境源头防控的指导意见》，明确提出"将碳排放影响评价纳入环境影响评价体系"的试点工作。目前海南省已经将油气开采行业纳入试行开展碳排放环境影响评价的重点行业[18]。

2022 年 1 月，国家发展改革委、国家能源局联合发布了《关于完善能源绿色低碳转型体制机制和政策措施的意见》。意见指出，建立能源绿色低碳转型监测评价机制，重点监测评价各地区能耗强度、能源消费总量、非化石能源及可再生能源消费比重、能源消费碳排放系数等指标，完善能源绿色低碳发展考核机制，强化相关考核等；建立绿色低碳为导向的能源开发利用新机制，完善化石能源清洁高效开发利用机制，健全能源绿色低碳转型安全保供体系，建立支撑能源绿色低碳转型的科技创新体系和财政金融政策保障机制；新增可再生能源和原料用能不纳入能源消费总量控制，引导工业企业率先形成低碳、零碳能源消费模式等[36]。

2022 年 1 月，国家发展改革委、国家能源局联合印发的《"十四五"现代能源体系规划》提出能源结构低碳化转型加速推进；推进化石能源开发生产环节碳减排，减少能源产业链碳足迹；完善能耗"双控"与碳排放控制制度，大力推动煤炭清洁高效利用，实施重点行业领域节能降碳行动，更大力度强化节能降碳[37]。

2022 年 3 月，工业和信息化部、国家发展和改革委员会等六部门联合印发《关于"十四五"推动石化化工行业高质量发展的指导意见》指出，有序推进炼化项目"降油增化"，延长石油化工产业链；增强高端聚合物、专用化学品等产品供给能力；加快低效落后产能退出；促进煤化工产业高端化、多元化、低碳化发展[38]。

1.3 国内外低碳政策对油气行业的影响

各国纷纷提出"双碳"目标，对能源消费和结构转型、温室气体减排的速度和力度都提出了更高的要求，必将促进全球能源结构加快转型和升级，深度引发全球油气供需两侧的结构性变革[39]。

1.3.1 "双碳"目标对油气行业的影响

1. 油气需求达峰时间提前，天然气仍有一段黄金发展周期

碳中和目标将限制化石能源需求发展空间，使得油气需求峰值提前到达，特别是石油需求峰值。从能源属性看，天然气相对煤炭、石油的碳排放压力较小，是"双碳"目标下化石能源向非化石能源过渡的最优选择[38]。《bp 世界能源展望》(2020 年版) 中预测，在可持续发展情景下，2025 年前全球石油需求将达到峰值，2030 年前全球天然气需求将达到峰值，然后以较快的速度下降。我国石油需求将在 2030 年之前达到峰值，天然气需求将在 2040 年左右达到峰值。

2. 油气市场不稳定性增加，油气价格在中低位剧烈震荡

页岩油气革命以来，油气投资增长推动北美油气产能建设快速增长，也造成了油气市场供应过剩局面，加上近年来油气消费增速放缓，油气价格大幅下滑并维持低位震荡。未来在碳中和约束下，温室气体排放约束趋紧，化石能源消费较少，存在油气供过于求的风险。油气供需基本面保持宽松，油气价格恢复高位几无可能，短期内受到油气需求波动影响，市场价格走势不稳定性增加，剧烈震荡将成常态。

3. 中短期油气勘探开发保持活跃，长期石油工程市场发展空间有限

目前，油气消费在全球能源消费中的占比在一半以上，油气消费需求在达峰前还有一定的增长空间，2030 年前油气勘探开发将保持活跃，石油工程市场规模总体上仍有一定的增长空间。"十四五"期间，随着油价逐渐反弹，石油工程市场保持复苏态势。然而，油气需求达峰后，油气需求将走向下滑态势，油价保持低位，油气勘探开发活动将逐渐收缩，传统石油工程市场也将面临萎缩局面。

4. 油气勘探开发低碳转型成为趋势

在碳减排政策的刺激下，油气勘探开发低碳技术将成为减排的关键，主要包括大规模推广应用电动化和节能装备、钻井液和压裂液循环利用、工厂化作业和钻井提速技术等。采油气厂站将加大应用节能技术，优化能源投入结构，太阳能、风电等可再生能源的应用将进一步扩大。同时，低碳减排技术攻关将不断增强，石油工程技术将实现低碳化发展。

5. 油气生产企业融资难度加大

首先，全球应对气候变化行动对资本市场产生深远影响，油气等化石能源项目的投资长期回报不再被看好，这直接导致近年来全球油公司现金流吃紧，股价持续下滑；此外，企业生产经营及投资引起的碳排放情况将显著影响其在公众心中的信誉和形象，投资低碳产业将成为必然趋势。所以，化石能源行业融资难度和成本将显著上升，现金流和债务管理面临更大挑战。

6. 加快公司战略转型

在全球能源低碳转型的大背景下，油公司面临世界能源消费增速放缓、碳政策日趋严格、低碳能源竞争加剧、高碳资产持有风险升高、油气价格持续受到抑制等多重压力，传统油气生产面临的困难将进一步增加。

近年来，为了应对能源低碳化的挑战，国际油公司都已经把气候变化、能源转型等因素纳入公司发展战略，并将公司业务由"传统油气生产"向"低碳"和"综合型能源公司"调整，积极布局天然气、电力、氢能等相关领域，抢占未来发展的主动地位。这些国际一流的能源公司依据公司既有的资源和技术优势，结合公司的长期发展战略，形成了各具特色的低碳转型发展道路。

碧辟、壳牌和道达尔能源(Total Energies)等能源公司开展低碳能源业务较多，包括生物质能、太阳能、风能、氢能、储能、CCS/CCUS 等；美国油公司在发展低碳能源业务方面较为保守，围绕主营核心业务稳步拓展，埃克森美孚、雪佛龙等公司主要投资 CCS/CCUS、风能、地热能和生物质能等低碳能源业务。我国的中国石油化工集团有限公司(以下简称中国石化)、中国石油天然气集团有限公司(以下简称中国石油)、中国海洋石油集团有限公司(以下简称中国海油)在生物质能、CCS/CCUS、太阳能、风能、氢能、地热和储能等低碳能源业务方面进行了技术研究与试验，并取得了一定的进展。

1.3.2 "双碳"约束下油气行业转型发展主要举措

1. 设定低碳发展目标，强化绿色低碳发展战略

近期，欧洲油公司纷纷宣布碳中和目标。其中，碧辟宣布 2050 年实现碳中和，壳牌宣布 2050 年或更早成为净零排放的能源企业，道达尔能源宣布 2050 年在全球生产业务

及客户所使用的能源产品中实现净零排放。美国油公司没有设定碳中和目标，但也在减排方面做出响应：埃克森美孚计划 2025 年将全球业务的甲烷排放强度降低 40%～50%、燃除强度降低 35%～45%，并在 2030 年前消除常规燃除；雪佛龙计划 2028 年将碳排放强度减少 35%(与 2016 年相比)，2030 年使常规燃除为零[39]。我国中国石化和中国石油已提出 2050 年左右实现碳中和目标。中国海油计划"十四五"期间公司碳排放强度下降 10%～18%，新能源等战略性新兴产业投资占全部资本性支出之比达到 5%～10%；力争 2028 年实现碳达峰，2050 年实现碳中和，全面推动公司绿色低碳转型。

2. 加强低碳转型发展，加速发展低碳能源业务

能源供给要求大力发展风能、太阳能、氢能、生物质能、地热能及海洋能等非化石能源，因地制宜开发水电，积极安全有序发展核电，加速升级能源基础设施，提升电力供应水平，低碳化和电气化是能源供给的发展趋势，风电和光伏发电将加速发展，其随机性强、波动性大的特点给现有电力系统稳定运行带来重大挑战，需要加快构建以新能源为主体的新型电力系统，推动清洁电力资源大范围优化配置，加快灵活调节电源建设。源网荷储一体化和多能互补、分布式"新能源+储能"系统将得到大力支持。

3. 加强节能降碳增效，促进油气清洁生产

油气行业不仅是能源供给方，也是重要的能源消费方，强化油气生产过程节能降碳是实现绿色低碳转型和高质量发展的首要路径。实施节能降碳改造，有效应对能耗"双控"管理要求，提升大型用能设备能效水平，利用工艺过程余热余压能量，回收油田伴生气和工艺放空气资源，逐步消减火炬气；实施低碳和零碳能源替代，主动适应能源消费清洁低碳化的政策导向，推动实施油气生产过程燃料燃烧用能煤改气、油改气替代，大型燃气驱动设备采用电气化改造，发展油气开发和风、光、地热等可再生能源融合发展新模式；强化生产过程用能和碳排放统计、监测和标准体系建设，准确核算生产用能和碳排放量，研究油气勘探、开发、处理、储运过程中甲烷监测和控制方法，落实甲烷控排措施；发挥科技支撑作用，创新油气开发节能降碳新技术，推动新工艺、新材料和高能效设备研发应用，探索研究数字化智能化技术，加快推进云计算、人工智能、物联网等在油气开发中的应用，提升生产用能效率，为绿色低碳可持续发展提供技术支撑。

4. 加大新能源业务投资，为低碳发展提供资金保障

近年来，国际油公司在保持油气业务核心地位不变的同时，逐渐加大新能源业务投资，挺进低碳领域，加速能源转型。碧辟计划在 10 年内每年向低碳领域投资约 50 亿美元，以构建基于低碳技术的一体化业务组合，主要包括可再生能源、生物质能、氢能和 CCUS。目前，壳牌每年在可再生能源和其他清洁能源领域的投资额达 10 亿～20 亿美元，并计划到 2050 年每年投资 20 亿美元用于可再生能源和清洁能源技术，2050 年新能源业务收入占总收入的 20%。2019 年，道达尔能源超过 1/3 的净投资用于综合天然气、可再生能源和电力部门，未来将不断增加对可再生能源的投资，预计 2030 年该公司可再生能源业务收入占总收入的 20%。雪佛龙 2019～2021 年低碳业务投入约 16 亿美元，碳捕集

技术投资超 10 亿美元[39]。

表 1.9 总结了国内外主要油公司低碳发展战略。

表 1.9 国内外主要油公司低碳发展战略

公司	低碳发展战略
埃克森美孚	重点投资 CCUS、生物质领域。计划 2025 年将全球业务的甲烷排放强度降低 40%~50%、燃除强度降低 35%~45%，并在 2030 年前消除常规燃除[40]
中国石油	大力发展天然气业务；将新能源作为绿色低碳转型的新动能，重视地热能、生物质能、氢能等新能源的开发，适度发展风电、光伏发电、干热岩开发等业务
雪佛龙	重点投资 CCUS、生物质领域；关注海上风电、太阳能光伏[41]
碧辟	放弃石油巨头的商业模式，通过投资组合将 2030 年油气产量削减 40%，并每年斥资 50 亿美元用于可再生能源、生物能源、氢能和 CCUS 等技术的研究，加速转向低碳能源解决方案，在 2050 年以前实现净零排放[42]
康菲 (ConocoPhillips)	计划于 2025 年实现常规天然气零燃除目标；持续开展甲烷逸散监测活动，该活动聚焦美国本土，计划覆盖美国 2/3 油气产量项目；借助于康菲在气候领导委员会的成员资格，倡导制定碳价，进一步解决范围 3 的碳排放问题
埃尼 (Eni)	2035 年碳总量下降 30%，2050 年碳总量下降 80%，计划在未来 10 年内退出传统的炼油活动。以生物质能、光伏、陆上风电为主，关注 CCUS，积极拓展电力产业链[41]
壳牌	实行"重塑计划 (Project Reshape)"，将上游油气业务生产成本削减至 40% 以下，将专注于墨西哥湾、北海和尼日利亚等几个核心地区。计划未来几年在清洁燃料、可再生能源和电力进行的投资实现获得"两位数"收益，计划在 21 世纪 30 年代初成为全球最大的电力公司[43]
道达尔能源	每年在发展可再生能源和其他清洁技术领域投资 20 亿美元，并承诺到 2030 年拥有 20% 的可再生能源资产，专注于发展电动汽车电池和光伏产业[39]
中国石化	致力于打造"一基两翼三新"的发展格局。未来将加快以氢能为核心的新能源业务
艾奎诺 (Equinor)	将提升能源利用效率、扩大数字化和电气化程度，直至 2050 年实现零碳排放；以海上风电为主，参与光伏；关注氢能、CCUS 等业务
中国海油	公司"十四五"目标是到 2025 年推动实现清洁低碳能源占比提升至 60% 以上。一是提升天然气供给能力，二是发展海上风电，三是加快"绿色油田""绿色工厂"建设，以加强碳排放源头管控，逐步实现常规天然气"零燃除"
西方石油 (Occidental Petroleum)	加快发展天然气业务；控制常规燃烧；大力发展碳封存技术；积极发展可再生能源；加快碳市场建设

欧洲主要油公司为了推进其低碳转型，不仅在公司高管层设立了相应的职能机构，更重要的是，在业务层面设立了主要的对接与推进部门，落实低碳业务。表 1.10 总结了欧美七大国际油公司低碳转型过程中的部门设置情况[41]。

表 1.10 欧美七大国际油公司低碳转型过程中的部门设置

公司	高级别职能机构	业务层面主要部门
碧辟	碳领导小组	天然气与低碳能源部
道达尔能源	综合战略与气候部、气候能源管理委员会	综合天然气、可再生能源和电力部门
壳牌	安全、环境和可持续发展委员会，集团碳小组	综合天然气与新能源部、项目与技术部

续表

公司	高级别职能机构	业务层面主要部门
埃尼	控制与风险委员会、可持续与情景分析委员会、中长期规划评估委员会	天然气与发电部门
艾奎诺	安全、可持续与道德委员会	新能源解决方案部
埃克森美孚	公共事务和贡献委员会	埃克森美孚低碳解决方案部
雪佛龙	公共政策委员会、全球事务委员会、战略与规划委员会	

1.4 小　结

能源转型是一个漫长、逐步的过程，不可能一蹴而就，在新能源技术、成本等核心问题没有大规模突破之前，油气仍是未来的主要能源。目前，全球石油产量呈现"稳中有增"的态势，天然气已经进入快速发展的"黄金期"，势必在第三次能源转型中发挥举足轻重的桥梁作用。预计 2040 年石油在全球能源消费中占 27.2%、天然气占 25.84%、煤炭占 20.3%，非化石能源（包括新能源）占 26.66%[44]。

石油和天然气作为全球最主要的一次能源，油气行业既是能源生产大户，又是能源消耗大户，同时也是温室气体排放大户，在全球气候治理格局中的地位举足轻重。为实现《巴黎协定》在 21 世纪将全球气温升高控制在 2℃之内的目标，如果不采取有效的碳减排措施，全球将近 2/3 的化石能源储量将不能开发，其中包括 33% 的原油和 50% 的天然气。根据联合国政府间气候变化专门委员会（Intergovernmental Panel on Climate Change，IPCC）提出的 21 世纪末将全球气温升高控制在 1.5℃的目标，对油气行业降低温室气体排放的要求则更加严峻，油气行业必须根据自身行业特点研究并提出应对策略。

对于油气行业来说，碳达峰、碳中和是一项系统工程，必须在产业结构调整、清洁用能替代和节能降碳方面加强统筹、全面发力。节能降碳是基础手段，要充分发挥节能"第一能源"的重要作用，做到"少用能"和"用好能"；清洁用能替代是关键路径，要推进电气化，调整清洁用能策略，通过使用绿电大幅度降低碳排放强度；产业结构调整居核心地位，产业结构对能耗强度和碳排放强度起决定性作用，要推动传统产业转型升级，改变高耗能、高排放状态，发展绿色低碳产业，促进企业绿色低碳转型发展[45]。

参 考 文 献

[1] 中大咨询研究院双碳研究组. 我们能从美国减碳政策的制定与实施中总结出什么经验？ [EB/OL].(2021-11-17)[2023-12-04]. https://m.thepaper.cn/baijiahao_15419838.

[2] 李海东. 奥巴马政府的气候变化政策与哥本哈根世界气候大会[J]. 外交评论, 2009(6): 22-29.

[3] 冯帅. 美国气候政策之调整:本质、影响与中国应对——以特朗普时期为中心[J]. 中国科技论坛, 2019(2):179-188.

[4] 澎湃新闻. 各国历史上曾推出过哪些气候政策？ [EB/OL]. (2021-11-01)[2023-12-04]. https://baijiahao.baidu.com/s?id=1715184205157679507&wfr=spider&for=p.

[5] 中大咨询研究院双碳研究组. 全球主要经济体减少碳排放的政策与启示——欧盟篇[EB/OL]. (2021-11-01)[2023-12-04].

https://m.thepaper.cn/baijiahao_15222720.

[6] 徐士英, 邱加化. 欧盟环境政策与竞争法的关系探析及启示[J]. 法商研究(中南政法学院学报), 2001(5): 129-137.

[7] 刘小娜. 欧盟清洁能源供应链政策的地缘政治转向与重塑战略[D]. 济南: 山东大学, 2023.

[8] 陈和平. 欧盟四国可再生能源发展新措[J]. 计划与市场, 2001(7): 2.

[9] 许勤华. 欧盟能源一体化进程及前景[J]. 现代国际关系, 2012(5): 41-45, 51.

[10] 许勤华. 欧盟能源一体化进程及前景[J]. 现代国际关系, 2012(5): 41-45, 51.

[11] 孙雅雯. 欧盟能源政策: 发展历程、效果与展望[J]. 德国研究, 2023, (3): 4-27.

[12] 中国科学院科技战略咨询研究院. 日本公布第五期能源基本计划提出能源中长期发展战略[OL]. (2018-10-11) [2024-08-04]. http://www.casisd.cn/zkcg/ydkb/kjzcyzxkb/2018/kjzczx201810/201810/t20181011_5141136.html.

[13] 刘平, 刘亮. 日本迈向碳中和的产业绿色发展战略——基于对《2050 年实现碳中和的绿色成长战略》的考察[J]. 现代日本经济, 2021(4): 14-27.

[14] 中国政府网. 强化应对气候变化行动——中国国家自主贡献[EB/OL]. (2015-06-30)[2024-03-01]. https://www.gov.cn/xinwen/2015-06/30/content_2887330.htm.

[15] 新华网. 中国共产党第十九届中央委员会第五次全体会议公报[EB/OL]. (2020-10-29)[2024-03-01]. http://www.xinhuanet.com/politics/2020-10/29/c_1126674147.htm?from_source=www.cbg.cn.

[16] 央视网. 中央经济工作会议在北京举行 习近平李克强作重要讲话 栗战书汪洋王沪宁赵乐际韩正出席会议[EB/OL]. (2020-12-18)[2023-12-04]. https://news.cctv.com/2020/12/18/ARTIAxYb1McERtD17Fs9kOkk201218.shtml?spm=C94212. PicnvwaHy8dW.S71908.1.

[17] 国务院. 国务院关于加快建立健全绿色低碳循环发展经济体系的指导意见[EB/OL]. (2021-02-22)[2023-12-20]. https://www.gov.cn/zhengce/content/2021/02/22/content_5588274.htm.

[18] 生态环境部. 关于加强高耗能、高排放建设项目生态环境源头防控的指导意见. 环评〔2021〕45 号[EB/OL]. (2021-05-30)[2023-12-04]. https://www.mee.gov.cn/xxgk2018/xxgk/xxgk03/202105/t20210531_835511.html.

[19] 国家发展改革委. 完善能源消费强度和总量双控制度方案. 发改环资〔2021〕1310 号[EB/OL]. (2021-10-21)[2023-12-04]. https://www.ndrc.gov.cn/xxgk/zcfb/tz/202109/t20210916_1296856.html.

[20] 国家发展改革委. 关于严格能效约束推动重点领域节能降碳的若干意见. 发改产业〔2021〕1464 号[EB/OL]. (2021-05-30)[2023-12-04]. https://www.ndrc.gov.cn/xwdt/tzgg/202110/t20211021_1300584_ext.html.

[21] 国务院. "十四五"节能减排综合工作方案[EB/OL]. (2022-01-24)[2023-12-04]. https://www.gov.cn/zhengce/content/2022-01/24/content_5670202.htm.

[22] 中国政府网. 中国应对气候变化的政策与行动[EB/OL]. (2021-10-27)[2023-12-04]. https://www.gov.cn/zhengce/2021-10/27/content_5646697.htm.

[23] 新华网. 壳牌"赋能进步"战略助力构建生态圈 带动产业链低碳减排[EB/OL]. (2021-11-16)[2023-12-04]. http://www.xinhuanet.com/energy/20211116/3ca8bd1027254c70a810ddaa3c70e0de/c.html.

[24] 中国青年报. 寻找"零碳路径"新路子 碳捕集是门好生意吗?[EB/OL]. (2022-07-14)[2023-12-04]. https://baijiahao.baidu.com/s?id=1738285121877402406&wfr=spider&for=pc.

[25] 人民资讯. 埃克森美孚: "大石油"战略与低碳转型路线图[EB/OL]. (2021-05-17)[2023-12-04]. https://baijiahao.baidu.com/s?id=1699988070519768219&wfr=spider&for=pc.

[26] 埃克森美孚. 气候解决方案——2022 年进度报告[EB/OL]. (2022-08-08)[2023-12-04]. https://max.book118.com/html/2022/0803/8131143004004125.shtm.

[27] 国家能源局. 2020 年能源工作指导意见[EB/OL]. (2020-06-05)[2023-12-04]. http://www.nea.gov.cn/2020-06/22/c_139158412.htm.

[28] 财政部. 清洁能源发展专项资金管理暂行办法. 财建〔2020〕190 号[EB/OL]. (2020-06-12)[2023-12-04]. http://jjs.mof.gov.cn/zhengcefagui/202006/t20200630_3540905.htm.

[29] 中共中央, 国务院. 中共中央 国务院关于完整准确全面贯彻新发展理念做好碳达峰碳中和工作的意见[EB/OL]. (2021-10-24)[2023-12-04]. http://www.gov.cn/zhengce/2021-10/24/content_5644613.htm.

[30] 国务院. 2030 年前碳达峰行动方案. 国发〔2021〕23 号[EB/OL]. (2021-10-26)[2023-12-04]. https://www.gov.cn/gongbao/content/2021/content_5649731.htm.

[31] 国家发展改革委, 司法部. 关于加快建立绿色生产和消费法规政策体系的意见. 发改环资〔2020〕379 号[EB/OL]. (2020-03-11)[2023-12-04]. https://www.ndrc.gov.cn/xxgk/zcfb/tz/202003/t20200317_1223470.html?code=&state=123.

[32] 生态环境部. 环评与排污许可监管行动计划(2021—2023 年). 环办环评函〔2020〕463 号[EB/OL]. (2020-09-01)[2023-12-04]. https://www.mee.gov.cn/xxgk2018/xxgk/xxgk06/202009/t20200924_800375.html.

[33] 中共中央, 国务院. 中共中央 国务院关于深入打好污染防治攻坚战的意见[EB/OL]. (2021-11-02)[2023-12-04]. http://www.gov.cn/gongbao/content/2021/content_5651723.htm.

[34] 生态环境部. 碳排放权交易管理办法(试行). 部令 第 19 号[EB/OL]. (2020-12-31)[2023-12-04]. https://www.gov.cn/gongbao/content/2021/content_5591410.htm.

[35] 生态环境部. 关于统筹和加强应对气候变化与生态环境保护相关工作的指导意见[EB/OL]. (2021-01-11)[2023-12-04]. https://www.mee.gov.cn/ xxgk2018/xxgk/xxgk03/202101/t20210113_817221.html.

[36] 国家发展改革委, 国家能源局. 关于完善能源绿色低碳转型体制机制和政策措施的意见. 发改能源〔2022〕206 号[EB/OL]. (2022-01-30)[2023-12-04]. https://www.ndrc.gov.cn/xxgk/zcfb/tz/202202/t20220210_1314511_ext.html.

[37] 国家发展改革委, 国家能源局. "十四五"现代能源体系规划. 发改能源〔2022〕210 号[EB/OL]. (2022-03-22)[2023-12-04]. https://www.ndrc.gov.cn/xwdt/tzgg/202203/t20220322_1320017.html?code=&state=123.

[38] 工业和信息化部, 国家发展改革委, 科学技术部, 等. 关于"十四五"推动石化化工行业高质量发展的指导意见. 工信部联原〔2022〕34 号[EB/OL]. (2022-03-28)[2023-12-04]. https://www.gov.cn/zhengce/zhengceku/2021/01/06/content_5577360.htm.

[39] 王敏生, 姚云飞. 碳中和约束下油气行业发展形势及应对策略[J]. 石油钻探技术, 2021, 49(5): 1-6.

[40] 张晓峰, 白云, 骆红静. 国际油气公司以碳中和为目标调整发展战略[J]. 中国石化, 2021, 431(8): 67-69.

[41] 韩宇. 壳牌公司为应对能源转型计划大幅削减传统产业成本[J]. 石油炼制与化工, 2021, 52(1): 110.

[42] 贾京坤, 朱英, 邓程程, 等. 欧美石油巨头战略调整加速, 低碳发展殊途同归[J]. 石油石化绿色低碳, 2021, 6(3): 1-6.

[43] 澎湃新闻. 纷纷转型! 国际石油公司为啥都要做这件事儿? [EB/OL]. (2020-09-23)[2023-12-04]. https://www.thepaper.cn/newsDetail_forward_9312033?ivk_sa=1023197a.

[44] 中国投资协会. 新形势下全球油气业务发展的八大特性[EB/OL]. (2021-03-11)[2023-12-04]. http://www.macrodb.com/ztxh/showcontent.asp?info_id=594982.

[45] 金雅宁, 倪正, 田喆, 等. 碳中和愿景目标对油气行业的挑战与机遇[J]. 石油化工技术与经济, 2021, 37(1): 1-6.

第 2 章　全球油气行业低碳转型趋势

在全球应对气候变化的背景下，叠加全球能源生产与消费结构和方式的重大变化，传统能源兜底、清洁能源替代、绿色低碳转型已成为全球能源发展明确的共识与行动方向。继《巴黎协定》签订后，世界各国也相继提出或承诺碳减排、碳中和目标，以推进能源转型和绿色低碳转型。对于油气行业，在能源开采、储运和应用环节中会产生较大的碳排放，因此油气行业也面临着低碳转型这一必然的发展趋势。近年来，国内外主要油公司(欧洲、北美和中国)加快能源转型步伐，迈步从"传统油气"的油气生产商向"绿色低碳"的综合能源公司发展方向拓展业务，通过稳油增气、产业链减碳、技术创新、多元布局和市场减排等方式形成了各具特色的低碳转型发展之路。基于此，本章综合分析了国内外油公司低碳转型发展趋势，阐述了国内外油公司的碳中和目标和路径，对油公司低碳转型案例进行分析与探讨并得出启示。

2.1　国内外油公司低碳转型策略

为积极应对气候变化和积极稳妥实现碳达峰和碳中和，世界各国纷纷开启绿色低碳的征程，油气行业也在寻求脱碳、低碳等多元化业务发展。国内外油公司从转型长期战略愿景、目标和行动计划、具体业务措施三个层面布局新兴能源、抢占未来发展主动地位、出台一系列低碳转型政策，寻求更扎实、更可靠的策略，积极推进绿色低碳转型。

2.1.1　国外油公司碳中和目标与路径

近年来，几乎所有的欧美油公司都提出了碳中和目标与路径，低碳转型发展已经成为油公司的共识，但基于自身发展现状、战略规划、所处的政治经济社会境况、环境和资源禀赋等情况，国外油公司的低碳转型策略有明显差异。这些差异化的特点在各大油公司从 2021 年开始大力发展低碳业务、丰富多元能源体系、加强低碳业务能力之后逐步明显。

欧洲油公司积极探索"进取型"求变的路径，追求的是转型为综合性能源公司的目标，实施的是石油替代的低碳转型路径，具体表现为大力投资布局可再生能源和新兴能源，主张降低油气产量和炼厂产能，缩减勘探开发投资，提高可再生能源生产比重。为实现这一战略愿景，欧洲油公司明确提出了到 2050 年碳中和目标和中期(2035 年左右)的碳减排目标，碧辟、艾奎诺等承诺到 2050 年实现净零排放；道达尔能源则实现欧洲境内的净零排放和全球碳排放下降 60%；壳牌在承诺排放强度下降 65%的基础之上同时也实现净零排放。这些欧洲油公司也争分夺秒地诉诸目标和行动计划的实践，不仅重塑品牌，如挪威国家石油公司、道达尔分别更名为艾奎诺和道达尔能源，以体现多元能源公司以及碳中和过渡的战略，而且优化组织架构，设立相应的低碳转型职能部门，摒弃传统油气上下游板块设置，把天然气与低碳能源整合共同对接与推进，甚至将新能源与传统油气并列，如碧辟出售了全球化工业务，大幅改变油气生产方式并减少比重，以落实低碳业务。在具体业务措施上，欧洲油公司大幅减少传统油气资源和资产，提升新能源投资比重，如壳牌于 2021 年以 95 亿美元出售了美国二叠盆地的油气资产给康菲。与此同时，他们也大力拓展多元低碳业务，主要是介入氢能产业、风光等可再生能源发电等低碳项目，如壳牌参与欧洲最大海上风电制氢项目 NortH2，道达尔能源与中国远景集团成立合资公司开发分布式光伏业务等。他们通过积极进取的低碳转型路径，通过投资并购、研发等方式取得了能源转型的技术和项目进展，但也面临着一些困难和战略选择。

北美油公司稳步探索"稳健型"求稳的路径，追求的是油气主业和过程降碳的目标，实施的是"石油低碳化"的低碳转型路径，与欧洲油公司大力投资新能源寻找替代能源不同，北美油公司的路径相对单一，具体表现为专注油气主业，针对油气生产过程的碳排放，降低其碳足迹，却未有明确的长期战略减排降碳的愿景，仅提出短期目标。例如，埃克森美孚和雪佛龙仅宣布到 2035 年石油生产运输碳强度分别下降 15%～20%和 2%～10%，埃克森美孚目标是成为安全、低成本的"大油气"生产和运营商，其预测到 2040 年可再生能源占比仅为 17%、油气仍高达 56%，雪佛龙则认为新能源业务的收益率相比传统油气不具备优势。北美油公司基于此短期愿景制定了油气生产过程减排降碳的目标，以持续优化资产结构的行动计划应对"双碳"目标的挑战，实践中除了在新能源领域进行一些投资外，主力投资视线未曾离开过石油资产。例如，埃克森美孚出售/退出马来西亚和英国区域资产，在圭亚那大力发展海上油气勘探开发，积极收购埃及海上天然气区域，雪佛龙新能源投资额不到公司上游并购投资总额的 3%，小于 1 亿美元。在此目标和行动计划的实践中，北美油公司的具体业务措施聚焦有限的减排降碳活动，如购买和发展生物燃料、大力研发部署 CCUS 技术，从而降低在油气生产与运输中的碳排放强度。例如，埃克森美孚于 2022 年宣布成立低碳解决方案部门，主攻 CCUS 这一重点和核心领域，预计投资 3 亿美元，其采取自主研发和合作的方式开发碳酸盐燃料电池碳捕集技术，从空气中直接捕集二氧化碳技术等，以期将 CCUS 技术成为实现低碳转型路径的重要方式；雪佛龙也积极投资布局 CCUS、漂浮式风电，开展生物燃料、可再生电力供应的工作。

总体上北美油公司仍看好油气主业，虽然与欧洲油公司积极进取的转型路径相比北美油公司减排目标短小、步伐较慢、求稳并专注油气主业，但其低碳改革步伐已进入快车道。

国际主要油公司均将气候变化纳入公司总体战略中，其碳中和目标和低碳发展战略见表 1.9 和表 2.1[1-8]。

表 2.1　国际主要油公司碳中和目标

序号	公司	中短期目标	碳中和长期目标	核算范围
1	埃克森美孚	2025 年上游排放强度下降 15%～20%，温室气体排放量降低 30%		1+2
2	雪佛龙	2028 年上游碳强度较 2016 年下降 35%	2050 年实现上游碳中和	1+2
3	碧辟	2030 年运营排放量下降 30%～35%，上游油气生产碳排放量下降 35%～40%	2050 年之前实现碳中和，所有销售产品的碳强度减少 50%	1+2+3
4	康菲	2030 年上游温室气体排放强度降低 35%～45%	2050 年实现碳中和	1+2
5	埃尼	2030 年实现上游板块零碳排放；2035 年碳排放总量下降 30%	2040 年全生产活动实现碳中和，2050 年实现全生命周期净零碳排放	1+2+3
6	壳牌	温室气体排放强度 2023 年降低 6%～8%，2030 年降低 20%，2035 年降低 45%	2050 年实现碳中和	1+2+3
7	道达尔能源	2030 年产品碳强度降低 15%	2050 年欧洲范围实现全企业碳中和	1+2+3
8	艾奎诺	2030 年将挪威海上油田与陆上工厂的温室气体排放量降低 40%；2030 年实现生产运营碳中和	2050 年实现碳中和	1+2+3
9	西方石油	2035 年实现生产运营碳中和	2050 年实现碳中和	1+2+3

2.1.2　国内油公司碳中和目标与路径

纵观国际形势，从《京都议定书》《哥本哈根协议》到《巴黎协定》《格拉斯哥气候公约》，全球气候问题和气候治理已进入实质性阶段，国际油公司相继迈出低碳转型的步伐并不断加速。在"双碳"目标的指引下，预计我国石油需求到 2050 年将下降 70%～85%，基于此背景，国内油公司面向碳中和低碳转型势在必行。从长期战略愿景来看，以中国石油、中国石化、中国海油"三桶油"为代表的国内油公司都对外宣布了碳达峰、碳中和目标。中国石油按照清洁替代、战略接替、绿色转型的"三步走"总体部署，实施绿色产业布局，打造化石能源与新能源全面融合发展的"低碳能源生态圈"，加快构建多能互补新格局，确立了 2025 年左右实现碳达峰，2050 年左右实现碳中和的愿景。中国石化构建以能源资源为基础，以洁净油品和现代化为两翼，以新能源、新材料、新经济为重要增长极的"一基两翼三新"产业格局，努力将公司打造成世界领先的洁净能源化工公司，打造"油气氢电非"综合能源服务商。中国海油把清洁能源作为未来产业转型的重点之一，按照清洁替代、低碳跨越、绿色发展的三阶段安排，描绘了到 2028 年实现碳达峰，2050 年实现碳中和的愿景，以全面建成世界一流的清洁低碳综合能源产品和服务供应商。低碳转型尤其是油气行业要服务于国家整体利益，但是在面对国内外油公司的目标与路径时，不仅要充分参考借鉴，更要保持战略定力，既不能完全照搬欧洲油公司的"变"路，也不能只走北美油公司的"稳"路，要从自身发展特点出发，协调好转型与能源发展的关系、协调好转型与社会经济发展的关系，兼顾国家社会责任走中国特色的油公司绿色低碳转型之路。

在低碳、高效的转型愿景之下，"三桶油"制定了面向碳中和的目标和行动计划。我国油公司积极打造负责任的社会形象，以 ESG（即环境、社会、治理）框架为指导，坚持人本理念，打造绿色低碳的高效综合性能源公司，既从端牢能源饭碗的角度，把握油气产业资产地位，加大勘探开发力度，贯彻落实油气增储上产"七年行动计划"，走"石油低碳化"的路线，保障国家能源安全；也从国家"双碳"目标、应对气候变化的角度，积极探索拓展石化工业与新材料、新能源领域，加大低碳技术和项目投资。同时，优化企业组织运营，设置聚焦性开展新能源业务的企业组织。例如，中国石油成立中油电能，在迪拜、日本以及中国的深圳和上海成立 4 家研究院，快速起步新能源业务，积极发展新能源新业态，利用好公司范围内风光热等丰富资源，推动公司向"油气热电氢"综合性能源公司转型。中国石化在雄安成立新能源公司，大力推进化石能源洁净化、洁净能源规模化，全面参与充电、换电基础设施网络建设，加速发展氢能源；"十四五"期间规划建设 1000 座加氢站或油氢合建站，打造"中国第一氢能公司"，在推动商业示范上走在行业前列。中国海油把清洁能源作为公司产业转型的重要方向之一，推动公司加快清洁能源发展步伐，努力实现 2025 年清洁能源新产业收入占总收入 10% 的目标。2022 年中国海油在北京成立新能源分公司，突出海洋优势，注重融合协同，加快发展海上风电，择优发展陆上风光，因地制宜地发展氢能业务，加强 CCUS 技术研发，探索发展多能互补的综合能源供应系统，努力实现中国海油"十四五"末新能源新产业收入占比达到 10% 的目标。

针对国内油气企业的转型目标和计划，"三桶油"开展了具体实施措施在实践中探索路径，包括采用合资合作与风投基金模式探索新能源业务、优化业务运营机制、夯实核心技术攻关、加强基础和应用基础研究自主研发等，具体如下。

中国石油充分利用天然气的绿色低碳能源属性，大力实施"稳油增气"，推动天然气产量快速增长；积极发展新能源新业态，利用好公司范围内风光热等丰富资源，推动向"油气热电氢"综合性能源公司转型；大力实施节能减排和清洁替代，从源头上减少碳排放；大力实施林业碳汇和 CCS/CCUS，努力实现碳移除，并积极向社会供应绿色零碳能源，助力我国实现碳达峰、碳中和。中国石油还积极参与国际气候治理，不断扩展能源合作"朋友圈"，走出了一条优势互补、务实合作的开放之路。中国石油是油气行业气候倡议组织（Oil and Gas Climate Initiative，OGCI）的唯一中国成员，牵头编写了《OGCI 中国 CCUS 商业化白皮书》，发起并成立中国油气企业甲烷控排联盟。

中国石化的新业务图谱是从原油、成品油和石化产品供应商升级为"油气氢电非"综合能源服务商，锻造强韧高效的产业链。加强技术先导工作，提高研发经费，注重基础和应用基础研究，聚焦关键核心技术研发。中国石化有着丰富的氢气生产和利用经验。目前氢气年产量超 350 万 t，占全国氢气产量的 14% 左右，公司有 3 万多座加油站，在氢能产业链中具有较强的竞争优势，作为北京 2022 冬奥会官方合作伙伴，为北京冬奥会氢燃料电池车提供氢气供应，为"绿色冬奥"赋能。中国石化启动我国首个百万吨级二氧化碳捕集、利用与封存项目——齐鲁石化-胜利油田 CCUS 项目建设，加快形成系统完备的 CCUS 产业体系；积极参与全国和地方碳市场交易，探索建立碳交易集中管理机制，开展绿色金融，围绕新能源基础设施建设、氢能技术应用、储能与充电桩等业务领域开展投资布局和产业孵化，推动绿色低碳转型发展。

中国海油着力发展清洁能源产业的"四个一"工程，即打造一个产业、探索一套模式、创新一组技术、培育一支队伍。公司在注重发挥资金、技术、市场等方面优势的同时，开展以海陆风光发电、加大 CCUS 科技攻关、探索培育氢能为主要新业务方向的研究与布局。例如，差异化探索打造海上风电、温差能等具有中国海油特色的清洁能源产业，推动燃气发电和风电、光伏等可再生电力一体化发展，探索发展海上风电（小型核电）为海上油气生产供电，发展油气电氢等综合加注业务，加快电气化利用和转型步伐；启动我国首个海上二氧化碳封存示范工程，可在南海珠江口盆地海底储层中永久封存二氧化碳超 146 万 t；探索海上光伏发电新模式，探索发展"蓝氢""绿氢"等海上氢能业务，大力开发氢能应用场景；探索海上风电与海洋牧场融合发展新模式；持续推进天然气水合物钻探和试采研究。

可以看出，从长期战略愿景、目标与行动计划、具体实施措施的层面，中国石油、中国石化、中国海油等国内油公司正充分发挥自身优势，打造符合自身特色的新能源业务，践行绿色低碳转型的路径。

在未来较长一段时间内，油气行业仍将发挥我国国民经济的兜底保障作用，有较大的发展空间，但在"双碳"目标下，油公司能源低碳转型的趋势已不可逆转，今后，无论是长期战略愿景、目标和行动计划、具体措施，还是国家政策、企业和技术层面都将面对新能源提速发展的新时期，我国油公司面向绿色低碳转型也已进入重要的战略机遇期。未来我国油公司完善顶层设计，制定碳中和路线图，积极布局相关项目建设，在实现自身绿色低碳转型的同时，也为我国"双碳"目标的实现提供方案。

"三桶油"的碳中和目标和低碳发展战略见表 1.9 和表 2.2。

表 2.2　"三桶油"的碳中和目标

序号	公司名称	中短期目标	碳中和长期目标
1	中国石油	"清洁替代（2021～2025 年）、战略接替（2026～2035 年）"部署，力争 2025 年左右实现碳达峰，2035 年外供绿色低碳能源超过自身消耗的化石能源[9]	绿色低碳转型（2036～2050 年）部署，2050 年左右实现"近零碳排放"
2	中国石化	到 2023 年累计实现减排二氧化碳 1260 万 t，捕集二氧化碳 60 万 t/a，封存二氧化碳 30 万 t/a，回收利用甲烷 2 亿 m³/a	力争 2050 年实现碳中和
3	中国海油	到 2025 年实现清洁低碳能源在能源供给总量中占比达到 60%以上，2028 年实现碳达峰[10]	2050 年实现碳中和

2.2　国内外油气行业低碳转型的典型案例分析

放眼全球，在油气行业低碳转型方面，壳牌、道达尔能源、埃克森美孚、艾奎诺等国际大型油公司正在通过提升能源利用效率、提供高效清洁产品、发展新能源业务、开展低碳能源技术研发等方法进行产业转型，满足油气行业绿色发展的新需求。

2.2.1 壳牌的典型案例分析

1. 壳牌低碳转型战略

壳牌的低碳转型战略可以概括为：①销售电力，开展电动车充电并开发可再生能源电力；②开发传统燃料的替代解决品，包括生物燃料、氢气和其他零/低碳燃料；③通过碳捕集与封存来解决剩余的排放。

2. 壳牌的低碳转型计划

壳牌是最早制定到 2030 年实现甲烷近零排放目标的公司之一，承诺实现 2050 净零排放目标。短期内，壳牌的战略旨在重新平衡其业务组合，每年在未来增长型业务投资 50 亿～60 亿美元(其中市场营销业务约 30 亿美元；可再生能源和能源解决方案业务 20 亿～30 亿美元)，在转型支撑业务投资 80 亿～90 亿美元(其中天然气一体化约 40 亿美元；化工和化工产品业务 40 亿～50 亿美元)，在传统上游业务投资约 80 亿美元。预计石油产量每年将逐步减少 1%～2%。到 2030 年初成为极具规模的低碳企业。截至 2023 年底，与 2016 年相比，壳牌已实现了到 2030 年将自身运营碳排放减半目标的 60% 以上。

3. 壳牌的低碳转型路径

在供给端，壳牌正在新能源电力、氢能和其他低碳替代能源领域开展布局，提升生产能力和发展潜力。2023 年，壳牌在低碳解决方案上投资了 56 亿美元，占总资本支出的 23% 以上。

壳牌将电力作为未来业务核心，目标至 2030 年前实现每年 560TW·h 的电力销售。壳牌在全球拥有超 160 万电力零售客户，其 2030 年目标是年销售 5600 亿 kW·h。同时，壳牌还在建设自有发电能力，通过收购美国太阳能和储能企业 Savion[11]、储能电池制造商 Sonnen、意大利太阳能企业 Solar-Konzept、澳大利亚风能企业 WestWind、印度可再生能源公司 Sprng Energy，增加了可再生能源发电和供给能力，此外壳牌还是世界上领先的漂浮式风电场开发商之一，在法国、爱尔兰、挪威、苏格兰和韩国开发原型、试验场和商业规模项目。目前壳牌拥有 4.7GW 的可再生能源发电能力，未来这一数字将达到 38GW。

壳牌正在扩大氢气开发能力，包括氢气的生产、储存和运输，以期实现 2035 年占全球氢能市场的 10% 以上的目标。根据国际能源署(International Energy Agency，IEA)的数据，壳牌 2020 年的总电解槽容量为 30MW[12]，占当年全球电解槽装机容量的 10%。2021 年，壳牌启动了欧洲最大的质子交换膜(proton exchange membrane，PEM)电解槽项目，设施位于科隆附近的壳牌公司莱茵兰(Rheinland)能源和化学园区，可年产 1300t "绿氢"，利用可再生能源产生的电力生产氢气以减少莱茵兰炼厂的二氧化碳排放。在荷兰，2022 年底在鹿特丹(Rotterdam)开始建设荷兰氢能 1 号(建造一座 200MW 的电解槽设备)，该项目有望成为欧洲最大的可再生氢能工厂之一[12]，预计 2024 年底前将开始运行，每天可生产约 6 万 kg 氢气。但 2023 年 2 月，壳牌决定退出德国汉堡绿色氢能源中心

100MW 电解槽的投资，集中精力释放资源用于其他氢能项目。

在生物燃料方面，壳牌致力于可持续航空燃料(sustainable aviation fuel，SAF)、生物柴油、生物乙醇和可再生天然气等低碳燃料的生产和替代。2022 年壳牌在全球生产 9.5GL 生物燃料，约占全球生物燃料消费量的 6%。壳牌和巴西合资的锐龙是世界上最大的生物燃料生产商，拥有全球 44% 的生物燃料份额[12]。壳牌投资了荷兰生物燃料厂，年产能 820kt，成为欧洲最大的生产 SAF 和废料可再生柴油的企业之一[4]。壳牌拟进一步投资，在德国和新加坡的能源和化工园区生产 SAF。

在传统燃料方面，2023 年，壳牌所售能源产品的净碳强度与 2016 年相比减少了 6.3%，2021 年壳牌将传统燃料的产量减少到 71Mt/a[11]。壳牌一方面关闭旗下炼油厂，比如永久关闭菲律宾 Tabangao 炼油厂[12]，另一方面正在把炼油厂改造成能源和化工园区，并生产低碳燃料和合成燃料，以及沥青、润滑油和化学品。炼油厂的改造可帮助壳牌到 2030 年将传统燃料的产量减少 55%，从 2020 年的约 91Mt/a 减少到 2030 年的 45Mt/a[11]。同时，鉴于液化天然气(liquefied natural gas，LNG)在取代燃煤发电方面发挥着重要作用，壳牌正在增加约 7Mt 的新液化天然气产能，目前正在建设中，预计将在未来 10 年内投产。

在需求端，壳牌致力通过提供更多低碳燃料，支撑各行业的低碳转型。

在移动交通领域，壳牌是全球最大的交通能源零售商，在 80 多个国家拥有 46000 多家服务站，可提供如生物燃料、氢气和为电动汽车充电等低碳能源产品。2023 年 9 月，壳牌全球最大的电动汽车充电站在深圳正式开业。壳牌目前在全球的加油站、交通枢纽、街道和超市等目的地拥有超过 4 万个公共充电终端，预计到 2030 年将增加至 20 万个。壳牌陆续收购了欧洲最大的电动汽车充电商之一 New Motion，以及电动汽车充电和管理软件开发商 Greenlots。壳牌还在扩大氢气加注站网络，目前，已在欧洲和北美建设约 50 个氢气加注站。壳牌目前在欧洲已建设 44 个 LNG 加注站[12]。2022 年，壳牌开始在德国莱茵市建设生物液化天然气液化工厂，计划为 4000～5000 辆液化天然气卡车提供生物液化天然气[11]。壳牌将于 2023～2025 年，在包括涉及生物燃料、氢气、电动汽车充电等的低碳能源技术领域投资 100 亿～150 亿美元。

在航空领域，SAF 是航空部门在中短期内减少其排放的最可行的选择。壳牌宣布到 2025 年每年生产约 2Mt SAF，到 2030 年至少占壳牌全球航空燃料销售额的 10%。此外，壳牌还关注氢气在航空领域的潜在应用，并入股了氢电飞机开发商 Zero Avia[11]。

在航海领域，海洋船舶低碳解决方案在长期中包括氢气和氨气，在短期包括液化天然气、生物燃料和甲醇。壳牌正在开发一个用于运输的初始生物燃料组合，并在荷兰进行了第一次生物液化天然气加注试验。同时，壳牌已在 7 个国家和 8 个港口完成了 400 多个船对船的液化天然气加注作业，并于 2021 在直布罗陀和新加坡开展了第一次液化天然气加注作业[11]。

在工商业领域，壳牌、微软(Microsoft)和亚马逊(Amazon)等大型跨国公司结成战略联盟，供应超过 500MW 的可再生能源[11]。在重工业领域，壳牌与主要企业达成减少重工业排放的协议。例如，壳牌与中国宝山钢铁股份有限公司合作探索氢气如何帮助减少钢铁行业的碳排放[12]。

在碳捕集与封存产业方面，壳牌将争取到 2035 年达到每年增加 2500 万 t 的 CCS 能力[11]。目前，壳牌参与了三个重要的 CCS 项目，即加拿大的奎斯特（Quest）（正在运营）、挪威的北极光（Northern Lights）（已批准）和荷兰的波尔托斯（Porthos）（计划中），总产能约为 450 万 t。

2.2.2　道达尔能源的典型案例分析

1. 道达尔能源低碳转型战略

道达尔能源的低碳转型战略主要为：①通过整合从生产到销售的价值链，成为可再生电力的全球领导者；②从生产和贸易到燃气发电厂和配电，覆盖整个天然气产业链；③开发 CCS 的工业流程。

2. 道达尔能源的低碳转型计划

承诺实现 2050 净零排放目标。2020 年道达尔能源加快实施其可再生能源发展战略，可再生能源装机量增加了 10GW；2021 年道达尔能源在可再生能源及电力领域的投资占总投资的 25%，同时，道达尔能源计划在 2015～2030 年期间，以油气（特别是液化天然气）和电力（特别是可再生能源电力）两大支柱为基础，天然气产量增加约 50%（从 1.3MBOE/d [①] 到 2MBOE/d），电力增加 70 倍（从 1.7TW·h 到 120TW·h），石油产品的销售占比降至 30%。到 2030 年，道达尔能源销售中，天然气占 50%，石油产品占 30%，可再生能源占 15%，生物质能和氢能占 5%[13]。

3. 道达尔能源的低碳转型路径

1）清洁能源替代

道达尔能源向综合能源服务商转型，2021 年 5 月改名为道达尔能源公司，在能源产品生产中减少石油产品的份额，以液化天然气和可再生能源电力两大支柱为基础，实现能源结构的多样化。主要从电力、天然气、生物燃料、氢能等方面实践清洁能源替代的转型路径。

在电力方面，道达尔能源目标是跻身世界五大风能和太阳能发电商之列。近年来，道达尔能源加快实施可再生能源发展战略，在光伏发电和海上风电领域投资超过 100 亿美元。2023 年，道达尔能源在低碳能源领域投资超过 50 亿美元，主要用于电力领域。到 2030 年，道达尔能源计划为可再生能源发电投资超过 600 亿美元。道达尔能源可再生能源总装机容量已超 10GW 以上，目标是到 2025 年拥有 35GW 的总容量，到 2030 年达到 100GW。截至 2023 年，道达尔能源可再生能源发电总装机容量为 18GW，公司的目标是将电力产量从 2021 年的 21TW·h 增加到 2030 年的 120TW·h。道达尔能源在光伏发电领域再次迅速扩张，计划到 2025 年占可再生能源电力总量（35GW）的 75%。道达尔能源的光伏发电业务已覆盖全球 40 多个国家，并在近年大举进军海上风电和储能业务，预

---

　① 1BOE=5.88×10⁶Btu=6.204×10⁹J。

计到 2050 年，其电力产品销售（尤其是可再生能源电力）占总体业务的 40%。2021 年道达尔能源的海上风电业务规模继续扩大，总装机容量超过 10GW，其中 2/3 为固定式，1/3 为漂浮式。此外，道达尔能源启动多个固定式电力储能项目以支持可再生能源[13]。

在天然气方面，对于道达尔能源，天然气是一种关键的过渡能源。天然气在发电中释放的温室气体排放量是煤炭温室气体排放量的一半。道达尔能源在 2021 年售出 42Mt 液化天然气，是全球第二大非国有液化天然气公司，道达尔能源提出 2035 年天然气产量占比要达到 60%。此外，道达尔能源正在更新其液化天然气运输船队，新船将比旧船减少 40% 的 CO_2 排放量[13]。

在生物燃料方面，相比于化石燃料，生物燃料的 CO_2 排放量减少了 50% 以上。道达尔能源目前拥有 500kt/a 的生物燃料生产能力，主要在法国的 La Mède 炼油厂。道达尔能源已将 La Mède 炼油厂改造成世界一流的生物精炼厂，主要生产加氢处理植物油（hydrotreated vegetable oil，HVO，可再生柴油和 SAF 的前体）、生物石脑油（可再生聚合物的前体）和用于交通或供暖的生物液化石油气（可再生液化气），目标是到 2025 年增加到 2000t/a，到 2030 年增加到 5000t/a。此外，道达尔能源计划从 2025 年开始生产 2(TW·h)/a 的生物甲烷（沼气），到 2030 年在全球范围内生产超过 5(TW·h)/a 的生物甲烷。同时，道达尔能源正在投资研发基于微藻的第二代和第三代生物燃料[13]。

在氢能方面，道达尔能源拟大规模生产清洁低碳氢，以满足市场对氢燃料的需求。目前，道达尔能源在欧洲共有 6 个氢能项目正在开发。道达尔能源正在与 Engie 合作在 La Mède 生物精炼厂开发 Masshylia 绿色氢项目。该项目将由光伏和风力发电供电，总容量接近 300MW。其 125MW 电解槽将产生超过 1 万 t/a 的绿氢，以满足生物精炼厂的需求，并有助于减少 14 万 t/a 的 CO_2 排放。在泽兰（Zeeland）炼油厂，道达尔能源计划从甲烷水蒸气重整装置中捕集碳，同时还在开发一种 150MW 的电解槽，并将用于海上风电消纳。同时，道达尔能源还发起"O/G Decarb 创新工程"，研究使用"浮式风电+波浪能+氢能"等综合能源为海上油气平台供电。此外，2022 年初，道达尔能源加入了阿联酋的马斯达尔和西门子计划，建立了一个生产绿氢的试点装置，该装置将用于转化 CO_2 为清洁航空燃料[13]。

2）传统能源减排

针对传统能源生产与运输过程碳排放的节能降碳路径，道达尔能源主要着眼于石油产品、甲烷排放、CCS 等路径开展低碳转型工作。

在石油产品方面，道达尔能源对于石油产品的开发必须满足日益严格的环境限制并满足相关的减排要求。道达尔能源将其石油产品的份额从 2015 年的 65% 降至 2021 年的 44%，目标是在 2030 年达到 30%。鉴于油田产量的自然下降，道达尔能源仍需持续投资来满足市场需求，但会优先考虑技术成本低（通常低于 20 美元/bbl①）和低盈亏平衡点（通常低于 30 美元/bbl）的石油项目。所有新项目均根据其对公司平均碳强度的贡献进行评估。新的油气开发仅限于排放最少的油田。例如，2021 年道达尔能源退出委内瑞拉，因

---

① 1bbl=1.58987×10^2dm³。

为奥里诺科带(Orinoco Belt)重油的生产未能达到其温室气体排放目标。目前，道达尔能源扩大了在巴西海上阿塔普(Atapu)和塞皮亚(Seppia)油田的业务，这些油田代表了低成本、低排放的储量。同时，道达尔能源已经开始规模化应用钻井机器人、起下钻自动控制、自动送钻系统、自动控压钻井等技术，使用智能钻机、智能钻头等设备实现钻台无人化操作、钻井自动化精准控制，大幅提高开发效率，降低钻井成本。此外，道达尔能源尊重禁区和良好的环境实践。道达尔能源不会在北冰洋冰层勘探石油，也不会批准增加加拿大油砂的产能。同时，道达尔能源在伊拉克签署了重要的多能源协议，包括建设新的天然气网络和处理装置、建设大型海水处理装置和建设 1GW 光伏电站[4]。

在甲烷排放方面，多年来，道达尔能源一直致力于减少甲烷排放。甲烷是一种温室气体，对全球变暖的影响是 CO_2 的 25 倍。在全球范围内，天然气燃除的做法较为常见，道达尔能源自 2000 年承诺停止其新项目的常规燃除。自 2014 年以来，作为世界银行"2030年零常规燃除"倡议的创始成员，道达尔能源承诺到 2030 年完全结束这种做法。自 2010年以来，常规燃除量减少了 90%，道达尔能源设定了新目标，即从 2025 年起将燃除量降至 $0.1Mm^3/d$ 以下。甲烷的排放来源众多且分散，主要归因于排放(占总量的 1/2 以上)和燃烧(占总量的 1/4)，其余的是逸散性排放(即阀门、法兰和联轴器的泄漏)或设施(涡轮机、熔炉、锅炉等)不完全燃烧的产物。道达尔能源是检测和量化甲烷排放的先驱，道达尔能源运营着一个测试甲烷排放测量技术的网络，并在加速其无人机甲烷检测技术AUSEA 的部署。道达尔能源已在 2010~2020 年期间将运营过程中的甲烷排放量减半。根据《格拉斯哥气候公约》，道达尔能源计划到 2025 年比 2020 年的水平降低 50%，到2030 年减少 80%[13]。2023 年运营设施的甲烷排放量减少了 47%。

在碳捕集与封存方面，CCS 是一种大规模的减排措施，道达尔能源在该领域拥有大型项目管理、气体处理和地球科学方面的关键专业知识。1996 年以来，道达尔能源一直致力于挪威海 CCS 解决方案的开发，以减少 Sleipner 和 Snøhvit 天然气田的排放。2010~2013 年，道达尔能源在法国开发了一个试点项目，涉及 CCS 完整的产业链，采用富氧燃烧技术(欧洲首创)捕集蒸汽发生器的碳，然后运输并封存在枯竭的储层中。目前，道达尔能源在挪威与艾奎诺和壳牌合作推出北极光项目，这是道达尔能源首个大型 CCS 项目，目前处于建设阶段。道达尔能源在荷兰正在开发阿拉米斯项目，计划以鹿特丹港为枢纽，将 CO_2 运输并封存到枯竭的海上油田中。2021 年道达尔能源 CCS 体系开发预算为 1 亿美元，计划到 2030 年，将 CO_2 的封存量扩大到约 10Mt/a。

2.2.3 埃克森美孚的典型案例分析

1. 埃克森美孚低碳转型战略

埃克森美孚的低碳转型战略主要从以下三个方面展开：①启动低碳解决方案，开发新业务，利用广泛的、行业领先的研发体系推动技术布局和商业化；②专注 CCS、氢气和低碳燃料，实现大规模减排；③使用包括风能、太阳能和天然气等能源实现电力低碳化，加速发展甲烷检测和减排技术，消除常规燃除，研究生态碳汇等碳补偿技术。

2. 埃克森美孚的低碳转型计划

埃克森美孚计划到 2030 年实现(直接温室气体和电力间接温室气体)净零排放;与 2016 年水平相比,将在 2030 年实现温室气体整体减排 20%~30%,其中上游减排 40%~50%,甲烷整体排放量降低 70%~80%,燃除强度降低 60%~70%。为实现整体减排目标,埃克森美孚预计到 2025 年将投资 30 亿美元用于开发低碳解决方案,并将在 2027 年之前对低碳计划的投资额增加到约 170 亿美元。埃克森美孚的低碳解决方案目前以 CCS、氢能、低碳燃料和生态碳汇为主,充分利用埃克森美孚在 CCS 和蓝氢生产方面的丰富经验,并计划将两条技术路线结合。此外,埃克森美孚将部署新技术以扩大甲烷排放的检测和减排,对于其他重点技术领域,埃克森美孚将在未来技术成熟度达到商业化水平后,考虑将其他重点技术加入低碳解决方案[13]。

3. 埃克森美孚的低碳转型度路径

1)碳捕集与封存

埃克森美孚在 CCS 技术上处于领先地位,拥有超过 30 年 CO_2 捕集和封储的经验,人为捕集的 CO_2 累计量居全球首位,约占全球碳捕集量的 20%,约 9Mt/a。自 2000 年以来,埃克森美孚已经在减少排放的技术和项目上投资了 100 多亿美元,其中以发展 CCS 技术为首,在美国、澳大利亚和卡塔尔都建有 CCS 项目。埃克森美孚的拉驳船设施可以捕集 6~7Mt/a CO_2,在同类设施中规模最大。目前正在计划从 2025 年开始每年将其扩大至 1Mt。埃克森美孚在美国建立休斯敦(Houston)CCS 中心,休斯敦工业区非常适合大规模部署 CCS 技术,该地区工业排放集中且附近的墨西哥湾沿岸和海底的地质构造完全稳定,可存储约 500Gt 的 CO_2。同时埃克森美孚还在美国贝敦(Baytown)和荷兰鹿特丹开发蓝氢制备装置的 CCS 项目,其中美国贝敦项目 CO_2 减排潜力达 10Mt/a,荷兰鹿特丹项目将通过海上管道将 CO_2 输送到距海岸 20km 的海底废弃天然气田中存储。埃克森美孚于 2021 年成立专业部门负责 CCUS 技术的商业化,并计划投资 30 亿美元用于推进未来全球 CCS 项目,正在全球推进 20 多个新的 CCS 机会计划,初步目标是到 2030 年实现捕集与封存 CO_2 约 50Mt/a,2040 年达到 100Mt/a[13]。

2)氢能

氢是零碳的能源载体,埃克森美孚正在评估对氢能的战略投资,以推动氢能的广泛应用。埃克森美孚在氢气方面有丰富的经验,年产能达到约 1.30Mt,主要产品是通过天然气重整生产,并有 CCS 技术支持的蓝氢。埃克森美孚计划在其位于美国贝敦的炼油厂和石化工厂的基础上,建造一座世界级的蓝氢工厂,并与 CCS 项目相结合,以支撑埃克森美孚的 2030 年减排计划。新工厂可生产氢气高达 $1Gft^3/d$,为贝敦烯烃工厂和休斯敦地区的其他工业提供低碳燃料。该项目的 CCS 部分预计将成为世界上最大的 CCS 项目之一,并将捕集与封存 100Mt CO_2。此外,埃克森美孚正在与美国政府合作,支持美国能源部并帮助整个行业开展利用现有天然气管道基础设施来运输氢气的研究。埃克森美孚还在与行业组织合作制定氢气安全运输标准[13]。

3）生物燃料

埃克森美孚专注于利用现有技术和基础设施来发展低碳燃料，并对先进的生物燃料开展持续研发，利用低价值的生物基础原料来提供优化的低碳解决方案。埃克森美孚计划到 2025 年供应低碳燃料约 40kbbl/d，到 2030 年实现 200kbbl/d。埃克森美孚通过专有的脱蜡催化剂，将脂肪或植物油转化为可再生燃料来生产生物柴油，以此降低全生命周期的 CO_2 排放。在加拿大，埃克森美孚在斯特拉斯科纳(Strathcona)炼油厂开展低碳柴油项目，使用低碳氢、菜籽油原料和美孚专有催化剂，生产可再生柴油约 20kbbl/d，相当于减少 CO_2 排放量约 3Mt/a。埃克森美孚最近还开发了一项新技术，以可再生甲醇为原料来生产航空燃料。这种甲醇可通过生物废弃物气化生产，也可以通过可再生电力电解水而捕集的 CO_2 和 H_2 制造，因此碳强度较低。埃克森美孚预计该工艺在使用相同的原料情况下，可提供比其他技术更低碳的航空燃料产品，同时也具有生产其他燃料或化学品的潜力[13]。

4）生态碳汇

生态碳汇是基于自然的低碳解决方案，通过保护自然环境，有效管理和恢复生态系统，来提升自然界对 CO_2 的吸收和储藏水平。埃克森美孚正在试点二叠盆地原生草原的恢复项目，该项目以提高退化土地的土壤固碳能力为目标，通过测试多种土地恢复办法，寻找改善土壤固碳能力的最佳方法，并了解这些做法将如何改变土壤中的微生物群落[14-18]。

2.2.4 艾奎诺的典型案例分析

艾奎诺是世界上最大的原油供应商之一，目标是成为能源转型的领先公司。

1. 艾奎诺的低碳转型战略

艾奎诺明确提出到 2050 年实现净零排放，其低碳转型战略围绕三大支柱产业展开，如图 2.1 所示。①优化油气投资组合：利用具有优势的油气生产业务为脱碳与低碳转型业务提供资金支持。②可再生能源高价值增长：加快部署，确立价值驱动增长的强大产业地位。③低碳解决方案的新市场机遇：成为碳管理和氢气领域的领导者。

2. 艾奎诺的低碳转型计划

艾奎诺承诺到 2050 年实现净零排放，并制定了短期、中期和长期低碳转型计划[19]。
(1)减少油气生产碳排放量。目标是相比 2015 年，2030 年范围 1 和范围 2 的温室气体排放量减少 50%，其中 90%的减排将通过绝对减排实现；保持油气行业碳效率的领先地位，在保证油气生产的同时提高碳效率，目标到 2025 年上游 CO_2 排放强度＜8kg CO_2/BOE，到 2030 年上游 CO_2 排放强度＜6kg CO_2/BOE；减少油气作业中的甲烷，继续开发应用监测和减少甲烷排放的技术与方案。

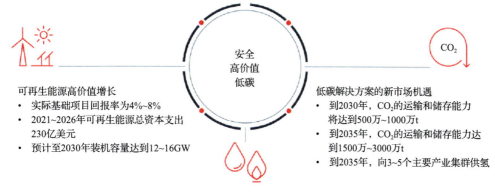

可再生能源高价值增长
- 实际基础项目回报率为4%~8%
- 2021~2026年可再生能源总资本支出 230亿美元
- 预计至2030年装机容量达到12~16GW

安全
高价值
低碳

低碳解决方案的新市场机遇
- 到2030年，CO_2的运输和储存能力 将达到500万~1000万t
- 到2035年，CO_2的运输和储存能力达 到1500万~3000万t
- 到2035年，向3~5个主要产业集群供氢

优化油气投资组合
- 到2030年，运营排放净减少50%
- 到2025年上游CO_2排放强度<8kg CO_2/BOE
- 到2030年上游CO_2排放强度<6kg CO_2/BOE

图 2.1　艾奎诺低碳转型战略围绕三大支柱产业

(2)加快可再生能源投资。目标到 2030 年净装机容量达到 12～16GW，2021～2026 年可再生能源总资本支出达到 230 亿美元，预计实现 4%～8%的实际基础项目回报率。

(3)构建低碳解决方案。CCS 技术目标：CO_2 运输和储存能力到 2030 年达到 500 万～1000 万 t，到 2035 年达到 1500 万～3000 万 t。氢能源目标：到 2035 年为 3～5 个主要工业集群供氢，在欧洲获得 10%的清洁氢气市场份额。为航运活动开发替代燃料：提高低碳燃料的生产和使用，增加零排放燃料的生产和利用，目标到 2030 年挪威境内的航运活动碳排放量减半，到 2050 年全球航运活动碳排放量减半。

3. 艾奎诺的低碳转型路径

(1)减少油气生产过程中的碳排放量，保持油气行业碳效率的领先地位。

通过组合优化和能源效率措施，艾奎诺油气生产过程中的碳排放量已经大幅度降低。要实现 2030 年范围 1 和范围 2 的温室气体排放量相比 2015 年减少 50%的目标，需要从实施减排项目、提高海上和陆上资产能源效率及加强投资整合能力等方面着手开展相关工作。

减排项目主要为挪威海上设备电气化，在海上平台使用电力替代海上燃气轮机，电力由岸电或海上风电提供，从而减少温室气体排放。Johan Sverdrup 油田采用岸电模式，在整个油气开采过程中绝大部分电力为陆地水力发电产生的清洁电力，该油田 CO_2 排放量为 0.67kg/bbl，约为世界平均水平的 5%。Hywind Tampen 浮式风电场为海上油气平台供电，可以有效减少海上油田燃气轮机的使用，同时可实现 20 万 t CO_2 与 1000t NO_x 的减排量。

(2)减少甲烷排放，到 2030 年将石油和天然气业务的甲烷排放强度降到接近零的水平。开发应用监测与减少甲烷排放的技术与方案，支持整个行业在石油和天然气价值链中减少甲烷排放，提升相关数据的质量与透明度，支持制定健全的甲烷政策和法规。

(3)可再生能源领域的发展，聚焦海上风电，探索陆上可再生能源。艾奎诺计划到 2030 年实现 12～16GW 的风电净装机容量，其中 2/3 为海上风电，目前正在英国、美国东北部和波罗的海建造海上风电产业集群，积极参与波兰、德国、日本、韩国、法国、西班牙、越南等国的海上风电业务，为全球多地提供清洁能源。艾奎诺还在光伏发电领域积极布局。

(4)大力发展 CCS 技术，探索新的商业模式，使 CCS 在未来脱碳能源体系中具有商业可行性，同时艾奎诺参与运营全球最大的 CO_2 捕集技术测试中心——蒙斯塔德技术中心(Technology Centre Mongstad，TCM)，推动碳捕集技术发展。艾奎诺在未来几年内将在北海获得更多的 CO_2 封存许可证，建立一个基于管道的通用基础设施，大幅降低 CCS 价值链的成本，计划在 2035 年 CO_2 封存能力达到每年 1500 万～3000 万 t。

(5)探索氢能，将天然气转化为氢气并进行碳捕集，与德国天然气公司 VNG AG 将在低碳氢、氨和 CCS 方面进行合作，积极参与 H2H Staltend、H2morrow 等氢能项目以及荷兰海上风电制氢项目 NortH2。

2.2.5 中国石油的典型案例分析

中国石油是国有重要骨干企业和全球主要的油气生产商和供应商之一，是集国内外油气勘探开发和新能源、炼化销售和新材料、支持和服务、资本和金融等业务于一体的综合性国际能源公司。

1. 中国石油的低碳转型战略

大力发展天然气业务；将新能源作为绿色低碳转型的新动能，重视地热能、生物质能、氢能等新能源的开发，适度发展风电、光伏发电、干热岩开发等业务。

2. 中国石油的低碳转型计划[20]

中国石油按照"清洁替代、战略接替、绿色转型"三步走总体部署，力争 2025 年左右实现碳达峰，2035 年外供绿色零碳能源超过自身消耗的化石能源，2050 年左右实现"近零"排放。

(1)清洁替代阶段(2021～2025 年)，以生产用能清洁替代为抓手，产业化发展地热和清洁电力业务，加强氢能全产业链、CCS/CCUS 等战略布局，力争到 2025 年新能源产能比重达到中国石油一次能源生产的 7%。

(2)战略接替阶段(2026～2035 年)，积极扩大地热、清洁电力，产业化发展氢能、CCS/CCUS 业务，大幅提高清洁能源生产供应能力和碳减排能力，力争 2035 年实现新能源、石油、天然气三分天下格局，基本实现热电氢对油气业务的战略接替。

(3)绿色转型阶段(2036～2050 年)，着重规模化发展地热、清洁电力、氢能、CCS/CCUS 等新能源新业务，到 2050 年，力争实现热电氢能源占比 50%左右，实现绿色低碳转型发展，助力全社会碳中和。

3. 中国石油的低碳转型路径

中国石油的低碳转型路径主要分为以下三条。

(1) 稳油增气：充分利用天然气的绿色低碳能源属性，充分发挥公司天然气的资源优势，大力实施"稳油增气"策略，推动天然气产量快速增长，到 2025 年占比提高到 55% 左右，在同行中处于领先水平。

(2) 综合性能源开发：充分发挥天然气在未来能源体系中的关键支撑作用，利用好公司矿权范围内风、光、地热等丰富资源，大力实施风光气电融合发展和氢能产业化利用，持续加大地热资源的规模开发和综合利用，推动公司向"油气热电氢"综合性能源公司转型。

(3) 绿色行动计划：积极推进绿色行动计划，大力实施节能减排和清洁替代，努力减少碳排放；大力实施林业碳汇和 CCUS，努力实现碳移除；积极向社会外供绿色零碳能源。

中国石油部署"绿色企业建设引领者""清洁低碳能源贡献者""碳循环经济先行者"三大行动及十大工程[20]。

1) "绿色企业建设引领者"行动

按照"合规发展、减污降碳、清洁替代"的原则，秉承节能为第一能源理念，构建多元化清洁能源替代体系，深入打好污染防治攻坚战，加强生态环境保护，致力于成为绿色企业建设引领者。

(1) 节能降碳工程

实施能量系统优化。开展油气田地上地下联合优化、炼化一体化能量梯级利用，逐步淘汰落后产能。

规模化推进清洁替代。持续提高天然气和燃料气使用比例，大力实施以风电、光伏替代油气生产现场网电。

推进能源管控建设。开展能源管控功能升级完善和能源管控单元评估诊断，推进能源与生产管理一体化发展。

(2) 甲烷减排工程

建立甲烷监测报告与核查(Monitoring Reporting Verification，MRV)体系。开展全产业链甲烷排放检测与核查，全面推广实施甲烷泄漏检测与修复(leak detection and repair，LDAR)。

实施常规火炬熄灭计划，实现伴生气经济有效回收，发展低压低气量低浓度甲烷回收技术。

深化整体密闭流程改造。深化油气田地面工程集输系统密闭改造，建立油气田开发甲烷与挥发性有机物(volatile organic compounds，VOCs)协同管控机制。

(3) 生态建设工程

开展生物多样性保护能力建设。建立完善生物多样性保护体系，把生物多样性风险评估纳入项目全生命周期管理。

规模发展林业碳汇。实施集中造林，实现碳汇林建设与义务植树、生物多样性保护、生物质能发展相结合。

推进油气田企业绿色矿山建设。实施绿色生态工程、绿色人文工程、绿色宜居工程和绿色创效工程"四大绿化工程"。

（4）绿色文化工程

深化污染防治攻坚。强化污染物与温室气体协同控排，实施环保治理设施提标改造，建设智慧环保平台。

提高 ESG 绩效。持续完善公司应对气候变化行动信息，加强生物多样性和土地利用、低碳环保等方面的信息披露。

开展优秀企业公民建设行动。按照合规、公开、共建的原则，促进绿色低碳发展理念融入企业经营全过程。

2）"清洁低碳能源贡献者"行动

按照"融合发展、优化布局、战略接替"的原则，坚持将天然气业务作为绿色发展的战略方向，实施地热、生物质能和风光发电工程，打造氢产业链，进一步推动炼化转型低碳发展，致力于成为清洁低碳能源贡献者。

（1）"天然气+"清洁能源发展工程

大力提升天然气产量。实施稳油增气战略，加大勘探开发力度，推进页岩气低成本商业开发和煤层气规模效率开发。

产业化发展光伏、风电、地热等可再生能源。开发油田矿区光伏发电和风电项目，形成地热资源高效规模开发。

打造"天然气+"产业聚群。推进气电调峰与可再生能源发电协同开发，推动天然气零碳制氢与绿氢产业区集群建设。

（2）"氢能+"零碳燃料升级工程

大力发展氢能产业链。同步布局"氢能+"等零碳燃料产业链，发展氢能深加工生产链和零碳燃料供应链。

产业布局氨、生物燃料、合成燃料等零碳燃料。打造无碳低碳制氨和氨能利用现代产业链，参与全球零碳"氨能源"储运网络构建。

规模化发展新材料业务。以乙烯、对二甲苯为龙头，持续提高烯烃、芳烃等化工产品生产比例，超前布局二氧化碳化工利用技术。

（3）综合能源供给体系重构工程

系统优化产业链布局。打造"天然气+"产业集群，发展"油气热电氢"生产体系和"氢能+"供应体系，以数字化技术再造流程，发展智能物联网综合管理平台。

产业化延伸能源终端服务。充分利用现有加油站和矿区服务终端，以智能化加油站改造为推动，规模化发展一体化供电服务，建立人-车低碳生活圈。

构建区域性净零碳排放综合能源供应体系。以"天然气+"为基础，发展"风光气热氢"互补、"电热冷水燃"联供智能化综合能源服务网络。发展智慧型多能互补终端供热供电技术，打造区域性碳中和综合能源供应体系。

3)"碳循环经济先行者"行动

按照"循环发展、零碳升级、绿色转型"的原则,推进零碳生产体系重构,实施生态设计优化和数字化赋能,持续推进电气化深度改造,布局 CCS/CCUS 战略接替产业,致力于成为碳循环经济先行者。

(1)深度电气化改造工程

持续推进上游业务的电气化改造。积极发展风电光伏,推行网电钻完井和户外作业光储一体化项目,实现油气开发多元化能源综合利用和管控深度电气化。

不断提高下游业务的电气化水平。围绕炼化过程中的高排放和高能耗装置进行绿色电气化改造,加大绿电使用量,逐步实现乙烯裂解压缩机、丙烯压缩机等电气化。

发展区域电力协同管控系统。利用能源互联网、大规模储能等新技术和智能化手段,实现区域内清洁能源的安全调配与高效消纳,实现矿区智能清洁供电系统升级。

(2)CCUS 产业链建设工程

发展 CCUS-EOR。发挥油田、炼化一体化业务优势,整合内部源汇匹配,形成完整产业链,建设石油石化近零示范区。

布局 CCUS 区域产业中心。以提高化石能源清洁利用、工业产业链零碳升级为核心,开展 CCUS 区域产业中心战略规划和建设。

研究 CCUS 超前技术。超前部署新一代捕集技术,发展远距离大容量二氧化碳运输与封存、数据模拟、空天一体监测,参与全球直接空气碳捕集与封存、生物能源碳捕集与封存、海洋碳汇等研究合作。

(3)零碳生产运营再造工程

实施生态设计优化。采用零碳/低碳生产工艺,推广使用氢、氨、生物质能等零碳/低碳燃料,发展工厂级"绿色能源岛",打造零碳能源集中供应平台。

发展数字化赋能。推进数据全面采集和生产过程实时感知,发展智能化油气田、数字化炼油化工、智慧化销售服务,加速构建智慧型碳生产信息管理平台,建立全生命周期绿色供应链。

构建碳循环经济圈。统筹资源市场、清洁能源供应、环境容量及碳减排潜力,加强与煤化工、电力、新能源等行业技术耦合发展区域碳循环经济战略基地。

中国石油与天津产权交易中心、芝加哥气候交易所共同出资成立天津碳排放权交易所,积极促进节能减排,让碳减排市场化、商业化,从而推动全社会碳减排观念,建立社会碳减排体系。

中国石油积极承担清洁发展机制(clean development mechanism,CDM)项目。辽阳石化一氧化二氮减排装置项目运行稳定,每年减少一氧化二氮排放量达 1000 万 t。塔里木油田实施伴生气回收 CDM 项目,有效回收油田偏远、零散井站的放空天然气,核证减排量达 193 万 t 二氧化碳当量,每天可回收放空天然气 50 万 m^3。大庆油田 CDM 项目于 2012 年 5 月投产运行,2014 年获得联合国签发的减排量 35 万 t,该项目每日可回收天然气 90 万 m^3,每年可售出 40 万 t 二氧化碳减排量。

中国石油对 CCUS 技术进行了十多年的研究与试验,形成了陆相沉积低渗透油藏二氧化碳驱油及埋存油藏工程、注采工程、地面工程三大系列 12 项主体关键技术(油藏动态监测、方案设计、注采调控、开发效果评价、注气工艺、举升工艺、腐蚀防护、安全控制、二氧化碳捕集、二氧化碳运输、二氧化碳注入、循环注气)，实现了 CCUS 技术工业化应用。在吉林油田建成国内首个二氧化碳分离、捕集和驱油等全产业链 CCUS 基地，累计封存二氧化碳 190 万 t。

2.2.6 中国石化的典型案例分析

中国石化是中国最大的成品油和石化产品供应商、第二大油气生产商，是世界第一大炼油公司、第二大化工公司，加油站总数位居世界第二，在 2021 年《财富》世界 500 强企业中排名第 5 位。

1. 中国石化低碳转型战略

中国石化大力实施绿色洁净发展战略，以净零排放为终极目标，持续推进化石能源洁净化、洁净能源规模化、生产过程低碳化，高质量完成"双碳"目标，努力为全球应对气候变化贡献力量。

2. 中国石化低碳转型目标

中国石化以 2018 年为基准年，计划到 2023 年累计实现减排二氧化碳 1260 万 t，捕集二氧化碳 50 万 t/a，封存二氧化碳 30 万 t/a，回收利用甲烷 2 亿 m³/a，计划比国家目标提前 10 年实现碳中和[21]。

3. 中国石化低碳转型路径

1)加快构建清洁低碳能源供给体系

中国石化发展以氢能为核心的新能源业务，围绕氢能产业链加快打造"中国第一氢能公司"。大力发展天然气等低碳能源，提高天然气在公司能源生产中的占比。拓展充换电站、加氢站等新型基础设施和服务，助力绿色交通、氢能交通发展。推进生物柴油、生物航煤规模化，大力发展光伏、风电产业，推进风光"绿电"与传统业务深度融合，提高"绿电"应用比例。到 2025 年，新能源供给能力力争达到千万吨标准煤。

在供氢端建设供氢中心，提供燃料电池用的高纯度氢气，依托全国 3 万多座加油站，结合城市群等区域发展战略、市场需求和应用场景、雄安新区等建设机遇，积极推进加氢站建设。推进兆瓦级 PEM 制氢设施、百千瓦级高温固体氧化物电解池(soild oxide electrolysis cell，SOEC)制氢设施研发。

中国石化开展"光伏+"行动，将加油站光伏发电与节能降碳、品牌营销等深度结合，深化罩棚光伏建筑一体化(building integrated photovoltaic，BIPV)建设，挖掘全国 3 万多座加油站的罩棚、站房屋顶的闲置空间，发展分布式光伏发电，打造"碳中和"加油站。预计到 2025 年建成 7000 座分布式光伏发电站点，所发电量主要用于加油站自身用电和电动汽车用电。截至 2021 年末，中国石化共建成分布式光伏站点 1253 座，装机容量 43.8MW。

2) 引领行业绿色低碳循环发展

加快产业结构调整，淘汰高耗低效产能，推进产业提质升级。发展分子炼油、绿氢炼化等技术，提高原料低碳化比例。扩大天然气、电力的替代范围，持续减少煤炭使用，推进能源结构低碳化。加大废弃油脂、废塑料、废橡胶产品回收，促进资源循环利用。坚持节约优先方针，持续实施"能效提升"计划，全面开展能效"领跑者"活动，主要产品能效达到国际领先水平。

3) 推动绿色低碳技术实现重大突破

加大资金投入力度，研发成套低碳工艺技术，推进石化行业绿色低碳转型。推进二氧化碳为原料生产甲醇、锂电池电解液、可降解塑料等化工产品和高端材料的技术研发及工业应用。持续开展 CCUS 技术研发与推广应用，发挥一体化优势，打造百万吨级 CCUS 全产业链示范工程[22]。

中国石化深耕 CCUS 领域，围绕 CCUS 关键技术攻关和产业化规模化应用，加大科技研发投入，实施开展重点项目，着力打造 CCUS 全产业链示范工程。中国石化 CCUS 技术研发和工程实践起步较早，部分捕集技术国内领先、世界先进，积累了较为丰富的工程应用经验。

二氧化碳捕集：自 20 世纪 80 年代起就开展相关技术攻关应用，其中低分压二氧化碳捕集、催化热钾碱法脱碳、位阻胺法脱碳等自主技术达到国内领先、国际先进水平。低分压二氧化碳捕集技术在国内 50 余套装置上应用，催化热钾碱法、位阻胺法脱碳技术运行装置 40 余套。

二氧化碳运输：自 2009 年起开展大规模、长距离二氧化碳管道输送技术研究，形成二氧化碳管道输送工艺设计、管道泄漏研究与止裂等技术，主持编制二氧化碳管输行业标准，已具备开展不同相态二氧化碳管道输送设计和建设能力。

驱油与封存：在华东、胜利、中原、江苏等油田积极开展矿场试验，探索二氧化碳高压混相驱开发模式，有效解决特低渗透油藏采油难题；创新建立"吞吐驱替协同"的注二氧化碳开发模式，实现封闭小断块油藏有效开发；在中原油田建立我国首个高含水油藏工业炼厂尾气驱油、循环利用及封存基地。

技术研发：建立"碳捕集、利用与封存重点实验室"，下设碳捕集技术实验室、二氧化碳驱油实验室、地质封存实验室、碳捕集工程实验室、碳足迹实验室，对 CCUS 各环节重点技术进行攻关研发。

4) 积极参与全球应对气候变化行动

开展甲烷减排行动，持续推进甲烷泄漏检测和修复，加大放空气回收利用和密闭流程改造，目标到 2025 年甲烷排放强度降低 50%。建立内部碳价机制，把绿色洁净战略融入公司发展、经营全过程，降低产品全生命周期碳足迹。与国际同业开展绿色低碳技术、标准、服务的交流合作，为全球气候治理提供中国企业的智慧。

作为国家碳排放监测评估试点单位，中国石化承担油气开采行业甲烷排放试点监测任务，编制了《中国石化甲烷监测评估试点工作实施方案》，综合运用手工监测、卫星遥感、走航、无人机等手段，监测逃逸、工艺放空及火炬燃烧排放的甲烷浓度；制定《中国石化国内上游甲烷控排行动指导意见》，针对油气勘探、开发、集输、处理等四个环节和放空、逸散两种排放形式，强化密闭混输工艺运用，大力实施套管气回收、火炬气综合利用、边远零散井回收等。2023 年回收甲烷约 8.74 亿 m^3，减少温室气体排放约 1300 万 t 二氧化碳当量。中国石化参与组建中国油气企业甲烷控排联盟，共同发布《中国油气企业甲烷控排联盟倡议宣言》。通过长效、有序的联盟机制，共建多方参与的交流合作平台，推动油气企业甲烷管控水平提升和技术创新，减少甲烷排放。

2022 年 11 月 4 日，中国石化与壳牌、宝山钢铁股份有限公司、巴斯夫（BASF）签署了《合作谅解备忘录》，四方将开展合作在华东地区共同启动国内首个开放式千万吨级 CCUS 项目。该项目将长江沿线钢材厂、化工厂、电厂、水泥厂等工业企业的碳源，通过槽船集中运输至二氧化碳接收站，通过距离较短的管线再把接收站的二氧化碳输送至陆上或海上的封存点。这将为华东地区工业企业提供一体化二氧化碳减排方案。

2.2.7 国家管网的典型案例分析

国家石油天然气管网集团有限公司（以下简称国家管网）坚定走生态优先、绿色低碳发展的道路，实施"双碳"专项行动计划，循序渐进推进管网绿色低碳转型，在推动构建清洁低碳、安全高效的现代能源体系中努力发挥示范引领作用。开展石油天然气体制改革，推动形成上游油气资源多主体多渠道供应、中间统一管网高效集输、下游销售市场充分竞争的"$X+1+X$"油气市场体系[23-26]。

1. 国家管网低碳转型战略

（1）遵循能源发展"四个革命、一个合作"战略方向。
（2）全力服务国家能源安全，坚持科技创新引领，坚持节约优先，优化用能结构，推广节能技术应用，优化管网布局，拓展新业务。

2. 国家管网低碳转型计划

1）降碳达峰阶段（2021~2030 年）

以控碳为核心，用能结构更趋合理，能源利用效率大幅提升，绿色低碳技术和推广应用取得新进展，2028 年实现碳达峰；天然气业务实现快速发展，油品管输业务进入平稳期，到 2030 年"全国一张网"全面建成，新业务发展初见成效。

2）融合转型阶段（2031~2040 年）

以减碳为抓手，逐步实现用能设备电气化碳排放总量和强度逐步降低；天然气业务实现平稳发展，管输量实现达峰，油品管输业务逐步优化调减；新业务进入快速发展阶段，与油气业务深度融合发展，到 2040 年业务结构布局更加合理。

3）绿色中和阶段（2041~2060 年）

以碳中和为目标，用能设备全面实现电气化，综合利用自然碳汇、碳捕集等措施，逐步实现净零碳排放，力争 2050 年实现碳中和；油气业务实现优化调整；新业务进入大力发展期，逐步成为主营业务。

4) 积极促进清洁能源利用，加快优化调整用能结构，推进资源全面节约、集约、循环利用，力争到"十四五"末，用于工程建设消耗能源的总量控制在 550 万 t 标准煤以内，二氧化碳排放总量控制在 1650 万 t 以内；天然气、原油、成品油管道单位周转量能耗分别降低 15%、5%、4.5%，以管网行动助力我国经济社会全面绿色转型、能源绿色低碳发展[24]。

3. 国家管网低碳转型路径

1) 加强管网建设行动

加快"全国一张网"建设，保障国家能源供应安全，加强储气调峰能力建设，提升管网系统调节能力，强化互联互通工程建设，提升管网调运灵活性，推动新能源配套管道建设，服务新能源发展。

在国家管网"全国一张网"的建设行动中，西气东输是重中之重的天然气管道工程。西气东输工程促进我国天然气管网的新格局逐渐形成，推进我国能源结构调整、油气行业生态环境改善，同时对我国民生起到极大改善提高作用。截至 2021 年底，我国天然气管道工程具有距离长、覆盖面广、减排效果显著的特点，里程达 11 万 km 以上，覆盖全国 30 个省，天然气总输送量达 7000 亿 m³ 以上，可替代约 9.32 亿 t 煤的燃烧，共减少 10.24 亿 t 二氧化碳及 5.08 亿 t 粉尘的排放；国家管网对于"绿色管道"的布局加快了我国天然气管网的建设，优化天然气输送基础设施建设，同时推动了液化天然气接收站、储气库的项目开展，令天然气在我国一次能源消费结构中的占比提高至 8.4%，为我国用户不断输送清洁能源，为实现"双碳"目标提供源源不断的清洁动能。

2) 清洁替代低碳行动

实施加热设备"油改气""气改电"技术改造，开展在役压气站"气改电"技术改造，推行新建压气站压缩机组全面电气化，推动绿色低碳清洁新能源替代工程。清洁生产作为从源头提高资源利用效率、减少或避免污染物和温室气体产生的有效措施，可以推动污染防治从末端治理向源头预防、过程削减和末端治理全过程控制转变，实现节约资源、降低能耗、减污降碳、提质增效等多重目标。国家管网全面推行管网清洁生产，把节能减污降碳贯穿生产经营全过程，控减能源资源消耗和温室气体排放。国家管网集团北方管道有限责任公司开展新能源电量试点采购工作，新能源电量占该公司交易电量的 66.4%，2022 年新能源发电达 3.6 亿 kW·h，这一战略既优化了国家管网在辽宁省的用电结构又为作为新能源电市场化的开端提供了一个良好的参考。

国家管网预计 2025 年管网单位产值能耗将比 2020 年下降 8.7%；到 2028 年，管网余热年发电量将达到 9 亿 kW·h，二氧化碳排放将达到峰值[26]。

3) 节能提效减排行动

加快实施设备节能提效，积极实施液化天然气接收站冷能综合利用，持续推进压气站余热发电利用项目，开展管网余压利用示范项目，强化甲烷排放管控，强化低碳管控能力、节能技术建设，深化余热、冷能等综合利用。目前国家管网累计建成 9 座站场开展余热发电，累计产生绿电 20 亿 kW·h，减少 199.4 万 t 二氧化碳排放；国家管网在 12 个输油站安装变频器，预计每年可节约 1100 万 kW·h 的用电量，开展"一拖二"国产高压变频器研发；投入运行电力储能系统，同时与光伏、风电等清洁能源发电相结合，拓宽储能渠道。

其中，国家管网集团西部管道有限责任公司与新能源公司共同开展余热利用工程，目前已在 7 座场站开展余热发电，累计上网电量达 10.5 亿 kW·h；国家管网集团北京管道有限公司回收排烟余热进行发电为陕京二线电驱动压缩机提供工业生产用电，年发电量可达 8500 万 kW·h；天津液化天然气接收站开展换热器研究，降低燃用气消耗量。

4）科技创新支撑行动

发挥科技创新支撑作用，以自主创新为主、协同创新为辅，围绕服务国家能源体系及"双碳"目标，尽早实现国家管网"双碳"目标，"十四五"期间在低碳与新能源、管网高效运行、数字化转型等领域重点部署 8 项重大项目。

油气管网天然具有向第三方无歧视接入的公平开放运营网络架构，完全具备发展能源平台经济的物理条件和市场基础。国家管网将进一步推进产业数字化，打破信息孤岛。建设智能调度体系，搭建安全可信、开放生态、高效运营的智慧管网数字平台，加快构建油气输送全业务、全过程的数字虚拟空间，为发展平台经济夯实数字基础。推进数字产业化，探索新服务、新业态、新模式。打造主体多元、功能多维、层次清晰的多边能源平台服务商，实现客户之间的连接互动，不断强化扩张效应，促进能源产业链"稳链、延链、强链"，更好保障国家能源安全。

5）绿色发展转型行动

加快天然气与新能源融合发展，积极探索氢气储运业务，积极开展 CCUS 业务，前瞻研究布局风电/光伏新业务，深度挖掘光纤通信潜力，开展绿色产品交易。

国家管网定期开展温室气体排放核算、核查、预测、分析及低碳管理培训，提升碳排放数据链的完整性和准确性，编制温室气体管理体系，积极参与国内外课题研究，开发行业内首个"油气管道低碳管理平台"。

2.3 小 结

碳中和时代即将到来，油公司需要重新审视在传统能源领域的发展经验和在新能源领域的后发优势，通过重构业务链，不断降低产业链的碳排放强度等方式，探寻一条技术可靠、经济可行的低碳发展路线。在探索过程中，欧洲油公司(如壳牌、碧辟、道达尔能源、艾奎诺)向综合能源服务商转型，油气产量下降，积极投资可再生能源领域；北美油公司(如埃克森美孚、雪佛龙、康菲、西方石油)以传统能源为主业，但油气产量也仅维持平稳，大幅增产意愿不强。中国油公司在稳油增气，保障国家能源安全的前提下，也开始针对"双减"政策，通过效能提升、减排技术、新能源开发等方式开展多元化布局，有序实施能源结构调整和低碳转型战略。总结油气行业的低碳转型路径，包括稳油增气、产业链减碳、技术创新、多元布局和市场减排等 5 个方面的内容。

稳油增气：与全球相比，中国油气需求将在更长时间内保持增长，油公司在此期间仍将发挥增储上产主力军的作用，不可松懈。油公司在增强油气供给端的鲁棒性的同时，应充分考量天然气的绿色低碳能源属性，积极提升天然气在产品结构中的占比，持续加大勘探开发力度，推进致密气、页岩气、煤层气等非常规天然气开发，多渠道引进国外天然气资源，推动天然气产量快速增长。

产业链减碳：从油气产业链上来看，上游开采以及下游炼油和化工具备较大的减排空间，如工艺放空和气体逃逸。油公司和炼化公司将普遍推动新工艺、新装备的使用，放弃或升级高排放设备；提高火炬气、伴生气的利用率。同时在甲烷排放管控方面，减少计划性和逸散性甲烷排放；提升逃逸监测和修复自动化水平，有效降低甲烷泄漏排放。

技术创新：在各种新技术中，由于可显著减少开采炼化过程中产生的温室气体排放，抵消无法避免的温室气体排放，CCS 及其商业化模式在全球范围内受油公司的广泛重视，其中包括 CCUS 技术。此外，全球不少油公司将技术创新的重点放在交通领域相关的新能源汽车、氢能和储能技术上，其中新型储能技术又因其在电力领域微电网和可再生能源高比例并网上的特殊作用而受到更广泛重视。

多元布局：在立足传统能源安全的同时，油公司也正在构建多元化的综合能源供应体系，以此实现由化石能源开发商向综合性能源服务商的转型。综合性、多元化的业务领域包括地热、光伏、风能、生物燃料（包括喷气燃料、生物柴油及乙醇汽油）等新型替代能源，也包括氢能的探索。油公司和炼化公司具备支撑氢能技术创新的专业知识和输配管道等基础设施，具有竞争优势。

市场减排：市场减排主要包含碳交易和碳汇等市场化机制。油公司在全国碳市场启动新形势的要求下，应积极参与国家试点地区碳交易，合理降低履约成本。同时油公司从自身环保和减排需求出发，应在全球范围内大力开发林业、湿地和海洋碳汇，长期关注并积极推动相关政策、标准和技术发展，持续投资负碳资产。

油气行业正面临能源转型的长期挑战，油公司正在扎实、积极地推进低碳转型，碳达峰、碳中和目标的提出为能源企业绿色低碳发展指明了方向，纵观国内外油公司的低碳转型目标与路径，油公司需保持长期的战略定力、清晰的目标与行动计划、扎实的具体业务措施，尤其是在"海洋强国""中国油气增储看海上"的背景下，不同于传统陆上油气田，鉴于海洋油气的特殊性，海上油气可在做强做优做大油气主业基础上，主动把握能源转型大势，践行绿色低碳战略，识变求变应变，为适应当前和未来中国与世界能源转型做好充分准备。

参 考 文 献

[1] 米立军. 国际油公司碳中和路径[M]. 北京: 石油工业出版社, 2022.

[2] 熊靓, 闫伟, 郜峰, 等. bp 公司低碳发展历程与碳中和路径分析[J]. 国际石油经济, 2022, 30(10): 48-56.

[3] 于航, 刘强, 于广欣. 欧洲油气公司 2050 年净零碳排放战略目标浅析[J]. 国际石油经济, 2020, 28(10): 31-36.

[4] 薛华, 宋磊. 国际石油公司应对气候变化的最新目标及启示[J]. 石油规划设计, 2021, 32（1）: 25-28.

[5] 聂向锋. "双碳"目标下全球石油石化企业低碳转型战略与实践[J]. 当代石油石化, 2022, 30（8）: 6-10.

[6] 王震, 和旭, 崔忻. "碳中和"愿景下油气企业的战略选择[J]. 油气储运, 2021, 40（6）: 601-608.

[7] 张宁宁, 王建良, 刘明明, 等. 碳中和目标下欧美国际石油公司低碳转型差异性原因探讨及启示[J]. 中国矿业, 2021, 30（9）: 8-15.

[8] 司进, 张运东, 刘朝辉, 等. 国外大石油公司碳中和战略路径与行动方案[J]. 国际石油经济, 2021, 29（7）: 28-35.

[9] 中国石油天然气集团有限公司.中国石油绿色低碳发展行动计划 3.0[R]. 北京: 中国石油天然气集团有限公司, 2022.

[10] 中国海洋石油集团有限公司. 中国海油"碳达峰、碳中和"行动方案[R]. 北京: 中国海洋石油集团有限公司, 2022.

[11] Shell. Energy transition progress report 2021[EB/OL].（2021-12-22）[2023-12-04]. https://reports.shell.com/energy-transition-progress-report/2021/services/downloads.html.

[12] Shell. Energy transition progress report 2022[EB/OL].（2022-11-17）[2023-12-04]. https://reports.shell.com/energy-transition-progress-report/2022/services/downloads.html.

[13] Total Energies. Sustainability and climate solution 2022 progress report[EB/OL].（2022-03-24）[2022-12-24]. https://totalenergies.com/news/totalenergies-publishes-its-sustainability-climate-2022-progress-report.

[14] ExxonMobil. Advancing climate solution progress report 2023[EB/OL].（2022-02-24）[2022-12-22]. https://corporate.exxonmobil.com/-/media/global/files/advancing-climate-solution-progress-report/2023/2023-a.

[15] IOGP. CCUS projects in Europe[EB/OL].（2022-10-24）[2022-12-20]. https://iogpeurope.org/wp-content/uploads/2022/10/Map-of-EU-CCS-Projects-draft-221024.pdf.

[16] 北京大学油控研究项目课题组. 中国石化行业碳达峰碳减排路径研究报告[EB/OL].（2022-11-01）[2022-12-22]. https://www.ccetp.cn/newsinfo/4697843.html.

[17] 能源杂志.大转型: 油公司的挑战[EB/OL].（2021-06-04）[2022-12-20]. https://www.inengyuan.com/kuaixun/6613.html.

[18] Equinor. 2022 energy transition plan[EB/OL].（2022-03-01）[2022-12-20]. https://www.equinor.com/sustainability/climate-ambitions.

[19] 中国石油. 中国石油 2021 年环境保护公报[EB/OL].（2022-06-05）[2022-12-20]. http://csr.cnpc.com.cn/cnpccsr/Envirreports/Envirreports.shtml.

[20] 中国石油新闻中心. 全力向 2050 碳循环经济之路迈进《中国石油绿色低碳发展行动计划 3.0》摘编[EB/OL].（2022-06-06）[2022-12-10]. http://news.cnpc.com.cn/system/2022/06/06/030069777.shtml.

[21] 中国石化集团公司. 2021 中国石化可持续发展报告[EB/OL].（2022-04-21）[2022-12-10]. http://www.sinopec.com/listco/Resource/Pdf/20220327kcxfz.pdf.

[22] 中国石化新闻网. 我国首个开放式千万吨级 CCUS 项目正式启动[EB/OL].（2022-11-07）[2022-12-20]. http://www.sinopecnews.com.cn/xnews/content/2022-11/07/content_7052010.html.

[23] 国家管网微信. 推动绿色低碳发展, 管网行动指南出炉！[EB/OL].（2022-03-14）[2022-12-20]. https://www.cpei.org.cn/16/202203/3188.html.

[24] 中国能源新闻网. "绿色管道"节能减排 ——国家管网集团立足本位践行绿色发展理念[EB/OL].（2022-06-28）[2022-12-20]. https://www.cpnn.com.cn/news/nyqy/202206/t20220628_1528054_wap.html.

[25] 国家石油天然气管网集团有限公司. 国家管网集团社会责任报告[EB/OL].（2022-08-30）[2022-12-19]. https://www.pipechina.com.cn/magazine/2022/mobile/index.html.

[26] 求是网. 发挥油气管网作用 保障国家能源安全[EB/OL].（2022-10-18）[2022-12-21]. https://baijiahao.baidu.com/s?id=1747005477146999752&wfr=spider&for=pc.

第 3 章　海洋油气低碳开发战略

全球海洋油气资源潜力巨大。据 IEA 统计，2017 年全球海洋油气技术可采储量分别为 10970 亿 bbl 和 311 万亿 m³，分别占全球油气技术可采总储量的 32.81% 和 57.06%。海洋油气具有极大的资源潜力，是全球重要的油气接替区。近年来，随着海洋油气开采的逐年加大，随之而来的二氧化碳等温室气体的排放也在逐年增加，这对于《巴黎协定》目标，即全球平均气温较工业化前水平升高控制在 2℃ 之内，并为把升温控制在 1.5℃ 之内而努力，带来了负面影响[1]。2019 年 12 月至今，雷普索尔（Repsol）、碧辟、壳牌、艾奎诺、埃尼、道达尔能源等国际海洋油气开发巨头先后宣布了 2050 年实现净零碳排放目标[2]。为此，中国油公司也纷纷制定了各自的净零碳排放目标，加大低碳科技研发投入和推广应用，充分认清全球能源低碳转型的趋势，积极探索走出一条具有中国特色的差异化低碳海洋油气开发发展道路[3]。

3.1　海上油气行业碳排放现状

海上油气田开发项目具有行业碳排放特点，其各生产设施分布集中，相互依托。在地理位置上各设施相互靠近，通过海管和电缆相互连接；在生产过程中因处理油气相关流程，各设备也相互依托，协同完成海上油气的开采、处理、输送以及动力和电力等能源的供应[4]，如图 3.1 所示。

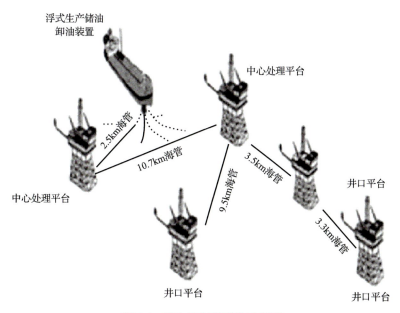

图 3.1　海上油气田开发示意图

每个海上生产设施在设计上通常既包括基本生产系统，也包括辅助生产系统和附属生产系统，如图 3.2 所示。海上油气田开发项目主要产生二氧化碳和甲烷两种温室气体排放，涉及的排放源主要有燃料燃烧二氧化碳排放、火炬燃烧排放、工艺放空排放、甲烷逃逸排放以及净购入电力产生的二氧化碳排放。

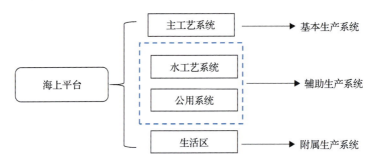

图 3.2 海上生产设施系统划分示意图

海上油气行业碳排放的核算边界一般原则是从油气采出点到工艺方案界定的产品输出点范围内，凡涉及能源、燃料消耗及温室气体排放的工艺过程都纳入计算边界。边界内所涉及的生产设施包括与石油天然气生产直接相关的油气勘探、油气开采、油气处理及油气储运各个业务环节的基本生产系统和辅助生产系统，以及直接为生产服务的附属生产系统[5]。

1. 海上油气田生产排放源和排放设施

根据海上油气田开发项目产生的温室气体排放情况梳理产生碳排放的设施，具体见表 3.1。

表 3.1 海上油气田生产排放源和排放设施

序号	排放源	排放设施
1	化石燃料燃烧温室气体排放	电力供应：发电机、应急柴油发电机 热力供应：热介质炉、蒸汽/热水锅炉、补燃炉 动力供应：柴油吊车、修井机、泥浆泵、压缩机 运输：运输船舶、飞机
2	火炬燃烧排放	平台、浮式生产储油卸油装置(floating production storage and offloading，FPSO)、陆地终端火炬燃烧排放
3	工艺放空与设施逃逸产生的温室气体排放	井口装置、井口平台、中心平台、FPSO、陆地终端设施逃逸与放空排放
4	净购入电力产生的二氧化碳排放 依托海上微电网用电产生的二氧化碳排放 净购入区域电网用电隐含的二氧化碳排放	未设发电设备的新建平台等海上设施依托已有微电网用电 陆地终端生产用以及办公楼消耗外购区域电网电力

2. 海上油气田开发过程温室气体排放特点及来源

1) 海上油气田开发特点

海洋油气产业从 20 世纪 40 年代出现以来，经过 70 多年的发展，对世界经济的发展起到了举足轻重的作用。在全球能源需求不断增加的背景下，预计未来海洋油气产业必将以更快的速度发展[6]。海上油气田开发的特点如下。

(1)海上生产设施远离陆地，须建立完善的能源、物资及人员供应调配系统，以满足海上平台的生产和生活需求。海上油气生产通常是以自给自足的能源供应方式为主，各海上设施通过海管和电缆相互连接、相互依托，共同完成海上油气的处理、输运等过程。同时需要借助于供应船或直升机等交通工具向海上平台运送物资和人员，海上生产设施还要配备吊机以接收物资。

(2)海上生产实施空间紧凑、承重有限，对设备大小和质量限制严格。海上油气生产通常集中在一个或几个作业平台，无论是开发方案还是工程设计都与陆上不同，其生产工艺及设备选型倾向于简单化和小型化，在保证正常生产生活的前提下，尽量缩减体积和质量以适应海上空间狭小的客观环境。

(3)海上平台安全管理和环境保护要求较陆上高。海上平台既是生产设施，又是生活空间，一旦发生事故，会造成严重影响，所以安全和环保必须有严格的保证。而影响和危害海上平台安全的因素极多，因此在进行工艺设计、工程建设和作业操作时必须遵循更加严格的安全环保标准及制度。

(4)海上生产设施设备建设安装投资大、牵涉面广，后期调整难度大。海洋石油工程项目多属于大型作业，投资大，特别是建设安装及弃置费用等大概是陆地油田的几倍甚至更高。因此在做开发方案时，需要很强的计划性及预见性，需要充分考虑各种因素的影响，一旦设施和设备建设安装完成，后期调整的可能性较小[7]。

2) 海上油气碳排放的主要来源

海上油气田生产主要的碳排放来源为化石燃料燃烧排放、火炬燃烧排放、放空与逃逸排放以及用电产生的排放。

(1)化石燃料燃烧产生的温室气体是最大的排放源，出于自给自足的能源供应方式及充分利用自产油气资源角度考虑，海上平台通常自建电站、热站，使用伴生气、原油等燃料，以满足自身用电和用热需求。因此主要是发电、供热、压缩机等设施用化石燃料燃烧产生的排放，使用的燃料种类多样，主要有伴生气、天然气、柴油和原油等。其中用于发电的燃料燃烧产生的排放又占化石燃料燃烧排放的绝大部分。可见减少发电用化石燃料的燃烧产生的排放是海上油气田低碳减排的重要研究对象。

(2)火炬燃烧排放是另一项重要排放源，排放量通常位居总排放量的第二位。火炬燃烧排放包括正常生产、事故、检修及试井等工况的火炬燃烧排放。海上油田开采过程中，通常会有大量伴生气和原油一起被采集到平台上，若无合适的外输系统及利用方式，通常会汇聚一起放到火炬系统燃烧。而海上平台因空间有限，难于在在役平台上增加类似气柜这样的火炬气回收设备，因此很难通过单一的措施实现回收利用。

(3)放空与逃逸的排放量位居第三，其产生的排放量不容忽视。在油气生产各业务环节中，天然气净化环节脱碳装置产生的直接温室气体排放量最大，逸散排放量较小。随着高含 CO_2 气田的逐步开发，脱碳工艺产生的温室气体排放量将越来越大。与陆上油气生产相比，海上油气生产过程中安全环保要求更加严格，实施零排放生产工艺，对于设备/组件密封性要求极高，因此由逸散产生的排放量较小。

(4)购入电力(岸电)产生的排放量比较小。岸电的使用主要发生在陆地终端，且电量占总用电量的比例较小。

不同开发阶段的油气田温室气体排放强度有差别，随着开发年限增长，油田和气田的碳排放强度呈逐渐增长的趋势。油田开发，随着开发年限增长，碳排放强度增长明显，主要是后期油田产量递减，采出液含水率上升；气田开发，随着开发年限增长，碳排放强度略有增长，主要由气田衰竭式开发方式决定。

海上油气田用电/供电方式特殊，用电产生的温室气体排放量大。海上生产设施的电气系统不同于陆上油田所采用的区域电网供电方式，具有以下特点。

(1)海上油气田一般采用平台自发电集中供电的形式。由于远离陆地，一般情况下，海上平台利用透平发电机组自建电站，平台群中平台间的供电是通过海底电缆实现的。

(2)平台设置应急发电系统。为确保生产和生活的安全，平台上设有独立的应急电源，当主发电机出现故障或发生应急关断时，应急电源可满足消防、应急照明等设备的需求。

(3)外购电力(岸电)比例较小。岸电的使用主要发生在陆地终端，且电量占总用电量的比例较小。

新建(改扩建)项目的用电需求或通过新建平台上的自建电站满足，或依托既有生产设施组成的海上微电网供电。其温室气体排放具有以下特点。

(1)排放量大。平台生产生活用电需求大，消耗天然气、原油、柴油等燃料量大，温室气体排放量大(主要是 CO_2)。燃气透平发电机、原油发电机、柴油应急发电机等是主要的温室气体排放设施。

(2)海上微电网温室气体排放情况与国家区域电网排放情况有差别。海上微电网组比较复杂，平台上的发电设备、燃料使用类型、微电网运行情况与大型发电企业有所差异，因此二者单位供电量产生的排放量不尽相同，所以在对海上的新建(改扩建)项目因用电产生的温室气体排放量进行评估时，应充分考虑依托微电网的特点。

用电/供电产生的温室气体排放是新建(改扩建)海上油气田开发项目的重要排放源，也是节能减排措施开发研究的重点对象。因地制宜地利用岸电、有的放矢地发展和利用海上核电或者其他可再生能源，以实现供电结构与来源的优化选择，是实现海上油气田绿色开发的重要举措和研究方向。

由于火炬气难回收利用，火炬燃烧排放是海上油气田生产的重要排放源之一。虽然存在困难，但海上火炬气回收利用的研究工作一直在开展，如回收外输、回收发电制热、回收回注、生产压缩天然气(compressed natural gas，CNG)或 LNG 等措施在海上已有了成功应用的案例，未来在新项目开发设计阶段，应根据实际情况对火炬气量较大的项目开展回收利用方案比选、论证和设计，有利于从源头上做好海上油气田绿色低碳开发[8]。

生产生活运输供应系统消耗化石燃料产生的温室气体排放不可忽视。运输船只、飞机以及吊机等消耗化石燃料产生的温室气体排放都属于项目边界内的排放，也应纳入项目的碳评估范围内。

3. 海上油气田碳排放量与碳排放强度分析

海上油气田碳排放量与其产量规模成正比，一般情况下，油气田产量越高，碳排放总量越大；油气开采过程中的脱碳直排量对海上气田的碳排放总量影响较大，占海上气田碳排放总量的一半左右，导致高含二氧化碳气田的碳排放强度非常高；当不考虑脱碳直排产生的影响时，通常油田的碳排放强度高于气田的碳排放强度。

由于开采方式和处理工艺的不同，海上油田开发与海上气田开发的碳排放源存在较大差异。根据统计数据，按海上油田和海上气田的分类，分别针对油气生产过程中各排放源的碳排放情况进行分析，如图 3.3 和图 3.4 所示。

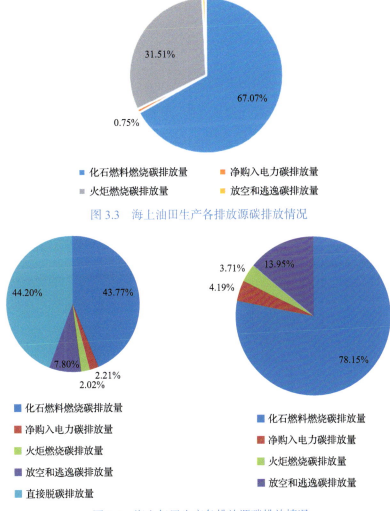

其中，海上油田各排放源的排放占比为：发电、供热等设施用化石燃料(天然气、原油、柴油)燃烧产生的碳排放量占比最高，达 67.07%；其次是火炬燃烧碳排放量，占比

31.51%；净购入电力碳排放量约占 0.75%，放空和逃逸碳排放量仅占 0.67%。

海上气田各排放源的排放占比为：直接脱碳排放量居首位，占 44.20%；发电、供热等设施用化石燃料燃烧产生的碳排放量居第二位，达 43.77%；放空和逃逸碳排放量占比 7.8%；净购入电力碳排放量和火炬燃烧碳排放量均占比较少，分别为 2.21%和 2.02%。当不考虑直接脱碳时，化石燃料燃烧产生的碳排放量占比为 78.15%，放空和逃逸碳排放量占比 13.95%，净购入电力碳排放量和火炬燃烧碳排放量均占比 4%左右。

4. 海上油气田碳排放影响因素分解

将海上油气田开发过程中涉及的全部信息要素进行分解，分为地质信息、开发信息和位置信息三大类，逐级分解如图 3.5 所示。

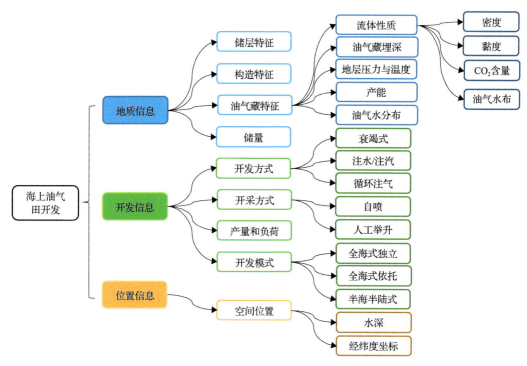

图 3.5　海上油气田开发信息要素分解

1) 地质信息

油气田的地质信息是油气田开发的重要影响因素。一般而言，油气田的地质信息可以分为四个内容：储层特征、构造特征、油气藏特征及储量等。其中油气藏特征所包含的信息与碳排放相关度较高，如油气藏埋深、地层压力与温度决定了油气田的开采、开发方式，而产品的流体性质如密度、黏度、CO_2 含量及油气水分布等特征，直接影响产品处理的难易程度和工艺流程的复杂程度，对生产过程中能量的消耗和二氧化碳的直接排放量有较大影响。

2) 开发信息

(1) 开发方式

油气田开发方式，主要指油气田开发驱油所采用能量的类型，一般包括衰竭式、注水/注气和循环注气，衰竭式是指利用油藏的天然能量开发，注水/注气和循环注气是指通过人工向油气藏内注水/注汽、注气或其他溶剂来维持压力进行开发。

(2) 开采方式

开采方式是由油田的自身特性(油层的压力等)决定的，可以分为两大类：一类是自喷采油，即依靠油藏本身的能量，使原油喷到地面；另一类是人工举升采油或者机械采油，即借助外界能量将原油采到地面。

(3) 产量和负荷

海上油气田实际生产能力受油田的构造和储量、海域天气情况影响，同时由于海上施工作业成本高昂，一般本着尽快开采的原则进行生产，在投产初期油气产量会很快达到最大值，产水量较低，而后期油气产量迅速降低，含水量大幅增加，油田稳产时间比较短。

但是生产设备的处理规模则需按最高生产能力进行设计，由此造成设备的生产负荷往往处于较低水平，在这种低负荷条件下，各种设施无法处于经济运行区间，单位产品的能耗便会升高。

(4) 开发模式

海上油气田由于储量、海域环境条件等因素差异较大，海上油气田的海上工程部分会根据油气田的水深，并考虑平台的面积、作业成本等因素，海上油气田的开发模式主要分全海式独立开发、全海式依托开发和半海半陆式开发三种。

全海式独立开发有两种情况，一种是以固定式海上平台为主，海上工程设施均设置在对应的海上平台上；另一种则是采用FPSO代替储油平台和中心处理平台，在深海油田中较常使用。这两种开发方式都是通过穿梭油轮定期将合格的原油运输到陆上。

全海式依托开发与全海式独立开发情况相似，但存在产品处理依托、注水依托或能源依托等情况，依托已建设施处理或供能，不需要海上平台单独建设。一般情况下，采用全海式开发的油田，由于缺乏天然气外输管道，当伴生气条件不适于回收利用时，会通过火炬系统进行排放，导致火炬燃烧引起的碳排放量较高。

半海半陆式开发则是将钻井、完井、原油生产处理，经过部分或完全处理后的合格原油通过海底管道送到陆地终端，进一步处理后储存或直接进入储罐储存，然后通过陆地输油/气管网或原油外输码头外输。一般情况下，采用半海半陆式开发的油气田，海底油/气管网比较完善，伴生气会通过管网进行回收利用，对火炬系统影响较小。

采用不同的开发方式、开采方式、开采模式进行油气田开发，以及油气田的实际产量和负荷情况，会直接影响油气田开发过程的能耗水平和伴生气的回收利用，因此与碳排放量相关度较高[9]。

3) 位置信息

根据海上油气田的位置信息，可了解油气田开采所处的地理环境，如气候条件、水深、风浪等，并确定与周边已开发油气田的依托情况，同时可根据经纬度坐标和相对位置，与油气田的地质信息建立一定的联系。

另外，由于我国区域电网的电力排放因子不同，海上油气田的地理位置也决定了其在使用岸电供电时的碳排放因子，对净购入电力引起的碳排放也有一定影响。

4）海上油气田碳排放影响因素汇总

根据排放源的不同，分别梳理了影响其碳排放情况的直接影响因素，见表 3.2。

表 3.2　不同排放源的碳排放直接影响因素

序号	排放源类别	直接影响因素
1	化石燃料燃烧排放	产量规模、开采难易程度、产品处理深度、油品含水率、天然气成分、地层压力、生产负荷等
2	火炬燃烧排放	火炬组分、火炬气量、伴生气回收工艺等
3	放空与逃逸排放	开发设施数目和类型、天然气产量、产品气中二氧化碳含量等
4	净购入电力排放	岸电使用情况、供电方式等
5	甲烷和二氧化碳回收利用	天然气产量、甲烷和二氧化碳含量、是否具备回收条件等

（1）化石燃料燃烧引起的排放与化石能源消耗情况密切相关，而海上油气开采的能耗相关性最强的因素包括：开采方式、开发模式、油品性质、产品处理深度和生产负荷等。因此对于化石燃料燃烧引起的排放，直接影响因素包括产量规模、开采难易程度、产品处理深度、油品含水率、天然气成分、地层压力、生产负荷等。

（2）对于火炬燃烧引起的排放，直接影响因素包括火炬组分、火炬气量、伴生气回收工艺等。

（3）对于放空与逃逸引起的排放，直接影响因素包括开发设施数目和类型、天然气产量、产品气中二氧化碳含量等。

（4）净购入电力引起的排放，直接影响因素包括：岸电使用情况、供电方式等。

（5）甲烷和二氧化碳回收利用，直接影响因素包括：天然气产量、甲烷和二氧化碳含量、是否具备回收条件等。

由于海上油气田碳排放量与其产量规模成正比，因此以上这些影响因素也是碳排放强度的直接影响因素。

3.2　海上油气低碳转型的总体路径

海上油气低碳转型的总体路径主要为碳减排和增汇。碳减排主要考虑海上油气开发阶段哪些措施能够实现节能减排，如考虑岸电供电模式、分散式风电为海上油气设施供电、大规模可再生能源与岸电供电的模式；增汇主要从 CCUS、海洋碳汇两方面考虑。

3.2.1　减排总体路径

在碳达峰、碳中和目标下，国内外油公司纷纷做出积极响应，在产业调整、生产减碳节能等方面做出积极尝试。海洋油气开发作为中国油气上产的生力军将面临严峻挑战：一是中国海上油气在实施增储上产过程中碳排放总量势必大幅增加；二是"双碳"目标下，绿色低碳转型跨越式发展需要。

目前，传统海上油气平台一般采用自备燃油燃气发电机利用开采的燃油燃气自发电，随着区域油田开发规模越来越大及注水增产措施等带来的电力负荷增加，海上油气平台电力负荷和碳排放持续加大。

为实现海上油气增储上产，同时实现"双碳"目标，需要从海上油气田开发生产控制碳排放总量、提高能源利用效率、绿色能源替代等方面入手，寻找可行的低碳转型路径。目前主要技术路径如下。

(1)岸电工程替代传统油气平台自发电模式。对于离岸较近、规模较大的油气田群电网，利用岸电为海上平台供电，即从陆上大电网引入高压海缆至油气平台的供电模式，海上油气田使用岸电后可以大幅降低平台所在区域二氧化碳、硫化物、氮化物等污染物的排放。但由于岸电电源来自地方大电网，大电网电力现阶段仍以火电为主，仍存在用电碳排放问题。

(2)分散式海上风电为油气田供电。对于离岸较远、引入岸电不经济的情况，可采用在油气田附近设置分散式海上风电接入油气田电网，实现海上风电新能源清洁电力部分替代，从而降低油气开发碳排放量。

(3)大规模可再生能源与岸电融合发展模式。在岸电建设基础上，在岸电和油气田附近开发大规模海上风电等可再生能源，并就近接入岸电电网中，利用岸电调节能力解决风电、光伏等可再生能源不稳定问题，并利用岸电高压通道实现大规模海上风电等可再生能源自发自用余电上网。

3.2.2　增汇总体路径

发展碳汇技术对海上油气低碳发展有重要意义，而发展 CCUS 等负排放技术和增加海洋碳汇是海上增汇的两个重要途径，未来亟须通过技术攻关、制度完善等共同推动海上碳汇发展。

1. 发展 CCUS 技术

CCUS 技术将 CO_2 从工业碳排放源捕集后，经过压缩，运输到目标封存场地，封存在岩石地层中。IEA 评估报告显示，到 2050 年，CCS 将贡献约 14%的 CO_2 减排量。目前，全球海上共 25 个 CCUS 项目，在运行 9 个，其中 7 个咸水层，2 个油气藏，封存能力 1500 万 t/a[10]。我国海上 CCS 项目起步较晚，2021 年启动首个海上 CCUS 项目——恩平 15-1 示范项目，设计总封存量 146 万 t。目前，对于海上 CCUS 技术，由于 CO_2 捕集技术与输送能力不足、CCUS 工程实施的经验不足、CCUS 成本和能耗高都是限制海上大规模 CCUS 集群化运营的重要因素。因此，攻关 CCUS 关键技术(包括捕集技术、运输技术、CO_2 地质利用与封存关键技术等），降低成本和能耗，探寻海上 CCUS 集群化发展的商业模式等将是未来海上 CCUS 技术发展的重要方向。

2. 发展海洋碳汇技术

海洋覆盖地表面积的 70.8%，是地球上最重要的碳汇聚集地。地球上每年燃烧化石燃料排放的 CO_2 约 35%被海洋吸收，13%被陆地植被吸收，其余部分留存于大气中。全球海洋的固碳能力约为 4000 万亿 t，因此，利用海洋固碳作用，发展海洋低碳技术，可以在一定程度上缓解由化石能源消费引起的全球气候变化问题。未来亟须通过建立陆海统筹减排增汇的协同机制，构建完善的标准体系和监测系统，结合海洋能、风能、太阳能等海上可再生能源进行统筹开发和综合利用，进一步提升海洋生态系统的固碳储碳潜力。

3.3　海上油气行业典型低碳技术应用成效案例分析

我国海上油气行业对如何实现高效、清洁的供电模式进行了不懈尝试，海上油气设施离岸较远，其供电模式通常采用油气设施自带电站的供电模式，其耗能高、碳排放强度较高，经过数十年的发展，在我国渤海区域，已形成规模化油气设施，通过对区域油气设施进行梳理分析，提出岸电供电模式，从陆地引电通过海底电缆为海上油气设施供电[11]。

3.3.1　岸电应用案例分析

1. 秦皇岛-曹妃甸岸电工程

秦皇岛与曹妃甸区域主要有秦皇岛 32-6 油田群、曹妃甸 11-1/11-6 油田群和南堡 35-2 油田群。秦皇岛 32-6、曹妃甸 11-1 油田群岸电应用工程拟在河北唐山市乐亭和曹妃甸区域各新建设一座 220kV 陆上开关站，在秦皇岛 32-6 油田群和曹妃甸油田区各建设一座 220kV 海上电力动力平台。秦皇岛海上电力动力平台与曹妃甸海上电力动力平台之间再通过新建一条 110kV 交流海缆实现联络。

拟建工程海底电缆及海上电力动力平台位于河北省唐山市东南海域。拟建路由分别在曹妃甸和乐亭登陆，为秦皇岛 32-6 油田群和曹妃甸 11-1/11-6 油田群供电，其中秦皇岛 32-6 油田群西北距京唐港约 20km。

秦皇岛 32-6 油田群岸电工程将电力通过国家电网有限公司的 220kV 临港站变电站，经陆地电缆输送至乐亭新建的 220kV 陆上开关站，再通过陆地电缆及海底电缆最终将电力输送至秦皇岛 32-6 油田群海上新建的 220kV 海上电力动力平台，为秦皇岛 32-6 油田群海上平台进行供电。

曹妃甸 11-1 油田群岸电工程将电力通过国家电网有限公司的 220kV 唐山港开关站，经陆地电缆输送至曹妃甸新建的 220kV 陆上开关站，再通过陆地电缆及海底电缆最终将电力输送至曹妃甸油田区海上新建的 220kV 海上电力动力平台，为曹妃甸区域海上平台进行供电。

　　该工程年用电最大负荷 200MW，年用电量 16.6 亿 kW·h。该工程建成后能够满足中国海油秦皇岛 32-6、曹妃甸 11-1 油田群海上平台的电力负荷需求，为海上石油平台的用电及运转提供电源支持。

　　2. 渤中-垦利岸电工程

　　渤中-垦利油田群岸电应用工程拟在山东省东营市东营港经济开发区新建设一座 220kV 陆上变电站（220kV 渤油站），在渤中 19-6 区域、渤中 28/34 区域、渤中 35-2 区域各建设一座 220kV 海上电力动力平台（BZ19-6 EPP、BZ34-1 EPP、BZ35-2 EPP），在垦利 10-1 区域建设一座 110kV 海上电力动力平台（KL10-1 EPP）。

　　新建的 220kV 陆上变电站规划本期一次建成 6 回出线，含 2 回进线、3 回出线，远期 1 回预留。2 回进线通过 220kV 陆地电缆和架空线组合的方式分别接入东营市电网已建的 220kV 炼化站和 220kV 启航站的 220kV 母线。为了提高海上油田群采用岸电后的供电可靠性，新建 220kV 陆上变电站采用双母双分段的形式，正常运行情况下合环运行。3 回出线分别通过 220kV 单芯陆地交流电缆和 220kV 三芯交流海底电缆分别接入渤中 19-6 区域、渤中 28/34 区域、渤中 35-2 区域的海上电力动力平台（去往渤 19-6 区域陆地部分线路为架空线）。同时在渤中 19-6 区域和渤中 28/34 区域的海上电力动力平台之间、渤中 28/34 区域和渤中 35-2 区域的海上电力动力平台之间各建 1 回 220kV 三芯交流海底电缆实现海上电力动力平台之间的互联。垦利 10-1 区域的海上电力动力平台通过 1 回 110kV 交流海缆接入渤中 28/34 区域的海上电力动力平台。

　　采用岸电供能后，该区域预计年均减少直接碳排放 380 万 t、氮氧化物排放 1 万 t，高峰年减少天然气消耗 11.8 亿 m³，减少原油消耗 19.1 亿 m³，大幅提升了能源利用效率，为削减海上温室气体和污染气体的排放提供了重要借鉴。

　　渤中-垦利油田群岸电应用工程总体方案如图 3.6 所示。

图 3.6　渤中-垦利油田群岸电应用工程总体方案

3. 绥中-锦州岸电工程

绥中-锦州油田群岸电应用工程位于渤海北部海域，主要包含绥中、锦州两个区域的油田群现有油田以及正在规划建设的绥中 36-1/旅大 5-2 油田二次调整项目、旅大 5-2N 二期、锦州 25-1 西等。该工程陆上工程位于辽宁省葫芦岛沿岸。

绥中-锦州油田群岸电应用工程海上部分根据绥中、锦州两个区域的现有油田群电网分布情况、离岸距离以及规划建设的油田位置分布情况，分为绥中 36-1 区域和锦州 25-1 区域，其中岸电接入绥中 36-1 区域规模 200MW、锦州 25-1 区域规模 60MW，设计水平年为 2023 年。

绥中-锦州油田群需岸电供电负荷自接入系统工程投产年起逐年上升，2030 年左右达到最大规模。届时正常情况下，绥中 36-1 海上油田用电负荷为 200MW，由绥中终端变电站供电；锦州 25-1 海上油田用电负荷为 60MW，由二河口变电站供电。基于上述负荷基础，根据专题研究结果，该工程拟在二河口和绥中终端附近各新建设一座 220kV 陆上变电站，在绥中 36-1WHPM 和锦州 25-1 南 CEPF 平台附近各新建一座海上电力动力平台（SZ36-1 EPP 和 JZ25-1S EPP）。

新建绥中终端陆上变电站，通过 2 回线路接入 220kV 九江开关站，经过 1 回 220kV 登陆电缆为 SZ36-1 EPP 供电。新建二河口陆上变电站，通过 1 回线路接入 220kV 广宁开关站，通过 1 回 220kV 登陆电缆为 JZ25-1S EPP 供电。新建 SZ36-1EPP 和 JZ25-1S EPP 通过 1 回 220kV 海底电缆互联。

采用岸电供能后，该区域预计年均减少直接碳排放 58.5 万 t、氮氧化物排放 7000t，高峰年减少天然气消耗 5 亿 m^3，该项目将实现绿色油田开发并解决该区域燃料气不足的问题，为海上油田群电网规划、建设和安全稳定运行提供强有力的保障。

3.3.2　海上风电典型案例分析

1. 三峡广东阳江沙扒海上风电项目

三峡广东阳江沙扒海上风电项目是由中国三峡新能源（集团）股份有限公司（以下简称三峡能源）投资建设的亚洲在建单体容量最大的海上风电场。该项目共规划五期，总装机容量 170 万 kW，安装 269 台海上风电机组，建设 3 座海上升压站，采用 220kV 海底电缆接入陆上集控中心，总投资约 350 亿元。该项目位于广东省阳江市沙扒镇南面海域，场址水深 24～32m，中心离岸距离 16～29km。该项目是中国长江三峡集团有限公司（以下简称三峡集团）在粤首个海上风电项目，由三峡集团所属三峡能源投资建设，2019年 11 月 29 日实现首批机组并网发电，2021 年 12 月 25 日实现全容量并网。每年可为粤港澳大湾区提供约 47 亿 kW·h 的清洁电能，可满足约 200 万户家庭年用电量，每年可减排二氧化碳约 400 万 t，源源不断为粤港澳大湾区发展注入绿色动力。

三峡广东阳江沙扒海上风电项目共有 3 座海上升压站，其中三四五期海上升压站是国内首座百万千瓦级交流海上升压站，也是亚洲最大的海上风电场升压站。该项目不仅安装使用全球首台抗台风型漂浮式海上风电机组，还创下国内单体容量最大的海上升压站、国内同等容量下重量最轻的海上升压站等多个"全国之最"，为探索更适合南海海域的海上风电建设施工技术方案积累了宝贵经验。

2. 深远海浮式风电示范项目——海油观澜号

"海油观澜号"是我国首个深远海浮式风电平台，位于南海北部海域，由中海油融风能源有限公司(简称融风公司)投资开发。该项目的特殊之处在于其设计水深 120m，离岸直线距离 136km，是我国首个水深过百米、离岸距离超百公里的"双百"深远海浮式风电示范项目，在单位兆瓦投资、单位兆瓦用钢量、单台浮式风机容量等多个指标上，均处于国内领先、国际先进水平。

2022 年 5 月 11 日，"海油观澜号"浮体在中国海油工程青岛建造场地正式开工建造，2023 年 1 月 2 日在青岛西海岸新区完成浮体总装。2023 年 2 月 23 日，"海油观澜号"浮体在青岛建造场地顺利出坞。

"海油观澜号"平台由 3 个边立柱和 1 个中心立柱组成三角形形状，边长超 80m，高约 35m，质量近 4000t，风机将安装在中心立柱上。该项目通过优化平台尺度、增设高效的阻尼结构等技术创新，海浮式风电平台在极端台风作用下倾角不超过 10°，有效避免风机叶片被海浪破坏，具备抗最大 17 级以上超强台风的能力，能在 84m/s 的风速下保障风机安全。项目投产后，风机所发电力通过 5000m 长的海底动态电缆接入中海石油(中国)有限公司湛江分公司文昌 13-2B 平台，向文昌油田群供电，可部分替代海上油田现有天然气发电机组发电。投产后，预计年发电量达 2200 余万 kW·h，全生命周期可实现碳减排 51.97 万～59.32 万 t，让文昌油田群用上更清洁高效的绿电，成为我国海上风电与油气田融合发展的新样板。

3.3.3　海上光伏典型案例分析

我国是一个海洋大国，丰富的岸线资源为我国大力发展近海光伏电站提供了前提。海上具有充足的太阳能资源和广阔的水域面积，布局光伏有天然的环境优势，海上光伏发电最有潜力沿袭海上风电的发展路线，成为继海上风电之后又一个新能源发展的新战场。

近年来，我国陆续出台海上光伏产业相关政策，加快构建新型电力系统，鼓励就近大规模高比例利用可再生能源，创新"光伏+"模式，推进光伏发电多元布局，海上漂浮式光伏系统已然在国家支持下迎来了战略性发展机遇。

海上漂浮式光伏系统目前有多种技术形式，但成熟度都较低，也缺少相应的设计规范和标准。主要的结构形式可分为大型浮块组合式和柔性薄膜式，各类具体的结构形式都具有较好的发展潜力，但需要继续从结构的环境适应性和结构的降本增效方面开展深入研究。

1. 大型浮块组合式结构的典型应用案例

2018 年阿联酋阿布扎比建设了一个规模为 80kW 的漂浮电站，是阿联酋第一个水面漂浮电站，如图 3.7 所示，也是全球首个近海阵列式漂浮电站。该项目位于阿联酋首都阿布扎比市附近一度假岛屿的近海水域，采用了中国阳光电源股份有限公司的一体化浮块拼接式浮体系统，为岛上的别墅度假酒店提供清洁电力。

图 3.7　阿联酋阿布扎比 80kW 漂浮电站
图片来源：https://cn.sungrowpower.com/floatingpv/reference/25/144.html

负责建设该项目的 Enerwhere 公司表示漂浮电站为解决这类观光度假岛屿的供电难题提供了一个新方向：不仅不占用宝贵的海滩土地资源，同时海水的降温效果减小了光伏组件温度系数对组件效率降低的影响，提高了发电效率。不过该公司也表示，太阳能电池板的海上安装、维护费用非常昂贵，其成本约为陆上项目的 3 倍，此外海上修建太阳能电站要解决海浪与腐蚀性等问题，也比陆上项目更具挑战。

2021 年 3 月新加坡 Sunseap 公司在柔佛海峡安装了容量为 5MW 的海上漂浮式光伏电站，如图 3.8 所示。这座海上漂浮式光伏电站占地 5hm^2，是目前世界上最大的海上漂浮式光伏电站。浮体系统设计了一个强大的恒张力系泊系统，能够应对不断变化的天气条件，保持平台上所有操作设备的稳定。该项目使用的漂浮式阵列与内陆水域常用的一体化浮块拼接式浮体阵列基本类似，由组件平台、走道平台、连接栓、光伏组件连接件等构成。该项目预计每年可以生产 602 万 kW·h 的电力，并减少 4258t 的碳排放。

2022 年 1 月 14 日法国 HelioRec 公司在比利时的奥斯坦德(Ostende)港安装了一座 10kW 峰值的浮动太阳能电站，如图 3.9 所示。此浮动太阳能电站面积约 120m^2 是欧盟资助的 DUAL Ports 计划的关键项目，采用了一体化浮块拼接式浮体阵列。据 HelioRec 公司介绍，该系统可承受 44m/s 的风速和 2m 高的海浪。该项目正在寻求利用可再生能源的可能性，通过使用可回收的塑料垃圾来建造漂浮物，为循环利用作出贡献。

2. 柔性薄膜式典型应用案例

2017 年 5 月，挪威 Ocean Sun 公司在挪威西海岸的近岸位置建成了一个装机容量为 6.6kW 的柔性薄膜式海上漂浮式光伏系统。该项目采用直径为 20m 的单浮子，运行时间超过 4 年，如图 3.10 所示。2018 年 9 月，Ocean Sun 公司又在挪威近海建成装机容量为 100kW 的漂浮式光伏发电项目，采用直径 50m 的单个浮子，承受住了挪威冬季的强风暴，如图 3.11 所示。

图 3.8　柔佛海峡 5MW 的海上漂浮式光伏电站
图片来源：http://www.hycfw.com/

图 3.9　比利时奥斯坦德港 10kW 峰值的
浮动太阳能电站
图片来源：http://chinaden.cn/

图 3.10　Ocean Sun 海上直径 20m 的单浮子
图片来源：http://chinaden.cn/

图 3.11　Ocean Sun 海上直径 50m 的单浮子
图片来源：http://chinaden.cn/

2022 年 10 月 31 日，国家电投山东半岛南 3 号海上风电场 20MW 深远海漂浮式光伏 500kW 实证项目成功发电，如图 3.12 所示。该项目位于山东省海阳市南侧海域，离岸 30km，水深 30m，是全球首个投用的深远海风光同场漂浮式光伏实证项目。项目采用挪威 Ocean Sun 公司的柔性薄膜式浮体系统专利技术，由两个直径 53m 的柔性薄膜式浮体组成，单个浮体单元装机容量 250 kW，共安装了 770 块光伏组件。该项目将验证薄膜式浮体、锚固、发电组件抗风浪能力、海洋环境耐受性以及风光同场并网的技术可行性，为未来海上光伏实现规模化、商业化、标准化的目标探索技术路线。

对于近海漂浮式光伏系统，目前国内研发刚刚起步，还未提出可靠的光伏系统方案，亟须研发可适应我国近海环境的漂浮式光伏开发关键技术和核心装备，寻求具有自主知识产权的海上光伏开发成套通用关键技术。应充分考虑海上光伏开发的全周期建设成本，兼顾设计、制造、施工及运维等各环节的经济性和可靠性，着力在漂浮式支撑结构的核

图 3.12　国家电投山东半岛南 3 号海上风电场 20MW 深远海漂浮式光伏

图片来源：http://finance.people.com.cn/n1/2022/1101/c1004-32556742.html

心装备侧探索创新性解决方案，形成装备研发设计核心技术，以便在关键科学技术领域形成理论创新及成果转化，在海上光伏这一蓝海市场取得突破性进展。

3.3.4　海上氢能典型案例分析

在全球能源转型及应对气候变化压力驱动下，欧盟积极探索海上风电制氢，并成为行业的先行者和引领者。目前欧盟有数十个海上风电制氢项目处于前期方案设计或示范建设推进中（表 3.3），已公布的示范项目制氢模式主要选择成熟的海上风电并网陆上制氢，绿氢产品主要用于炼油化工原料替代和交通燃料置换。

表 3.3　欧盟部分海上风电制氢项目

项目名称	电解槽规模	预期投产	参与方	解决关键问题	商业模式	目标市场
德国 AquaVentus	10GW（2035 年）	2035 年	莱茵集团（RWE）、瑞典大瀑布电力公司（Vattenfall）、壳牌、E.ON、西门子能源（Siemens Energy）、西门子歌美飒（Siemens Gamesa）、维斯塔斯（Vestas）	连接不同氢气项目，集中式海上氢气主干管线	单一氢气	远期进入欧盟氢气管网
德国 Westkueste 100	30MW	2025 年	法国电力集团（EDF）、沃旭能源（Orsted）等	验证盐穴储氢、输氢管道系统及合成燃料技术	电力+氢气	余电制氢供应海德炼厂
荷兰 NortH2	200MW（2027 年）10GW（2040 年）	2027 年	壳牌、艾奎诺、莱茵集团	开发新的氢气价值链，规模化降低绿氢成本	电力+氢气	绿氢供应壳牌炼厂用于燃料脱碳
英国 Gigastack	100MW	2025 年	沃旭能源	探索节约成本的不同创新运行方案	电力+氢气	绿氢供应亨伯的菲利普斯 66 炼厂

续表

项目名称	电解槽规模	预期投产	参与方	解决关键问题	商业模式	目标市场
丹麦 H2RES	2MW	2021 年	沃旭能源	沃旭能源第一个海上风电制氢项目	电力+氢气	沃旭能源负责绿氢销售，用于零碳交通
法国 Yara Sluiskil	100MW	2024 年，2025 年	沃旭能源、Yara	绿氨	电力+氢气	绿氢供应 Yara 的合成氨工厂
法国 Maasvlakte 2, Rotterdam	200MW	2023 年	壳牌、Dutch	多能互补(海上风电、漂浮式光伏、储能电池、电解槽)	电力+氢气	绿氢供应壳牌的 Pemis 炼厂用于脱碳

数据来源：彭博新能源财经(Bloomberg New Energy Finance, BNEF)。

海上油气生产设施是未来海上风电制氢重要的目标场所。2019 年 7 月，全球首个油气平台海上风电制氢试点项目 PosHYdon 正式启动，见表 3.4。该项目位于距荷兰海岸 13km 的北海海域，由海王星能源公司(Neptune Energy)主导。PosHYdon 项目选定 PL-Q13a-PA 海上油气平台进行改造实施，如图 3.13 所示。该平台是荷兰北海首个完全电气化的海上油气平台。PosHYdon 项目旨在验证海上风电、海上油气平台以及氢能制取运输体系的整合，测试油气分离及处理、多相流管道混合氢气等技术，以及海上环境对制氢设备的影响研究，最终为发展大规模低成本海上风电制氢提供宝贵的海上制氢安装和运行经验。

表 3.4　PosHYdon 海上风电制氢试点项目基本信息

指标	数值	备注
制氢电力来源	海上风电	
电解槽类型	PEM	撬装式
电解槽设备厂商	NEL	
电堆数量	1	
电解槽装机容量、输入功率/MW	1.25	
海水淡化设施	反渗透 RO	
海水淡化装置处理能力/(m³/h)	1.9	
净化水/(m³/h)	1	
净化水消耗/(L/h)	300	
氢气产量/(Nm³/h)	200	400kg/d
氢气纯度/%	99.998	
氧气处理	平台放空	
出口压力/bar	30	
主甲板面积/m²	400	PEM 电解槽为 40ft 集装箱占地 40m²

续表

指标	数值	备注
甲板载荷/(kg/m²)	1680	
系统重量/t	25	625kg/m²
海管运行压力/bar	大约32	
氢气压缩机	不需要	
投资估算/万欧元	1000	前期研究 140 万~260 万欧元
		平台改造 175 万~325 万欧元
		PEM 电解槽及海水脱盐系统 200 万~250 万欧元
		电力供应及输送设备 50 万~100 万欧元
氢气用途	平台燃气轮机燃料气、海管掺氢上岸	索拉公司认为燃气透平掺 H₂ 比例小于 10%是可行的
CO₂ 减排量/(t/a)	1000	

数据来源：https://poshydon.com/en/home-en/。

注：1bar=10⁵Pa；1ft=3.048×10⁻¹m。

图 3.13　PL-Q13a-PA 海上油气平台
图片来源：https://wind.in-en.com/

　　海上风电通过海缆为 PosHYdon 项目海水淡化/脱盐设备以及电解水制氢设备供电。电解水设备制造的氢气(NEL 提供 1.25MW PEM 电解水设备,每日产氢量约 400kg)与天然气混合后通过现有的天然气管道输送至陆地设施,氧气则直接排入大气。该项目总投资约 1000 万欧元,其中荷兰企业管理局通过荷兰示范能源和气候创新计划授予 360 万欧元的资助,其余的预算由财团合作伙伴提供,包括 Nel Hydrogen、InVesta、Hatenboer、IV-Offshore & Energy、Emerson Automation Solutions、Nexstep、TNO、Neptune、Gasunie、

Noordgastransport、NOGAT、DEME Offshore、Taqa 和 Eneco。

荷兰 PostHYdon 海上风电制氢试点项目改造现有油气生产基础设施，整合海上综合能源平台，探索氢储运等方面降本路线，是优化海上风电制氢系统成本的有益尝试，将为全球海上风电低成本制氢提供重要经验与借鉴。

3.3.5　海洋能典型案例分析

海洋能主要包括潮汐能、潮流能、波浪能和温差能等，目前多个国家开展相关研究，积极推动示范项目落地。

1. 潮汐能

20 世纪 50 年代，中国沿海兴建 40 余座小型潮汐电站，装机容量多为数十千瓦，设备简陋，仅有浙江温岭市沙山潮汐电站和福建福州沿岸的潮汐水轮泵站保留至今。70 年代，我国兴起第二次潮汐电站建设高潮，10 年间建成潮汐电站十余座，其中最大的是江厦潮汐试验电站和白沙口潮汐电站。

我国潮汐发电量居世界第三位。目前，我国正在运行发电的潮汐电站共有 8 座：浙江乐清湾的江厦潮汐试验电站、海山潮汐电站、沙山潮汐电站，山东乳山市的白沙口潮汐电站，浙江象山县的岳浦潮汐电站，江苏太仓市的浏河潮汐电站，广西饮州湾的果子山潮汐电站，福建平潭县的幸福洋潮汐电站。上述 8 座潮汐电站总装机容量 6MW，年发电量超过 1000 万 kW·h。

我国目前已建成的最大的潮汐电站是江厦潮汐试验电站，是我国第一座双向潮汐电站，如图 3.14 所示。该电站潮汐属半日潮，平均潮差 5.08m，最大潮差 8.39m，安装 6 台双向灯泡贯流式潮汐发电机组，设计装机容量 3.9MW，现装机 3.2MW，是仅次于韩国始华湖潮汐电站、法国郎斯潮汐电站、加拿大芬地湾安娜波利斯潮汐电站的世界第四大潮汐电站。

图 3.14　江厦潮汐试验电站

图片来源：https://www.hdec.com/cn/detail.aspx?type=news&id=215532

2. 潮流能

我国对潮流能技术的研究最早可追溯至 20 世纪 70 年代何世钧工程师的试验研究。哈尔滨工程大学先后研制了我国第一座漂浮式潮流电站"万向Ⅰ"、我国第一座坐底式竖直轴潮流电站"万向Ⅱ"、我国第一座小型的长期示范运行的坐海底式水平轴潮流能独立发电系统"海明Ⅰ"以及"海能Ⅰ""海能Ⅱ""海能Ⅲ"三座漂浮式潮流电站，中国海洋大学也设计了 5kW 柔性叶片竖直轴潮流能装置，上述装置均进行了实际测试或验证，极大推动了我国潮流能技术的发展。

我国首个兆瓦级潮流能发电站位于浙江舟山秀山岛，该 LHD3.4MW 海洋潮流能发电机组总成平台于 2016 年 1 月 12 日下海。该平台长 200m、宽 35m、平均高 20m。近半年后，LHD 潮流能发电项目首期 1MW 机组顺利下海发电，一个月后并入国家电网，2018年底，第二代、第三代机组相继下海发电。2022 年 2 月 24 日，单机 LHD1.6MW 潮流能发电机组"奋进号"在秀山岛海域下海，该机组也是目前世界上单机容量最大的潮流能发电机组。截至 2022 年 12 月，LHD 潮流能发电站实现连续并网发电 67 个月，累计发电总量超 350 万 kW·h，潮流能持续发电并网时长稳居世界第一，实现了中国海洋潮流能开发与利用进程中大功率发电、稳定发电、并入电网的三大跨越，如图 3.15 所示。

图 3.15　LHD 潮流能发电站
图片来源：http://zskjj.zhoushan.gov.cn/art/2022/4/1/art_1312725_58836971.html

3. 波浪能

我国对波浪能的开发利用始于 20 世纪 70 年代。1975 年，我国制成并在浙江嵊泗列岛试验了一种 1kW 的波浪能发电浮标，并对其进行了改良和升级。中国科学院广州能源研究所在广东省珠海市大万山岛建成 3kW 的岸式振荡水柱电站，并在 1996 年升级为一座 20kW 的波浪能电站。2005 年初，广州能源研究所在广东省汕尾市遮浪半岛建设 100kW 岸式振荡水柱波浪能电站，该电站能抵御 50 年一遇的超强台风，也是世界上首座独立稳定的波浪能电站。广州能源研究所还研制了"鸭式Ⅰ号""鸭式Ⅱ号""鸭式Ⅲ号"波浪能发电装置以及漂浮点吸收直线发电波力装置"哪吒一号""哪吒二号",还将鸭式装置与半潜驳船相结合开发了鹰式波浪能转换装置"鹰式一号""万山号";山东大学研制了120kW 的漂浮式振荡浮子波浪能发电装置"山大一号";东南大学研制了 1kW 的振荡浮子式波浪能转换装置;浙江海洋学院研制了具有自动升降系统、可适应水位变化的"海院一号";中国海洋大学研制了组合型振荡浮子式波浪能发电装置"海灵号";集美大学研制了振荡式点吸收波浪能发电装置"集大一号";国家海洋技术中心研制了 100kW 底铰摆式波浪能发电装置;广东海洋与渔业服务中心和华南理工大学联合研制了漂浮式阵列摆式波浪能发电装置;中国船舶重工集团公司第七一〇研究所研制了筏式液压波浪能发电装置"海龙一号"。上述装置均进行了海试验证。

2018 年广州能源研究所研制的 260kW "先导一号"海上可移动能源平台通过海底电缆成功并入三沙市永兴岛电网,使我国成为全球首个在深远海布放波浪能发电装置并成功并网的国家,并且在海上波-光-储互补技术上实现了重大突破;2019 年广州能源研究所研制的我国首座半潜式波浪能养殖网箱"澎湖号"交付使用,可提供 1 万 m³ 养殖水体,同时搭载了太阳能发电系统,拥有 120kW 海洋供电能力,集旅游观光和养殖发电功能于一体;2020 年广州能源研究所研制的我国首台 500kW 波浪能发电装置"舟山号"正式交付,该装置是我国目前单台装机功率最大的波浪能发电装置;2022 年,广州能源研究所研制的半潜式波浪能深远海智能养殖旅游平台"闽投 1 号"开工建设,平台采用波浪能、太阳能等清洁能源供电,可实现零碳供给。

4. 温差能

我国在海洋温差能领域起步较晚,目前还停留在理论研究与实验室验证阶段。自然资源部第一海洋研究所提出的国海循环是目前适用于海洋温差能发电循环方式中热效率最高的循环方式,在 2012 年成功运行了一座 15kW 的海洋温差能发电装置,系统转换效率达到 3%,最高可达 3.8%,连续运行时间超过了 1000h,我国成为全球第三个独立掌握海洋温差能发电技术的国家。

3.3.6　CO_2 回注及 CO_2 回收利用

中国海油恩平油田群作为南海东部开发的新区域,目前共有在生产油田 5 个,在建设油田 5 个,在评价油田 5 个,涉及油藏类型复杂。为响应国家碳达峰、碳中和,在恩平 15-1 油田开展 CO_2 封存回注示范项目。

恩平地区近年发现部分油田含有大量 CO_2,主要位于恩平 15-1 油田、恩平 20-4 油田,且新发现的油田中低渗和稠油油藏储量日益增大,其中恩平 15-1 油田主力油藏 ZJ210 为 CO_2 气顶油藏,气顶气和溶解气储量合计 12.57 亿 m³,其中 CO_2 含量约 95%,油藏推荐开发方案年产气 0.03 亿~1.46 亿 m³,累计产气 8.28 亿 m³。

CO_2 封存对盖层、断层及储层物性等有一定要求。盖层:要求水层上部要有一定厚度的盖层,岩性要纯(如泥岩等),不发育裂缝,密封性要好。断层:构造稳定,控圈断层具有封堵性。储层:物性条件好,孔喉连通性好,分布范围广,稳定,有足够库容量,含水储层孔隙度不低于10%～15%,渗透率不低于200～300mD(1D=0.986923×10^{-12}m^2),储层厚度不小于4～6m;含水层有一定深度,能承受一定的注气压力。

通过调研先进的CO_2封存方案数据:CO_2封存的地层深度为600～2000m,地层压力较小,水层物性较好,以直井注入。根据以上调研分析,在恩平15-1油田不同深度选取了2套水层。粤海组水层(中部埋深835m)为自圈构造,发育3套水层,其中下部1号水层全区发育,物性最好,厚度大,上覆泥岩层较多,作为推荐回注水层。韩江组水层HJ420(中部埋深1160m),水层为断圈构造,物性高孔高渗,作为预案回注层。

恩平15-1油田新建一座带井口的中心处理平台EP15-1 CEP。因部分井伴生气中CO_2含量非常高(90%以上),故工艺流程中为高含CO_2井单独设置生产管汇和分离器。高含CO_2井与低含CO_2井共用一套测试管汇。需要计量的单井流体经测试管汇进入测试加热器后,经计量分离器进行油气水计量,计量后的流体与生产管汇的产液汇合,一起进入下游流程。高含CO_2井所产物流在高含CO_2生产管汇汇合后,进入高含CO_2分离器进行油气水分离。高含CO_2分离器分出的油相与低含CO_2井所产物流汇合后,进入低含CO_2分离器再进行油气水分离。

高含CO_2分离器分出的气体,CO_2含量高达94%以上。为满足国家对碳中和、碳达峰的要求,对于来自高含CO_2分离器的高含CO_2气体的处理方式进行优化,将高含CO_2气体经处理合格后回注地层埋藏。平台上设置注气压缩系统和分子筛脱水系统,来自高含CO_2分离器的气体经一级、二级压缩机组预增压后,进入分子筛脱水系统进行深度脱水,满足水露点指标后,再经干气压缩机组进一步增压,随后回注地层埋藏。

因分子筛脱水系统的尺寸规模与操作压力相关,通常有最佳的操作压力范围。压力过高,需要使用高磅级的设备内件和管线,存在采办难、费用高的缺点;压力过低,脱水系统所需的设备尺寸和占地面积较大,对恩平15-1平台布置影响大。根据综合比选,注气压缩系统设置三级压缩,在三级注气压缩机的二级压缩机出口引出级间气,进入分子筛脱水系统进行深度脱水,干气水露点达标后,再进入三级注气压缩机进行增压回注。

恩平15-1油田是我国南海首个高含CO_2油田。该项目是我国自主设计实施的第一口海上CO_2回注井,标志着我国初步形成海上CO_2注入、封存和监测的全套钻完井技术和装备体系,填补了我国海上CO_2封存技术的空白。

3.4 小　结

本章从海上油气开发碳排放现状、海上油气全流程碳排放分类和分布、海上油气田开发过程温室气体排放特点及来源、海上油气低碳转型的总体路径等方面全面阐述了海洋油气低碳开发战略,并以多个案例形式对岸电工程、海上风电、海上光伏、海上氢能、海洋能,以及CO_2回注和CO_2回收利用等海洋油气低碳开发技术手段进行详细介绍。

(1)海上油气田开发项目产生的温室气体主要包括化石燃料燃烧排放、火炬燃烧排放、放空与逃逸排放以及用电产生的排放。其中海上气田各排放源的排放占比分别为直接脱碳排放量位居首位，占 47.20%；发电、供热、压缩机等设施用化石燃料燃烧产生的碳排放量位居第二，占 44.89%；放空和逃逸碳排放量占 8.01%；净购入电力碳排放量和火炬燃烧碳排放量均占比较少，分别为 2.41% 和 2.14%。当不考虑脱碳直排时，化石燃料燃烧产生的碳排放量占比约 85%，放空和逃逸碳排放量占约 15%，净购入电力碳排放量和火炬燃烧碳排放量均占约 4%。

(2)影响海上油气碳排放情况的直接因素主要有产量规模、开采难易程度、产品处理深度、油品含水率、天然气成分、地层压力、生产负荷、火炬组分、火炬气量、伴生气回收工艺、开发设施数目和类型、天然气产量、二氧化碳含量、岸电使用情况、供电方式、天然气产量、甲烷和二氧化碳含量、是否具备回收条件等。

(3)海上油气低碳开发转型主要从减排和碳汇两方面开展。减排主要围绕岸电、风电及可再生能源融合发展为油气田生产开发供电，而碳汇主要围绕 CCUS、海洋碳汇两方面开展。

(4)可采用岸电、海上风电、海上光伏、海上氢能、海洋能和 CO_2 回注及 CO_2 回收利用等多种手段实现海上油气开发减碳，相关手段已成功实现了工程化应用。

参 考 文 献

[1] 于航, 刘强, 纪钦洪, 等. 国际大型油气公司油气勘探开发业务温室气体排放情况分析[J]. 现代化工, 2019, 39(S1): 5-8, 14.

[2] 于航, 刘强, 于广欣. 欧洲油气公司 2050 年净零碳排放战略目标浅析[J]. 国际石油经济, 2020, 28(10): 31-36.

[3] 于航, 刘强, 朱子涵, 等. 全球低碳视角下油气行业的战略转型与实践成效[J]. 现代化工, 2020, 40(10): 10-14.

[4] 于航, 刘强, 孙洋洲, 等. 全球低碳视角下海上油气田发展方向探讨[J]. 现代化工, 2020, 40(5): 1-3, 9.

[5] 于航, 刘强, 孙洋洲, 等. 新建(改扩建)海上油气田开发项目温室气体排放特点分析[J]. 现代化工, 2019, 39(2): 11-13, 15.

[6] 郭雪飞, 孙洋洲, 刘强, 等. 海上油气开采行业碳排放配额分配方法研究[J]. 现代化工, 2020, 40(6): 7-10.

[7] 徐庆虎, 于航, 纪钦洪, 等. 挪威国家石油公司碳中和路径浅析及启示[J]. 国际石油经济, 2021, 29(2): 47-52.

[8] 胡鹏, 曹柏寒, 何曦, 等. 海洋油气和新能源融合发展路径及建议[J]. 油气与新能源, 2023, 35(5): 53-58.

[9] 李茜, 黄海涛, 晏小彬, 等. 海上油气微能系统的低碳优化运行研究[J]. 中国电力, 2023, 56(3): 13-22.

[10] IEA. Roadmap: Carbon Capture and Storage in Industrial Applications[R]. Paris: IEA, 2012.

[11] 张艳华, 孙鑫, 马长. 海上油气田温室气体排放管理措施及技术应用[J]. 石油石化节能, 2022, 12(8): 69-71, 78.

第4章　海洋可再生能源发展战略

海上可再生能源包括海上风能、海上光伏、海洋能、海上氢能等。海上可再生能源发电是海洋经济日益发展的一部分。近年来，世界各国正在寻求海上可再生能源及其发电的巨大潜力，我国拥有漫长的海岸线和数量众多的海岛，推进海上可再生能源的可持续发展有利于推动我国社会和经济发展，对我国能源绿色低碳转型、构建以新能源为主题的新型电力系统有着重大影响。我国海上可再生能源资源丰富，具有很好的开发利用前景。本章主要介绍海上风电、海上光伏、海洋能、海上氢能等发展现状、趋势和战略。

4.1　海上风电发展战略

海上风能资源丰富稳定，海上风电发电利用率高、不占用土地和适宜大规模开发，是全球风电发展的最新前沿。全球风电开发整体上呈现由陆地向海洋发展的趋势。近年来，海上风电发展迅猛，逐步实现阶段性平价上网，随着商业价值的激增，国内外海上风电迎来蓬勃发展。

4.1.1　海上风电发展现状

海上风电，是指在海洋中建设的风力发电场发出的电能。海上风力发电场是利用海洋风力资源发电的新型发电场。海洋风速一般相对陆地要高，风力稳定性也较好，沙尘较少，因此可以稳定地进行大功率输出，并可以减少风机磨损。海上风电并网发电的全过程一般分为三步：第一步海上风电机组发出的电力通过海底电缆汇集后送到海洋升压站；第二步电力在海洋升压站通过变压器升压后用海底电缆送到陆上升压(开关)站；第三步电力在陆上升压(开关)站整合后再通过陆上高压线路输送到陆上电网。

1. 国外海上风电发展现状

近年来，在碳减排形势日益严峻和陆上风光电力开发日趋饱和的情况下，世界各国已经开始把目光转移到资源丰富且可循环利用的海洋上来。

英国、法国、德国等欧洲国家是国际上主要的已开发海上风电的国家。20世纪90年代，欧洲已经开始了海上风电的研究和实践。丹麦是全球风电使用占比最高的国家以及最早从事海上风电开发的国家。20世纪90年代，丹麦建成世界首个海上风电项目——Vineby正式投运，该项目共安装11台风电机组，单机容量仅为450kW。英国作为四面环海的岛屿国家，第一座海上风电场于2000年并网，并通过出台政策引导，建立了目前规模在全球名列前茅的海上风电场。相对于以上两个国家，德国海上风电起步较晚，但也通过一系列政策引导，推动了海上风电产业链的快速发展、健全，并通过引入竞价机制，最早实现了海上风电的平价上网。欧洲海上风电经历了一轮周期的实践,在海上风电建设、运维和政策引导上都具有丰富的经验,支撑了近几年海上风电的大规模发展。

亚洲国家海上风电的发展则以中国、日本、韩国为主。亚洲各国海上风电发展处于不同阶段,在海上风电开发过程中面临着独特的挑战。

日本最早在 2003 年用两台 V47-660kW 涡轮机建造了亚洲第一个海上风电项目。近年来,日本制定了《关于促进海洋可再生能源发电设备海域利用的法律框架建设》《可再生能源海域利用法》(2019 年)两个相关的法律体系的建设和完善,日本的相关法律环境正在逐步得以完善。根据《可再生能源海域利用法》,将满足海上风电项目各种条件的一般海域区域作为培育海洋风电项目发展区域,项目业主最多可以占用 30 年海域。2022 年 12 月,丸红株式会社宣布,秋田和能代港(Akita & Noshiro)海上风电项目中的能代港(Noshiro Port)的部分已于 12 月 22 日正式投入商业运营。该项目总装机容量为 140MW,包括 33 台维斯塔斯 4.2MW 风电机组,其中最后一台于 10 月安装完成。在日本政府的"能源基本计划"中,规划至 2030 年时风电应占全日本总发电比例为 1.7%左右,发电设备装机容量为 10GW,其中海上风电容量为 0.8GW。另外,日本风力发电协会认为,到 2030 年装机容量应达到 10GW,2050 年之前,海上风电的中长期装机容量目标值预计将达到 37GW[1]。

韩国拥有良好的资源条件,尽管风速不高,但在东海与日本海海域仍有巨大的开发潜力。2017 年 11 月,韩国第一个海上风电场、装机容量 30MW 的 Tamra 正式投运。2017 年末,韩国政府提出"可再生能源 3020 实施计划",旨在实现能源转型,其目标是到 2030 年,可再生能源占总能源消耗比例达到 20%。为此需在 2030 年前新增 4870 万 kW 可再生能源装机容量,最终达到 6380 万 kW 的总装机规模,其中风电计划占比 28%(其中海上风电计划约 1300 万 kW)[2]。

2. 国内海上风电发展现状

1)发展历程

相较于欧洲自 20 世纪末便开始建立海上风电,我国海上风电发展较晚,2007 年 11 月,中国海油渤海湾钻井平台试验机组(1.5MW)的建成运行标志着我国海上风电发展正式开始。2010 年 6 月,我国首个、同时也是亚洲首个大型海上风电场——东海大桥 100MW 海上风电场并网发电,标志着我国海上风电产业迈出了第一步。海上风电初期由于技术欠成熟,投资成本高昂,且海洋环境复杂,缺乏专业开发团队维护,"十二五"(2011~2015 年)期间开发进度相对缓慢,截至 2015 年底,我国海上风电累计装机容量仅为 1GW,远未达到"十二五"规划定下的 5GW 目标。

随着国家层面以及地方政府层面政策持续扶持,以及设备技术逐步成熟,开发经验不断积累,"十三五"(2016~2020 年)期间,国内海上风电开发逐步进入加速期。2016 年 11 月,国家能源局正式印发《风电发展"十三五"规划》,提出到 2020 年底海上风电并网装机容量 500 万 kW 以上;重点推动江苏、浙江、福建、广东等省的海上风电建设。2017 年底,我国海上风电累计并网装机容量达到 2GW;2019 年底,我国海上风电累计并网装机容量达到 6.8GW，仅次于英国和德国，跃居为全球第三大海上风电市场。

"十四五"(2021~2025 年)是实现 2030 年非化石能源占一次能源消费比例 20%目标的关键期。"十四五"期间，按照目前各省规划，预计海上风电增量将超过 50GW。2021年，由于补贴退坡引发海上风电"抢装潮"，我国新增的海上风电装机容量达到 14.2GW，见表 4.1。截至 2022 年 11 月，我国海上风电装机容量约 2792 万 kW，约占风力发电总装机容量的 7.96%。与国外相比，我国海上风电占比仍偏低，发展潜力大。

表 4.1　各省份"十四五"期间海上风电规划装机量

省份	规划文件信息	文件印发时间	"十四五"期间预计新增装机容量/GW
广东省	《广东省海洋经济发展"十四五"规划》	2021 年 12 月 14 日	17
山东省	《山东省可再生能源发展"十四五"规划》	2022 年 2 月 8 日	10
江苏省	《江苏省"十四五"海上风电规划环境影响评价第二次公示》	2021 年 9 月 13 日	11.74
浙江省	《浙江省可再生能源发展"十四五"规划》	2021 年 6 月 23 日	4.5
福建省	《福建省国民经济和社会发展第十四个五年规划和二〇三五年远景目标纲要》	2021 年 3 月 2 日	5
海南省	《海南省海洋经济发展"十四五"规划(2021—2025 年)》	2021 年 6 月 8 日	3
广西壮族自治区	《广西壮族自治区国民经济和社会发展第十四个五年规划和2035 年远景目标纲要》	2021 年 4 月 19 日	3
上海市	《上海市资源节约和循环经济发展"十四五"规划》	2022 年 4 月 5 日	1.8
辽宁省	《辽宁省"十四五"海洋经济发展规划》	2022 年 1 月 1 日	3.75
合计			59.79

数据来源：各省份发展和改革委员会。

2) 发展趋势

目前我国海上风电开发已进入规模化、商业化发展阶段。我国海上风能资源丰富，根据全国普查成果，我国 5~25m 水深、50m 高度海上风电开发潜力约 200GW；5~50m 水深、70m 高度海上风电开发潜力约 500GW[3]。根据各省份海上风电规划，全国海上风电规划总量超过 8000 万 kW，重点布局分布在江苏、浙江、福建、广东等省份，行业开发前景广阔。

(1)由近海到远海、由浅水到深水、由小规模示范到大规模集中开发。

目前我国海上风电场的建设主要集中在浅海海域，且呈现由近海到远海、由浅水到深水、由小规模示范到大规模集中开发的特点。随着近海资源的不断开发，为获取更多的海上风能资源，海上风电项目须逐渐向深海、远海方向发展。随着场址离岸越来越远，在海上风电机组基础和送出工程成本等方面将逐步增大，故开发规模越大，经济性越好。此外，深海、远海的海上风电项目需要柔性直流输电技术、漂浮式基础技术的发展来提供必要支撑。2021 年 12 月 25 日，亚洲首个海上风电柔性直流输电工程——江苏如东海上风电柔性直流输电工程全容量并网。2023 年 1 月 2 日，我国首个深远海浮式风电平台"海油观澜号"在青岛完成浮体总装，该平台水深超 100m、离岸距离超 100km，是全球"双百"海上风电建设的重大里程碑事件。

(2)海上风机机组正趋于大型化。

目前，海洋风机机组基本已经实现国产化，正在向大型化发展。降低全生命周期的度电成本、提升发电量，助力海上风电实现平价上网成为行业关注的焦点，而竞价上网成为海上风电发展最新模式，风电机组的大型化和高可靠是风电规模化发展和降低成本的必然要求。由于海洋施工条件恶劣，单台机组的基础施工和吊装费用远远大于陆上机组的施工费用，大容量机组虽然在单机基础施工及吊装上的投资较高，但由于数量少，在降低风电场总投资上具有一定优势。近年来，国际龙头风电企业纷纷加速部署15MW级以上大功率海上风电机组研制工作，国内整机厂商也将眼光投向更大兆瓦海上风电机组的研发与应用。

(3)海上风电场的运维朝着数字化、智能化和精准化的方向发展。

由于海上风电机组长期处于恶劣的海洋环境，机组故障率明显高于陆上风电。此外，海洋风电的建设选址向着水深更深、离岸更远的海域发展，漂浮式风机日渐增多，这也意味着运维环境将更加恶劣，维护难度随之加大。更加复杂的自然条件也给海上风电运维带来更多挑战。海上风电场的运维内容主要包括风电机组、塔筒及基础、升压站、海缆等设备的预防性维护、故障维护和定检维护，是海上风电发展十分重要的产业链。未来智慧海上风电场的建设依赖于良好的运维管理，这就需要科学的运维策略、智能的故障诊断和监测技术以及稳定高效的运维船只等设备的支持，并朝着数字化、智能化和精准化的方向发展。海上风电智慧运维旨在促进项目全生命周期内运维成本的降低和发电效率的提升，最终实现海上风电场运营效益的提高。随着全球海上风电行业的蓬勃发展，从运维策略到运维技术，海上风电运维创新也将全方位持续进行。

(4)建设成本呈下降趋势。

巨大的市场需求将带动海上风电机组的迅猛发展，随着大量海上风电机组的批量生产、吊装、并网运行，机组和配套零部件等的价格会呈现明显下降趋势。影响这一趋势的主要因素包括较低的大宗商品价格、稳定的政府政策和支持计划、改进的机组设计、设计制造的标准化、物流的改善(特别是海上大型机组专业安装船)。另外，海上升压站、高压海缆等价格随着产业化程度的提高，进一步下降的趋势明显；随着施工技术成熟、建设规模扩大化、施工船机专业化，海上风电的施工成本也将大幅降低。目前我国海上风电开发成本因离岸距离、水深、地质条件等不同，差异较大，但基本都呈下降趋势。

(5)配套产业发展日趋完善。

目前，我国海上风电设计更多受制于施工能力，大多是基于现有的运输船只、打桩设备、吊装设备等，设计一个相对经济、可行的方案。由于我国海上风电建设尚处于起步阶段，缺乏专业的施工队伍，施工能力较弱，以至于在设计过程中优化空间较小。随着海上风电项目的开工建设，将大大提高我国海上风电的施工能力，并逐渐形成一些专业的施工队伍。施工能力的提高反过来又为设计优化提供了更大的空间。

根据海上风电市场的需要，未来将出现一大批以运行、维护为主专业的团队，为投资企业提供全面、专业的服务。此外，海上风电装备标准、产品检测和认证体系等也将逐步完善。毫无疑问，在海上风电项目逐步发展过程中，海上风电设计、施工等将累积丰富的经验，相关配套产业的发展也将日趋完善。

(6)海上风电和其他产业融合发展。

随着海上风电的不断发展，"海上风电+海洋牧场"这种创新模式将获得推广，因其能将新能源产业和现代高效农业的跨界融合发展，实现升级并有望双赢。挪威、德国、比利时、荷兰等欧洲国家早在 2000 年就开始了海上风电和海水养殖结合的试点研究，而我国尚未有海洋牧场与海上风电融合发展的成熟案例，目前只有山东省提出"探索海洋牧场与海上风电融合发展"的试点方案。利用海上风机的稳固性，将牧场平台、休闲垂钓、海洋救助平台、智能化网箱、贝类筏架、海珍品礁、集鱼礁、产卵礁等与风机基础融合，不仅可以降低牧场运维成本，还可以提高生物养殖容量，从而实现"海洋粮仓+蓝色能源"的综合海洋开发模式。打造"海上风电功能圈"的融合发展新模式可拉长产业链，实现产业多元化拓展。

此外，可利用海上风电机组产生的电力来制造绿氢。海上风电制氢系统主要由海上风力发电机组、电解水制氢系统和氢储运系统组成。海上风电制氢是解决海上风电大规模并网消纳难、深远海电力送出成本高等问题的有效手段，全球范围内已经公布的电解水制氢项目储备总规模达到 3200 万 kW，约有一半来自海上风电制氢。其中，德国、荷兰、丹麦等欧洲国家均已有百万千瓦级以上的海上风电制氢规划。我国目前尚处于探索起步阶段，缺乏产业顶层设计、示范项目经验和成熟的商业模式，亟须借鉴国际海上风电制氢发展战略规划和项目开发经验，因地制宜探索科学合理的海上风电制氢系统方案，开展关键核心技术的国产化攻关，完善海上风电制氢配套基础设施建设。

开发利用海上风电对推动我国能源结构调整大有裨益。作为即将进入全面成熟市场发展阶段的我国，下一阶段的海上风电发展也至关重要。当下又恰逢我国海洋强国建设和海洋经济开发机遇期，未来海上风电会获得越来越广泛的建设发展，我国或将成为全球最大的海上风电市场。

4.1.2　海上风电发展潜力

摸清我国风能资源储量和潜力，可以为我国制定碳达峰、碳中和规划以及我国新能源开发的优化布局提供科技支撑。国家气候中心基于高时空分辨率的风能资源数据库、地理信息数据库，综合考虑新能源开发的技术性、政策性和经济性限制因子，开展了我国省域尺度的风能资源技术可开发量的精细化评估。结果显示我国拥有丰富的风能资源，从全国风能资源总量上看，我国风电的技术可开发量远大于碳中和情境下的装机容量。

当前，为了充分利用风能资源，风电机组制造商针对不同地区年平均风速差异显著的特点，设计出适用不同风速区间的风电机组。风电厂商企业根据拟建风电场所在地区的年平均风速等风况参数，推荐风电业主企业选用适合该场址的风电机组类型，因此在评估风能资源技术可开发量时，须采用适用于不同风速等级的风电机组机型计算风能资源技术可开发量。

《2022 年中国风力发电行业概览》中预测[①]，在 2030 年新增可再生能源装机容量目标的指导下，2022～2026 年我国每年将新增 50GW 以上的风电装机容量。对于陆上风电，

---

① 来源：https://pdf.dfcfw.com/pdf/H3_AP202211211580443988_1.pdf?1669060728000.pdf.

由于受到土地资源的限制，增长趋缓；海上风电是增长的重要动力，随着海上风电技术日趋成熟，度电成本下降，且海上资源广阔，海上风电正以强劲的势头一跃而起，进入快速发展阶段。据国家气候中心测算，我国海上风电约 22.5 亿 kW，其中浅海风能资源技术可开发量约为 1.2 亿 kW，深海风能资源技术可开发量约为 1.06 亿 kW，就具体省份而言，广东的海上风电技术可开发量最大，为 536 亿 kW，其次为浙江和山东，这两个省的海上风电技术可开发量均大于 300 亿 kW。广西、河北、上海和天津等省份的海上风电技术可开发量较小，均小于 100 亿 kW。按水深来划分(浅海，水深 5～50m；深海，水深 50m 以上)，江苏近海的风电技术可开发量最大，为 242 亿 kW，其次为广东、山东、福建和浙江，这几个省的近海风电技术可开发量均大于 100 亿 kW。广东深远海的风电技术可开发量最大，为 316 亿 kW，其次为浙江、海南、福建、山东，这几个省的深远海风电技术可开发量均大于 100 亿 kW。海上风电平均年发电量为 7.91×10^{12}kW·h，相当于 2020 年沿海 11 个省的用电量(3.88×10^{12}kW·h)的 2.04 倍，潜力巨大。

我国海上风电装机容量持续增长，截至 2022 年累计装机容量达 3250 万 kW，持续保持海上风电装机容量全球第一，我国海上风电加速向深远海发展。我国推动风电项目由核准制调整为备案制，有望加快海上风电建设进度，"十四五"期间，我国规划了五大千万千瓦海上基地，各地出台的海上风电发展规划规模已达 8000 万 kW，将推动海上风电实现高速发展，到 2030 年累计装机容量将超过 2 亿 kW。

4.1.3　海上风电发展战略

海上风电发展是我国乃至全球清洁能源发展的必然趋势和选择，海上风电作为一种清洁能源，凭借其距离用电负荷近、发电稳定、不占用陆地土地资源等优势，在我国发展迅速。近年来，海上风电并网装机容量持续增长。2021 年爆发海上风电"抢装潮"，我国海上风电市场迅速扩容，强劲推动了本土产业链的扩展和升级。资料显示，2021 年我国海上风电累计装机容量为 2639 万 kW，同比增长 193.2%。带动风电产业的全产业链蓬勃发展。对未来海上风电的发展有以下思考。

1. 以科技创新催生新发展动能

注重基础性、原创性技术研究，海上风电行业产业链的自主供应能力是构建我国海上风电新发展格局的关键，对于行业长足发展有着重要意义。为实现海上风电的深远海及经济化开发，最核心的就是技术自主创新，这需要以工程需求为导向，凝聚各方力量重点在超长柔叶片设计软件、风机设计软件、支撑结构设计软件、叶片碳纤维材料、大型主轴承、海上直流输电装备等方面发力，争取在技术创新与自主研发方面取得更卓越的成就。

2. 创新延伸海上风电产业业务链，主动融入新模式、新业态

海上风电的发展需要国家电网的有效支撑，展望其未来发展，海上风电必然与源、网、荷的多元场景进行深度融合，以支持带动海上风电行业的长足发展。这就需要做好风功率预测、多种资源融合技术研究、应用以及数字化，尽快开展多项技术研究与应用，

实现业务链一体化协同发展。

3. 深远海输电并网技术将成为影响项目成本的关键因素

由于深远海海上风电离岸较远、风电机组容量更大等特点，目前国内外主要开展了深远海大容量远距离输电技术研究（包括 500kV 交流输电技术、VSC-HVDC 柔性输电技术、频输电技术等）、适用于大容量风机（单台 10MW 及以上）66kV 及以上风机集电电缆技术研究、高压直流输电电缆技术研究、全直流风电场技术研究、海上储能技术研究等。在深远海大容量远距离输电技术和设备方面，国内柔性直流输电关键设备换流阀相比国外产品仍不成熟，柔性直流输电技术仅在南网汕头南澳风电场、江苏如东风电场等示范工程应用，相比国外仍未建立成套技术体系。随着我国海上风电往深远海发展，全直流风电场、柔性直流输电技术在技术经济性上将越来越突出，相关技术需要进一步加大研究从而降低深远海风电开发成本，实现深远海风电开发大规模开发。

此外深远海风电开发一方面可以通过远距离输电技术送至大电网为其提供绿色电力，还可以就近接入深远海油气田平台电网群为油气田电网提供绿色零排放风力电源，从而大幅度降低油气田开发用能所带来的碳排放问题，在此过程中需要突破深远海风电接入附近油气田电网的影响分析，最大限度地实现深远海油气田电网对深远海风电消纳，以及油气田电网、深远海海上风电和远距离并网输电的安全稳定性分析和控制技术，保证深远海海上风电、油气田电网和远距离大容量并网陆上大电网三者之间的可靠运行。通过上述深远海风电开发技术的研究，可以最大限度地提高深远海风电开发的经济效益。

4.2　海上光伏发展战略

海上光伏是指在海面上建立的光伏电站，是光伏发电的一种新型利用方式，它与陆上光伏最大的不同在于，它不占用农业用地，只利用现有的海面建立发电站。海上光伏有着广阔的应用范围和良好的应用前景，但是海洋的特殊环境也给海上光伏项目带来诸多挑战，如海洋环境风险带来的技术、经济难题，以及案例经验少，配套政策不足等。

4.2.1　海上光伏发展现状

1. 国内外发展现状

海上漂浮式光伏电站系统组成如图 4.1 所示，包括浮体、锚固系统、光伏组件和电气系统等。目前国内外水上漂浮式光伏均主要实施于水塘、中小型天然湖泊、水库和蓄水池等内陆水域，采用了浮管+支架、浮筒+支架和一体化浮筒等浮体结构形式。与内陆水域漂浮式光伏电站相比，由于全球海洋海域面积广阔，近海漂浮式光伏具有更广阔的开发前景，且对海洋环境影响很小。国外学者研究表明，海上光伏的年平均输出能量比陆地高 12.96%。虽然水面漂浮式光伏技术已经在内陆安装应用，但对于海上区域来说仍然是一项新技术。

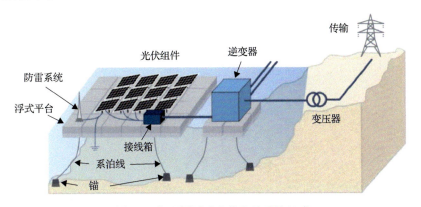

图 4.1　海上漂浮式光伏电站系统组成

艾奎诺在 2021 年夏季末在弗尔岛(Frøya)附近建立一座浮动式太阳能试点电站，面积为 80m× 80m，该电站将接受至少一年的测试。这也是世界上第一个建在海上的浮动式太阳能发电站。德国柏林亥姆霍兹中心的科学家生产出一种钙钛矿/硅串联太阳能电池，可将 32.5%的入射太阳光转化为电能，光电转化效率高达 32.5%。团队使用了一种先进的钙钛矿结构，并对界面进行了非常巧妙的修饰，以减少载荷子的损失，随后，他们对电池的光学性能进行了改进。界面和光学方面的改进实现了最高光电压(开路电压)，最终使电池创下 32.5%的光电转化效率新纪录。澳大利亚莫纳什大学的研究人员与中国武汉理工大学开展了一项合作，他们能够使用醋酸铅作为制造甲酰胺-铯钙钛矿太阳能电池的前体材料，光电转化效率达到 21%。

国外对近海漂浮式光伏系统的研发要早于国内，国外多家能源公司已提出了相应的近海漂浮式光伏系统设计方案，主要有漂浮薄膜式和浮式平台结构等，其中以浮式平台结构为主。对于漂浮薄膜式光伏系统，挪威 Ocean Sun 公司提出了一种由锚泊系统、漂浮浮力环、双层加筋膜、光伏组件和电气部件组成的漂浮薄膜式光伏系统(图 4.2)，并对该系统的抗风浪能力和组件的耐久性等进行了研究，并已在菲律宾等国家开展了试验项目。

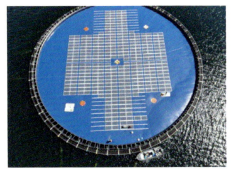

图 4.2　Ocean Sun 的薄膜结构
图片来源：https://oceansun.no/projects/

对于浮式平台结构，国外公司已提出了多种结构形式。德国 SINN Power 公司经过多年研发，开发了一种混合海洋平台结构（图4.3），该浮式平台为框架式结构，平台结构顶部可用于安装光伏组件，还可以和风力发电装置结合。该平台结构由浮体、杆件、连接件和锚固系统等组成，实现了模块化建造，还可以根据设计波浪条件调整平台的高度，使光伏组件不受波浪作用（单个平台的尺寸可介于6～12m）。除了浮式平台结构，该公司对光伏组件和电气设备及系统均有相应的解决方案。

图4.3　混合海洋平台结构（SINN Power公司）
图片来源：https://www.sinnpower.com/

澳大利亚Swimsol公司经过多年研发提出了一种叫作Solar Sea的近海漂浮式光伏系统（图4.4）。该系统包括由浮筒和上部桁架结构组成的浮式平台（14m×14m）、专门研发的重型太阳能电池板（持久高效，比标准面板耐用两倍）以及相应的电气系统。该漂浮式光伏系统已在某岛屿海域进行了使用。

图4.4　Solar Sea（Swimsol公司）
图片来源：https://seasolargroup.com/

此外，荷兰 Solarduck 公司研发了一种漂浮式结构，该结构为 16m×16m×16m 的三角形结构，各个单体可以灵活地连接在一起以形成大型电站（图 4.5）。

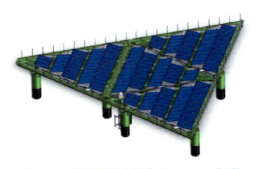

图 4.5　三角形漂浮式结构（Solarduck 公司）

图片来源：http://www.chinaden.cn/news_nr.asp?id=33916&Small_Class=3

挪威 Moss Maritime 公司开发了一种 Floating Solar Park 的漂浮式光伏系统，该光伏系统的浮式平台由底部的 7 个浮筒及顶部的平台结构组成，单个浮体的尺寸为 10m×10m（图 4.6），平台表面可安装光伏组件。

图 4.6　Floating Solar Park（Moss Maritime 公司）

图片来源：https://www.mossww.com/

澳大利亚 Heliofloat 公司研发了一种浮式轻质平台制造技术，单个平台由底部的 4 个浮筒和顶部的平台结构组成，单个平台尺寸可介于 30m×30m～100m×100m（图 4.7）。

Kyoung Won Na 等在韩国全罗北道群山市新万金港附近海域进行了半潜式漂浮式光伏发电平台运动响应试验。试验模型长 10m、宽 11m、高 4m（图 4.8），发电容量约 13kW，采用直径为 40mm 的尼龙系泊缆四点系泊，试验水深 7.8m。主要测量了模型的横摇、纵摇等。

上述国外提出的近海漂浮式光伏系统结构方案均具有抵抗风浪流作用的能力，同时光伏组件和电气部件的耐候性也进行了提升，能够适应相应的海洋环境，已有近海漂浮

图 4.7 轻质漂浮平台（Heliofloat 公司）

图片来源: https://www.digitaltrends.com/cool-tech/solar-power-heliofloat/

图 4.8 全罗北道半潜式漂浮式光伏发电平台安装

式光伏电站的工程实例。可见，目前国内近海漂浮式光伏系统设计及应用技术与国外存在较大差距，亟须开展该方面的研发。

近年来我国对近海漂浮式光伏系统已开展了一些探索与尝试，主要采用传统多模块连接多浮体结构，如在海南省万宁市完成了国内首个近海漂浮式光伏电站实证试验，在舟山市普陀区白沙岛建设了一个海上漂浮式光伏试验项目。国家电投山东半岛南 3 号海上风电场 20MV 深远海漂浮式光伏 500kW 实证项目，采用了挪威 Ocean Sun 公司的柔性薄膜式浮体系统专利技术。

2. 存在的技术挑战

海上环境存在风浪大、腐蚀性强的特点，目前我国在滩涂、港湾海面等近海地区已成功开发了固定式海上光伏系统。海上风浪大，光伏电站的抗风浪和抗腐蚀能力还需进一步提升，故国内尚未有漂浮式光伏项目投产。海上漂浮式光伏开发的技术难点有系泊、抗浪、抗风和抗拍击。通过近两年的研究，解决四大难题的方向已初步确定。

（1）系泊。5m 以上水深，开展风电基础为辅、桩链锚拉为主联合受力的可行性研究；5m 以下潮下带，开展桩链锚拉为主、浮体底部为辅联合受力的可行性研究；潮间带，开展以浮体底部为主、桩链锚拉为辅联合受力的可行性研究；滩涂，对具体的滩涂地理地质特性适应性最后的支撑结构开展可行性研究。在较为恶劣的海洋环境中，系泊系统将承受较大的荷载，系泊系统是海上漂浮式结构的主要组成部分，在海上浮式结构的失效分析中，系泊系统失效占比最大，因此系泊系统设计是海上浮式结构设计的关键也是难点所在，如图 4.9 所示。科学技术部在 2022 年 3 月发布的"十四五"国家重点研发计划"可再生能源技术"重点专项中明确将"近海漂浮式光伏发电关键技术及核心部件"列为"十四五"重点研发计划，其中锚固系统极限抗风浪能力（设计值）：浪高不大于 5m，风速不大于 30m/s，约 12 级台风。

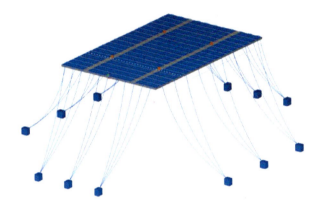

图 4.9　一道新能海上漂浮式光伏系统兆瓦级海试方阵系泊和锚固系统设计

图片来源：https://www.waitang.com/report/317789.html

（2）抗浪。加大科技创新力度，采用全新漂浮结构，以"随波逐流、以柔克刚"为技术创新理念，从材料、结构、受力原理、锚拉系统、减力消能方式、动态电缆、运维新理念等多角度开展可行性研究。浮体结构、柔性连接、柔性系缆、柔性光伏组件、动态电缆等可能是关注重点。

（3）抗风。以最大限度降低风荷载为主攻方向，浮体结构形式、结构材料的研究显得尤为重要。

（4）抗拍击。以柔性光伏组件为技术突破口，在光伏组件的结构力学原理、破坏损坏机理、破坏容忍度边界、破坏概率确定、破坏运维处理等方面开展可行性研究。

4.2.2　海上光伏发展潜力

1. 海上光伏资源量

长期以来，由于海洋气象资料的缺乏以及无海面辐射资料的观测，限制了对海面辐射状况的了解，致使我国现在对近海海面太阳总辐射的气候分布状况的分析仍然十分粗略。我国近海海面 1 月份太阳总辐射量在 $150\sim650MJ/(m^2 \cdot 月)$，南海等值线基本上与纬圈平行；黄海、渤海、东海受逐渐变性的冷空气影响，总辐射量呈径向分布，迎风近海岸区及气旋活动频繁地区出现总辐射的低值区，黑潮主干流上空辐射量在 $200MJ/(m^2 \cdot 月)$ 以下；由于受云和太阳高度共同影响，最高值区位于赤道附近。4 月份总辐射量最大值区向北推移到 $10°N$ 附近；东海海面出现 $400MJ/(m^2 \cdot 月)$ 以下的最低值区，从而使 $20°N \sim 25°N$ 间的梯度很大。7 月份全区总辐射量 $550 \sim 650MJ/(m^2 \cdot 月)$。热带辐合带影响下的南海海面出现低值区，副高控制区域则出现最高值区，较北的黄海一带受雨带影响出现相对低值区，10 月份东海、南海海面总辐射量等值线几乎与纬圈平行。

海上年太阳总辐射量等值线几乎平行于纬圈，最高值位于赤道附近，大于 $7500MJ/(m^2 \cdot a)$；而最低值区位于最低纬度海面，在 $5000MJ/(m^2 \cdot a)$ 以下。

除以上研究成果，中国气象局发布的《中国风能太阳能资源年景公报(2021年)》，给出了"2021年全国固定式光伏发电最佳斜面年总辐照量分布图"，我国近海光资源储量分布可参照图中我国海岸线区域的分布结果。2021 年我国海岸线最佳斜面年总辐照量都超过 $1200(kW \cdot h)/m^2$，总体上呈现少雨的长江以北地区大于长江以南地区。渤海湾沿岸最佳斜面年总辐照量超过 $1600(kW \cdot h)/m^2$，山东南部、福建南部、广东东部以及江苏、海南、广西沿岸最佳斜面年总辐照量超过 $1400(kW \cdot h)/m^2$。

综上，可参考《海洋可再生能源资源调查与评估指南 第 1 部分：总则》(GB/T 34910.1—2017)、《太阳能资源评估方法》(GB/T 37526—2019)等国家标准，收集气象数据资料，并进行现场海上日照观测，之后整合资料，采用软件数值模拟等方法计算光资源评估参数，绘制资源图表，评估项目开发海域光资源蕴藏量和技术可开发量。但由于海上日照观测站数量有限，目前还未有专业机构对海上光伏发电年总辐照量进行统计，数据资料多参考沿海各省年总辐照量分布情况，以及项目海域短期的现场日照观测数据，建议未来气象机构补充我国近海太阳能资源分布数据。

2. 海上光伏发展潜力

相关资料显示，我国可利用海域超 300 万 km^2，理论上可发展近 7 亿 kW(700GW) 海上光伏。

海上漂浮式光伏可为水上生产活动和小型岛屿提供绿色能源支撑。与陆上光伏不同的是，海上漂浮式光伏系统将一直受到波浪荷载的影响，对其结构强度与系泊性能均提出了更高的要求，而且漂浮式光伏系统与传统的海上平台设施差别较大，整个系统高度较低，占地面积较大，在海上受到的水动力荷载较大，运动响应复杂。

4.2.3　海上光伏发展战略

我国是一个海洋大国，大陆海岸线长 18400km，岛屿岸线长 14247km，海岸线总长度超过 32600km，横跨 22 个纬度带，丰富的岸线资源为我国大力发展海上光伏电站提供了前提。在"双碳"目标的指引下，推动海上光伏开发建设，不仅有利于沿海省份突破土地约束，拓展新能源发展空间，并且对优化调整能源结构、推进海洋强国建设以及助力经济社会绿色低碳高质量发展有重要意义。

全国各省份对于海上光伏行业建设主要集中在沿海，包括山东、浙江、江苏、海南、辽宁等，其中山东是海上光伏发展大省，山东打造"环渤海"和"沿黄海"两大千万千瓦级海上光伏基地,见表 4.2。其他沿海省份有关海上光伏行业的政策目前主要体现在探索发展阶段。

表 4.2　截至 2022 年底我国各省份海上光伏发展规划

省份	发布时间	政策名称	规划内容
山东省	2022 年 7 月	《山东省海上光伏建设工程行动方案》	"环渤海"千万千瓦级海上光伏基地,布局海上光伏场址 31 个,总装机规模 1930 万 kW。其中光伏场址 20 个,装机规模 1410 万 kW;"风光同场"场址 11 个,装机规模 520 万 kW。"沿黄海"千万千瓦级海上光伏基地,布局海上光伏场址 26 个,总装机规模 2270 万 kW。其中,光伏场址 9 个,装机规模 950 万 kW;"风光同场"场址 17 个,装机规模 1320 万 kW
	2022 年 12 月	《山东省人民政府关于印发山东省碳达峰实施方案的通知》	坚持集散并举,开展整县屋顶分布式光伏规模化开发建设试点示范,打造鲁北盐碱滩涂地风光储一体化基地、鲁西南采煤沉陷区百万千瓦级"光伏+"基地,加快探索海上光伏基地建设
辽宁省	2021 年 4 月	《关于明确渔光互补用海管理有关事项的通知(征求意见稿)》	对渔光互补用海规划和项目选址、用海审批、用海确权、有偿使用和监督管理等进行了规定
浙江省	2022 年 9 月	《关于规范光伏项目用海管理的意见(征求意见稿)》	明确光伏项目用海控制指标:开放海域的桩基式光伏项目对光伏阵列离岸距离、光伏阵列投影面积比、光伏工程桩基面积比提出控制性指标
江苏省	2021 年 12 月	《江苏沿海地区发展规划(2021—2025 年)》	强化能源安全高效绿色供给;坚持探索海上风电、光伏发电和海洋牧场融合发展
海南省	2022 年 6 月	《万宁市超常规稳住经济大盘行动方案》	抓紧推动实施一批能源项目。扩大大唐燃气发电等清洁能源建设规模,促进大唐万宁和山 70MW 农业光伏储能项目、生物质发电厂等项目新开工,引进中国电建集团推动漂浮式海上光伏发电产业,助力海南建设清洁能源岛
天津市	2022 年 8 月	《关于落实支持"滨域"建设若干政策措施的工作方案》	拓展海域立体利用空间,鼓励利用近海滩涂区、围而未填海域等区域建设海上光伏项目;鼓励利用已建成码头、防波堤及调整后的闲置锚地、划而未用锚地等建设分散式清洁能源项目。争取建立海上风电、海上光伏、海上地热项目(南港)涉海审批市级"绿色通道"
福建省	2022 年 3 月	《关于组织开展 2022 年集中式光伏电站试点申报工作的通知》	2022 年集中式光伏电站的试点范围为近海养殖渔光互补、内陆水面及海上光伏、工业园区成片屋顶光伏、结合废弃矿区修复治理的地面光伏、结合特色种植的药光互补等五类集中式光伏电站

对于海上漂浮式光伏系统,目前国内的研发才刚起步,尚未提出可靠的光伏系统方案,迫切需要研发能够适应我国海上环境的漂浮式光伏关键技术和核心装备,寻求具有自主知识产权的海上光伏开发成套通用关键技术。应充分考虑海上光伏开发的全周期建设成本,兼顾设计、制造、施工及运维等各环节的经济性和可靠性,着力在漂浮式支撑结构的核心装备侧探索创新性解决方案,形成装备研发设计核心技术,以便在关键科学技术领域形成理论创新及成果转化,在海上光伏这一蓝海市场取得突破性进展。

4.3 海洋能发展战略

21 世纪是海洋世纪，海洋能是一种蕴藏在海洋中的可再生能源，包括机械能(潮汐能、潮流能、海流能、波浪能)和热能(海洋温差能)。海洋可再生能源的开发利用对加快能源结构转型、达到"双碳"目标具有重要的战略意义。在海洋中蕴藏着大量的尚未开发的可再生能源，可以满足当前的全球电力需求，不同海洋能发电技术的理论潜力差异很大，仍需探索其适宜的开发区域及科学高效的开发方法。

4.3.1 海洋能发展现状

根据国际可再生能源机构分析，全球海洋能资源潜力可达 45000～130000 TW·h，仅海洋可再生能源就具备满足两倍以上当前全球电力需求的潜力。

大多数海洋能发电技术尚未实现商业化，仍处于开发阶段，除一些技术达到早期商业化外，大多数技术处于样机原型阶段，全球海洋能资源潜力如图 4.10 所示，各区域海洋能发展现状如图 4.11 所示。然而，潮汐能和波浪能取得了显著的进步，截至 2020 年底，所有海洋能源技术的全球累计装机容量超过 515MW，98%以上已投入运行，大部分装机容量来源于欧洲(占 55%)、亚太地区(占 28%)、中东和非洲(占 13%)，其余装机容量来自北美(占 2%)、南美和中美(占 2%)。其中 501.5MW 由两个大型潮汐能发电项目组成，波浪能发电装机容量由 9 个小型项目组成，全球总装机容量约 2.3MW，分布在 8 个国家和 3 个大洲(图 4.12)。然而不同种类的海洋能发电的技术成熟度具有差异性，如图 4.13 所示。

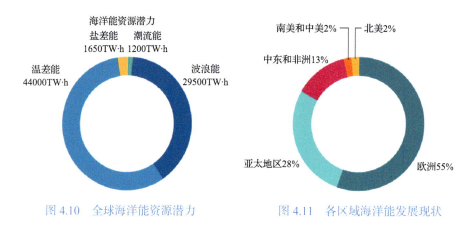

图 4.10 全球海洋能资源潜力   图 4.11 各区域海洋能发展现状

1. 潮汐能[4-11]

潮汐能是海洋可再生能源中技术成熟度最高的能种，其工作原理为在河口、海峡、海湾等能够产生垂向潮差的区域，发电装置主要由水轮机、发电机组、传动系统及控制系统组成。潮汐能发电利用垂向潮流推动叶片做功，将机械能转化为动能。潮汐能是一种相对稳定可靠的可再生能源，受到天体运动的影响涨落潮较为规律，全年发电量较为

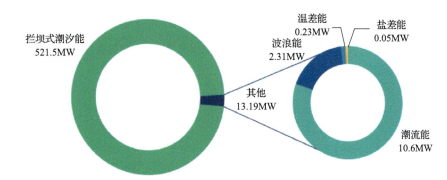

图 4.12　全球海洋能装机容量

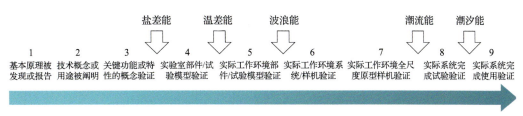

图 4.13　海洋能发电技术成熟度

稳定;潮汐能电站多建设于人口密度小的区域,不需考虑人口迁移、水坝破坏对于周边安全及农田的危害;潮汐能电站不仅具备自身发电能力,同时具有与水上光伏潮光互补、与海洋牧场相结合、发展旅游业等多行业相交叉的良好条件。

潮汐能的发电量与水体涨落潮的质量差、潮差、潮汐能电站港湾面积成正比,因此潮汐能电站的选址对于地形环境要求较高,工程建设难度大,同时由于水轮机是低水头、大流量型、体积庞大,如果双向发电,再加上兼具泵水功能,结构会更复杂,投资将会更大,而且潮汐电站的海水腐蚀、泥沙淤积等问题较为棘手,更使潮汐能电站的开发难上加难;虽然从全年的角度看潮汐能发电较稳定,但若要考虑以日为单位的发电,在没有储能设施调节的情况下,潮汐能发电出力时间短、设施年利用小时数低,导致发电波动较大,若考虑并网则会对电网造成较大压力。

传统的潮汐能开发方式主要有:单库双向、单库单向、双库单向及双库双向等。目前,国际上在运行的拦坝式潮汐能电站主要采用单库方式。如建于 1966 年的法国朗斯电站(240MW),采用单库双向工作方式,即通过拦坝形成一个水库,在涨潮时或落潮时均可发电,平潮时不发电;建于 1984 年的加拿大安纳波利斯电站(20MW),采用单库单向工作方式,只有一个水库,且只在落潮时发电。韩国于 2011 年启用始华湖潮汐能电站,是目前世界最大的潮汐能电站,装机容量达 254MW,采用单库单向工作方式。

潮汐能发电在 20 世纪已实现商业化,但受制于拦坝式潮汐能电站开发环境导致的设备需求、对周边水文生态环境的影响,潮汐能发电尚未大规模进行商业推广。

2. 潮流能[12-15]

潮流能发电技术目前较为成熟,已经实现小批量机组的并网发电,是目前较为接近商业化应用的海洋能发电技术。不同于潮汐能的是，潮流能发电的原理是将发电装置直接放置在水体中，利用潮汐引起水流往复水平运动推动叶片，将机械能转化为电能。潮流能发电量与通过水体的流量、流速成正比，因此其能量富集区域主要位于岛屿之间的海峡、水道以及海湾等狭窄通道的水体高流速区域。潮流能发电具有较强的规律性，便于预测，同时由于其能量密度大且稳定，波动性较小，易于电网管理。潮流能发电装置选址自由开放，占海面积小，投资较少，易于商业化。

潮流能发电装置结构型式多种多样，根据工作方式可以分为轴流式、横流式、振荡水翼式等；根据发电装置基础的固定型式可以分为桩基、坐底式、悬浮式及漂浮式；根据是否设置导流装置可以分为导流罩式和无导流罩式。英国和美国的潮流能处于世界领先位置，研发并投用了一系列潮流能利用装置。国际上大多数潮流能发电装置都处于技术研发阶段，仅有部分实现了海试。根据全球主要潮流能装置分类统计和分析：76%的技术以轴流式为主，12%为横流式，4%为振荡水翼式，8%为其他类型；68%的技术设计为全水下作业；68%的技术为单一涡轮机结构；64%的潮流能涡轮机具有可变速传动系统；56%的载体结构为非桩基式海底刚性连接，36%通过锚系漂浮式结构，4%为桩基式；48%利用变速箱和发动机系统，44%利用直驱永磁发动机；16%为带导流罩设计；28%使用间距调节，16%使用超速调节，8%使用失速调节。

潮流能发电伴随着技术的不断成熟完善以及国际范围内示范项目的成功建设，正在逐步实现从示范项目到商业化。潮流能发电装置种类繁多，针对不同的环境条件选取合适的结构型式，研究多能互补发电正是潮流能商业化的主要发展方向。

3. 波浪能[10,12,13]

波浪能发电技术尚处于模型及样机试验验证向海上示范项目过渡阶段，目前我国已经开展了若干波浪能示范项目，虽然技术尚不成熟，但因为其应用场景丰富多变，具备重要战略意义。波浪能具有良好的开发潜力与开发前景。

波浪能发电原理是利用由风引起的波浪的横向及纵向运动所产生的机械能进行发电，根据工作原理可以分为振荡水柱式、振荡体式和聚波越浪式等，根据安装形式可分为固定式及漂浮式，根据安装位置分为岸式、近岸式、离岸式，根据能量吸收类型可分为衰减式、点吸收式和截式等，根据能量传递方式可分为气动式、液压式、机械式和磁动式。2011 年，ELE 建设的 Mutriku 波浪能电站正式建成并网运行，采用振荡水柱式发电，截至 2020 年 9 月，该厂已向电网提供超过 2.1GW·h 的电力。澳大利亚 Camegie 公司研制的 CETO 波浪能装置将波浪能与海水淡化相结合，于 2011 年完成海试。自 2017 年以来，由中国科学院广州能源研究所开发设计的兆瓦级波浪能示范项目在政府的支持下取得了进展，于 2020 年完成了 500kW 机组"舟山"在海上的部署，第二台 500kW 机组"长山"已于 2020 年竣工，于 2021 开展海试。2017 年，印度国家海洋技术研究所(The National Institute of Ocean Technology，NIOT)开发的波浪动力导航浮标进行海试，用于海洋测量和导航辅助，该波浪能装置由带有振荡水柱式的浮体组成。2019 年，AW-Energy 的 350kW WaveRoller 安装完毕并运行 2 年，并引入 HydrogenHub 探索绿氢生产，于 2021 年回收开展完整性评估及检查，其采用推板式波浪能发电。2021 年，德国 SINN Power GmbH

公司开展了将波浪能与防波堤相结合的结构型式，同时发布了首个结合海浪能、风能和太阳能的混合浮动海洋平台。2022 年，AWS Ocean Energy 开发的水下浮标 Waveswing 完成海试，平均功率超过 10kW，适合用于深远海，可为油田或海洋监测设备供电。

波浪能应用场景众多，采取的发电技术也各不相同，目前仍处于关键技术突破、应用场景选择阶段，尚有较多困难需要克服，如发电装置能量转换效率低、并网波动大、波浪方向多变、近岸能量密度低、深远海稳定性和安全性差等。

4. 温差能[11-14,16]

温差能总量大，发电稳定，规模化开发效益显著，但发电技术仍处于工程化关键技术突破阶段，发电效率需要提高，高效热力循环及热交换技术亟待突破，与海洋平台的结合方式仍在探索阶段，国际范围内已有在运行的示范项目。海洋温差能最常见的利用方式是发电，其基本原理是利用海洋表面的温海水加热某些低沸点工质，并使之汽化以驱动透平，带动发电机发电；透平出口工质蒸汽通过与深层冷海水换热冷凝，经工质泵输送到蒸发器，完成一次循环。

基于目前技术水平，对于表层海水与深层海水的温度差大于 18℃ 的区域才具备开发价值。我国南海温差能资源十分丰富，受天气、昼夜以及季节的影响很小，稳定性和可控性堪比化石能源，因此，海洋温差能也是海洋能中最稳定的可再生能源。稳定的能源属性，使得海洋温差能成为可规模化提供电能的重要选择。利用温差能发电，可以为海水淡化、深层海水利用、深海渔业养殖、电解水制氢等新兴产业提供能源动力，未来有可能形成新的经济增长点。

目前，全海式温差能装置有船式设计、半潜式设计以及全潜式设计。船式温差能发电装置的建造技术可参考造船技术，比较成熟。半潜式和全潜式海洋温差能装置目前还处于概念设计阶段。1979 年 8 月美国在夏威夷海面的一艘驳船上建成了第一座 50kW 闭式循环海水温差发电（ocean thermal energy conversion, OTEC）装置。此后，太平洋高技术研究国际中心于 1993 年 4 月在夏威夷沿海建成了 210kW 的首个开式循环岸式 OTEC 系统。装置连续运转 8 天，10% 的蒸汽用以产生淡水，每天成功产出 26.5m³ 淡水。1981 年 10 月，日本在瑙鲁共和国建成一座 100kW 闭式循环温差电站。1982 年 9 月，九州电力公司等在鹿儿岛县的德之岛建成 50kW 的混合型试验电站，发电运行至 1994 年 8 月。佐贺大学于 1985 年建造了一座 75kW 的实验室装置，并得到 35kW 的净出功率。2014 年法国造舰局（DCNS 公司）与美国 OTE 公司及美属维尔京群岛签订谅解备忘录，开展世界上第一个商业化的岸上 OTEC 与海水空调系统的可行性研究。2015 年 8 月 21 日，夏威夷 105kW 的海洋温差能发电系统并网发电，成为世界上最大的运行中的温差能发电系统。2015 年 12 月 22 日，法国 DCNS 公司与印度海军签订谅解备忘录，计划在安达曼和尼科巴群岛（Andaman and Nicobar）各建设一座 10MW 的全海式的 OTEC 平台。目前正在运行的温差能实验装置有日本久米岛 100kW 和夏威夷岛 105kW 的实验电站，验证了其发电原理、系统构建和运维措施的可行性，为规模化开发利用温差能提供了可借鉴的技术和经验。2018 年，中海油研究总院有限责任公司依托集团公司和国家海洋可再生能源专项，完成了我国首个 10MW 全海式海洋温差能电站概念方案，为我国开发海洋温差能资源提供了技术和决策支持。

海洋温差能发电产业的发展受制于技术瓶颈和投资成本。作为一种新型清洁可替代能源，海洋温差能的资源分布、环境条件、场址选择尚未完全摸清；同时，温差能发电技术及关键设备的研发仍处于商业化前期的实验室研究和示范研究阶段，海洋温差能热电转换效率较低，关键设备技术开发难度较大，尚不能对温差能发电规模化产业提供有力支撑，海洋温差能的开发兼具发展潜力与挑战性。

5. 盐差能[11-14,16]

盐差能发电仍处于关键技术突破阶段，尚未形成较为成熟的模型及示范装置。其发电原理是利用两种含盐浓度不同的液体的化学电位差能,如海水与淡水、海水与海水等,主要发电方法有渗透压能法利用渗透压差作为动力推动水轮机发电，以及反电渗析法利用阴阳离子在溶液中渗透产生电流发电。盐差能主要分布在河口地区。

全球范围内,北欧国家如荷兰、挪威对盐差能利用技术开展了研究,荷兰 REDstack 公司提出了兆瓦级(200MW)反电渗析盐差能示范电站的设想，并对反电渗析盐差能实验装置进行了研制。挪威 Starkraft 公司建造了 15kW 水塔式渗透压盐差能发电装置，净输出功率可达 4kW。但 2015 年后，世界范围内的盐差能利用项目基本处于停滞状态。

盐差能发电技术仍处于关键技术突破期，渗透膜及压力交换器等关键设备仍需研究，提高单位膜面积发电功率，降低制造成本，延长使用寿命都是盐差能技术的重要研究方向。

4.3.2 海洋能发展潜力

2004 年，为摸清我国近海环境和资源家底，支撑服务于国家宏观决策、海洋经济建设、海洋综合管理和海洋安全保障，国家海洋局组织实施了"我国近海海洋综合调查与评价"专项(以下简称 908 专项)，专项调查显示我国近海海洋可再生能源资源蕴藏总量(潮汐能、潮流能、波浪能、温差能、盐差能)约为 697.41GW，对不同能种的技术可开发量进行了评估[10-18]。

1. 潮汐能、潮流能

由于地理条件限制，潮汐能、潮流能的理论发电潜力是所有海洋可再生能源中最小的，每年约 1200TW·h，资源可利用性较高的区域有阿根廷、大西洋、法国、北美洲、韩国、俄罗斯、英国等。通常具有高潮位的区域具有较强的潮流，但地形对于潮流的影响更为重要，在狭窄的海峡或岛屿之间尤其如此。

我国潮汐能资源主要集中于福建和浙江沿海，尤其集中在狭窄的浅海、港湾和海峡。如浙江的钱塘江口、三门湾和乐清湾，福建有三都澳、罗源湾和湄洲湾等海域，其次是山东半岛南岸北侧、辽东半岛南岸东侧和广西东部等海域。908 专项对近海 10m 等深线以浅海域的 171 个 500kW 以上的潜在站址进行评估，我国潮汐能理论装机容量约192.86GW，技术可开发量总计约 22.8GW。

根据 908 专项对我国近海潮流能资源的统计结果，潮流能在我国空间上分布不均，理论装机容量可达 8.33GW，理论技术可开发量总计约为 1.67GW。浙江沿岸海域潮流能资源最为丰富，约占我国潮流能蕴藏量的 50%，其次是山东、江苏、福建、广东、海南和辽宁六省，约占全国的 38%，其他沿岸海域潮流能资源较少。浙江舟山群岛海域是我国潮流能功率密度最高的海域，拥有流速资源较好的众多强潮流水道。

2. 波浪能

波浪能在 30°～60° 纬度最为强烈，受波高、波速、波长(或频率)和密度的影响。相较于潮汐能，波浪能更具空间分布性，中纬度地区的资源水平较低，在南半球波浪能发电功率较高。波浪能的全球理论潜力为每年 2950TW·h，这代表着仅波浪能就能满足全球能源需求。

我国波浪能资源分布极不均匀。根据 908 专项对波浪能的评估结果，我国近岸 20km以内区域的理论装机容量可达 16GW，理论技术可开发量总计约为 14.7GW。在空间上，南方沿岸海域的波功率密度高于北方沿岸海域，外海海域的波功率密度高于近岸海域。渤海大部分海域年平均波功率密度小于 1kW/m；黄海海域年平均波功率密度介于 1～2kW/m；东海海域年平均波功率密度高于渤海和黄海，为 3～10kW/m；南海海域波浪能资源最丰富，年平均波功率密度为 4～18kW/m，特别是海南岛南部海域，年平均波功率密度为 6～20kW/m。

3. 温差能

具备温差能开发条件的区域为 30°N～30°S 的热带地区。这是由于地表水温高，水深大，四季气温稳定。尽管仅限于热带地区，但 OTEC 的全球技术潜力在所有海洋能源中是最大的，每年稳定功率为 44000TW·h。

我国近海海域温差能资源储量丰富，主要储藏于南海，其次是东海。908 专项对我国南海表层与深层海水温差大于等于 18℃ 水体温差能蕴藏量和技术可开发量进行评估，我国温差能理论装机容量约 367.13GW，可利用的温差能理论技术可开发量总计约为 25.7GW。温差能空间分布差异较大。渤海和黄海海域平均水深较浅，温差能开发利用难度较大。东海外陆架水深地形变化迅速，温差能资源丰富，开发条件较好，是岸基式温差能开发的优良站址。我国南海理论发电量约占我国海洋能总量的 50% 以上。

4. 盐差能

全球海洋的盐差能分布不均，在两极附近的浓度较低，这主要是由于冰的融化。而河流径流、冰川融化及降水量大或缺乏，也会影响某些地区的盐度。尽管盐度水平有所不同，淡水流入海洋的河口区域对于利用盐差能发电最为重要。与其他海洋能发电技术相比，地理条件要求对盐差能总体潜力构成了很大的限制，全球理论功率为每年 1650TW·h。

我国盐差能资源主要分布在长江口及其以南的河流入海口沿岸，盐差能资源受到季节变化影响。908 专项对我国主要河口盐差能资源蕴藏量和技术可开发量进行了评估，盐差能理论装机容量约 113.09GW，可利用的温差能理论技术可开发量总计约为

11.31GW。

4.3.3 海洋能发展战略

党的十八大以来,生态文明建设提升到前所未有的高度,摆在全局工作的突出地位。党的十九大报告中明确指出,推进能源生产和消费革命,构建清洁低碳、安全高效的能源体系。党的二十大报告提出,加快发展方式绿色转型。发展绿色低碳产业,健全资源环境要素市场化配置体系,加快节能降碳先进技术研发和推广应用。2020 年 9 月 22 日,碳达峰碳中和愿景目标的提出对我国当前和今后一个时期的应对气候变化、绿色低碳发展和生态文明建设提出了更高的要求。2020 年 12 月,习近平在中央经济工作会议上发表重要讲话,指出要做好碳达峰碳中和工作,加快调整优化产业结构、能源结构,大力发展新能源,继续打好污染防治攻坚战,实现减污降碳协同效应[19]。

2021 年 10 月 21 日,国家发展改革委印发《“十四五”可再生能源发展规划》,其中针对稳妥推进海洋能示范化开发做出以下规划。

(1)稳步发展潮汐能发电。优先支持具有一定工作基础、站址优良的潮汐能电站建设,推动万千瓦级潮汐能示范电站建设。开展潟湖式、动态潮汐能技术等环境友好型新型潮汐能技术示范,开展具备综合利用前景的潮汐能综合开发工程示范。

(2)开展潮流能和波浪能示范。继续实施潮流能示范工程,积极推进兆瓦级潮流能发电机组应用,开展潮流能独立供电示范应用。探索推进波浪能发电示范工程建设,推动多种形式的波浪能发电装置应用。

(3)探索开发海岛可再生能源。结合“生态岛礁”工程,选择有电力需求、可再生能源资源丰富的海岛,开展海岛可再生能源多能互补示范,探索海洋能在海岛多能互补电力系统的推广应用。

各省发布了海洋能的“十四五”规划,见表 4.3。我国海洋能资源丰富,但资源分布不均,成本较高,仍需关键技术突破。在针对不同海洋能科学选址的基础上,从全体系经济性出发,加快开展海洋能发电基础关键技术、装备开发等单项基础性技术,以融合发展为背景开展相关工作,支持先进海洋能示范项目建设,发展海洋能多能互补及多产业交叉综合利用,打造能源岛等将是未来海洋可再生能源综合利用的发展方向。

表 4.3 各省海洋能“十四五”规划

省份	规划内容
辽宁省	突破漂浮式风力机发电及海上制氢技术瓶颈,加强深海可燃冰开采与利用、海洋新型矿产资源开发等关键技术和成套装备研制。开发海洋能高效转换新技术及装备,推动其在海岛供电等领域的示范应用
河北省	支持海洋清洁能源与海水淡化、深远海养殖、油气平台、海洋观测等融合发展。积极推进海水氢能源开发利用。完善风电价格政策,创新补贴机制,推动可再生能源发电全额保障性收购制度全面落地
山东省	加强海洋能资源高效利用技术装备研发和工程示范,支持海上风电、潮汐能等海洋能规模化、商业化发展,探索推进“海上风电+海洋牧场”、海上风电与海洋能综合利用等新技术,支持海洋清洁能源与海水淡化、深远海养殖、海洋观测等融合发展。探索开展多种能源集成的海上“能源岛”建设
江苏省	打造海洋可再生能源利用业高地。系统推进千万千瓦级海上风电基地建设。积极探索海上风电制氢、深远海碳封存、海上能源岛等新技术、新模式。加快海上风电施工运维母港建设,探索布局深远海风电。推进海洋生物能、潮汐能等海洋可再生能源开发利用研究,探索商业化开发利用

续表

省份	规划内容
浙江省	加强海上风机关键技术攻关，加强风电工程服务，有序发展海上风电。创新发展海岛太阳能应用成套体系，加快太阳能海上应用推广，推进渔业光伏互补试点。支持发展沿海核能，开展核电站勘探、设计、评估以及核电产品检验检测等业务。稳妥推进国家级潮流能、潮汐能试验场建设，重点聚焦潮流能技术研发、装备制造、海上测试
广东省	培育壮大海洋新兴产业，打造海上风电产业集群。支持海洋资源综合开发利用，推动海上风电项目开发与海洋牧场、海上制氢、观光旅游、海洋综合试验场等相结合
福建省	拓展海上风电产业链；做大高效储能产业；发展氢能源产业；培育"渔光互补"光伏产业
海南省	加强海洋能综合利用。推进波浪能工程化应用，重点建设一批发电示范项目，选取波功率密度较大、水深适宜、离岸较近的海域建设海南省本岛波浪能电站示范工程，加快岛礁波浪能示范工程建设。支持温差能综合利用技术探索和创新，论证海南省温差能建设基地，开展适用于南海海域的温差能发电装置研发，制定阵列化排布方案，引入生产制造企业。开展海岛可再生能源多能互补示范，结合"生态岛礁"工程，在海上风能、波浪能资源丰富区域建立风浪耦合电站，实现海洋能互补供电。推动海洋能技术攻关，将"海洋能+制氢""海洋能+海水淡化""海洋能+养殖"等"海洋能+"利用的产业发展新技术

4.4　海上风电制氢发展战略

氢能是一种来源丰富、绿色低碳、应用广泛的二次能源，正逐步成为全球能源转型、工业及交通深度脱碳的关键载体，各国正加大投资和项目部署。国际氢能理事会报告指出，全球 359 个大型氢能项目集中在可再生能源制氢、工业应用、交通运输和氢能基础设施。预计 2030 年全球氢能投资总额将达到 5000 亿美元，低碳氢产能将达到 1100 万 t/a，其中 70% 是绿氢，30% 是蓝氢[20]。国内氢能产业处于政策风口，已有 23 个省份发布氢能规划和指导意见，超过 1/3 的央企布局氢能产业链。国家发布《氢能产业发展中长期规划(2021—2035 年)》等重要文件，2025 年国内可再生能源制氢量达到 10 万～20 万 t/a，成为新增氢能消费的重要组成部分[21]。"双碳"目标下，构建以新能源为主体的新型电力系统正加速推进，要实现可再生能源高比例接入电网，氢储能是重要解决方案。

4.4.1　海上风电制氢发展现状

全球海上风电制氢整体处于技术示范阶段。目前欧美引领全球海上风电制氢技术与产业示范发展，我国处于示范方案研究设计阶段。

1. 海上风电制氢电解槽等关键核心设备基本技术成熟

迫于能源独立和能源绿色低碳转型，欧洲正引领全球海上风电制氢技术集成示范，而我国处于示范方案研究设计的跟跑阶段。BNEF 数据，全球已宣布 32GW 电解水制氢装机规模，海上风电制氢为主导占比 53%，主要集中在欧盟，壳牌、莱茵集团、沃旭能源等油气、公用事业公司是积极参与者，并重视绿氢炼化、加氢站等应用场景开发。电解水制氢主要有两种技术路线：PEM 电解槽和碱性电解槽，技术成熟度达到 TRL 8～9 级。我国在碱性电解槽的生产能力、技术经济指标方面具有优势，以苏州竞立制氢设备有限公司、中国船舶集团有限公司第七一八研究所等设备厂商为代表，主流产品制氢能力 1000NM³/h 及

以上，在国际市场上具有竞争优势；我国 PEM 电解槽还处于开发示范阶段（研发单堆 1MW 电解槽，制氢能力约 $200NM^3/h$）。目前，国外海上风电制氢项目多数选择与波动性可再生能源匹配效果更佳的 PEM 电解槽。欧美在单槽制氢能力（兆瓦级电解槽已商业化应用，正在开发单堆 5MW）、设备寿命、能耗等指标方面处于领先，以挪威 NEL、美国 Cummins、美国 Plug、德国 Siemens Energy、英国 ITM Power 等设备厂家为代表，但在技术上对我国厂商来讲已无实质性壁垒，也在着手开发 5MW 的 PEM 电解槽。总体上，低成本、单堆更大规模、高电流密度、高压、低电耗、长寿命是 PEM 电解槽技术发展的大趋势。

针对海上风电，海水制氢是另一条技术路线。海水制氢主要包括直接、间接电解海水制氢两种技术路线。受制于海水复杂的成分，海水直接电解制氢技术尚停留在技术研发与验证阶段，研发热度不高。电解过程存在氯析出、结垢、膜污染和腐蚀等问题，也缺乏准确的技术经济评估。开发稳定的隔膜，制备稳定、高效的电解催化剂和电解槽依然面临着很大挑战。

海水间接电解制氢本质上是淡水制氢。淡水电解制氢已商业化，除商业化的碱性、PEM 电解槽外，固体氧化物、阴离子交换膜等电解水制氢新技术也在研发中。近年来国外已有较大规模的示范项目开始布局，实质也是海水淡化后电解制氢技术，技术上没有太大障碍，但针对复杂海洋环境仍需通过技术集成示范解决生产流程中存在的问题，如工艺衔接、氢气储存与输送等。

展望未来海上风电制氢模式演变、适应海洋环境制氢工艺开发、紧凑型轻量化电解槽设备设计、风机与电解槽一体化集成设备研制等是海上风电制氢技术发展趋势最主要的体现。

2. 海上风电制氢经济性仍面临挑战

电耗成本和电解槽投资折旧是风电、光伏制氢成本的主要构成。目前缺乏海上风电制氢工程案例参考，选择以陆上风电 PEM 电解槽制氢为例，两者分别约占制氢成本的 $50\%\sim60\%$ 和 $30\%\sim40\%$[22]。与风电、光伏发展过程中成本下降趋势相似，海上风电制氢正走在成本快速下降的通道。$2010\sim2021$ 年海上风电的平准化度电成本（levelized cost of energy, LCOE）下降 60%[23]，见表 4.4。BNEF 数据，过去 10 年 PEM 电解槽制造成本

表 4.4　2010 年与 2021 年不同技术的总装机成本、容量系数与平准化度电成本趋势

技术	总装机成本			容量系数			平准化度电成本		
	2010 年 /(美元/kW)	2021 年 /(美元/kW)	变化率 /%	2010 年 /%	2021 年 /%	变化率 /%	2010 年 /(美元/kW)	2021 年 /(美元/kW)	变化率 /%
生物能源	2714	2353	−13	72	68	−6	0.078	0.067	−14
地热	2714	3991	47	87	77	−11	0.050	0.068	34
水力发电	1315	2135	62	44	45	2	0.039	0.048	24
太阳能光伏	4808	857	−82	14	17	25	0.417	0.048	−88
聚光太阳能热发电	9422	9091	−4	30	80	167	0.358	0.114	−68
陆上风电	2042	1325	−35	27	39	44	0.102	0.033	−68
海上风电	4876	2858	−41	38	39	3	0.188	0.075	−60

数据来源：国际可再生能源机构发布的《2021 年可再生能源发电成本》。

下降超过 50%，未来海上风电度电成本、电解槽制造成本仍有较大的下降空间。另外碳价格走高以及政策支持等因素都将推动海上风电制氢成本进一步下降。BNEF 预测我国海上风电制氢成本将从 2021 年的 9.7 美元/kgH$_2$ 逐步下降至 2025 年的 5.8 美元/kgH$_2$，2030 年为 3.8 美元/kgH$_2$。

3. 海上风电场开发的商业模式需因地因海制宜创新

目前海上风电场以单一电力产品输出为主，随着波动性可再生能源并网比例提高，维护电网稳定性难度加大，海上风电消纳及调峰问题更突出。另外，从近海走向深远海，风资源量大，开发难度也更大，需要更丰富、更经济的多能源产品输出方案。海上风电制氢是全球认可的潜在重要解决方案，也是目前国内政策积极倡导探索氢储能的重要驱动因素。绿电-绿氢多能源产品方案要求海上风电开发商业模式需要革新、更加灵活。2022 年，道达尔能源、碧辟、壳牌、巴斯夫等能源及化工巨头入场竞争荷兰 Hollandse Kust West 海上风电项目就是最好的例子。日趋严苛的碳监管，迫使传统油气、炼油化工企业急需绿电、绿氢等创新性低碳技术来降低生产碳排放，这为海上风电及制氢带来巨大的应用空间。内部挖潜、外部联合是海上风电制氢应用推广的整体策略。"双碳"目标下，海上油气生产、储运设施减碳压力日益明显，开发油气田周边风电场，绿电接入降低油气生产设施碳排放和用电成本。海上风电余电制氢，调节平抑海上风电发电波动性，提高海上风电并网输送能力。依托弃置油气平台改造制氢站，实现平台功能增值，燃气透平掺氢就近利用绿氢，海管掺氢解决大规模海上风电制氢外输。另外，化工、炼油行业是全球氢气消耗两大用户。以 2000 万 t/a 的全加氢型炼油厂为例，氢气消耗量占原油加工量的 1.5%～2.5%，年耗氢量 30 万～50 万 t，全部用绿氢供应需配套 42 万～70 万 Nm^3/h 的电解水制氢厂，对应海上风电场规模达到 5～10GW。未来海上风电制氢替代现有炼厂、合成氨、甲醇等高二氧化碳排放的煤/天然气制氢是重要的终端绿氢应用场景。

4.4.2　海上风电制氢发展潜力

海上风电具有发电利用效率高、不占用土地资源、适宜大规模开发、风机水路运输方便、靠近沿海电力负荷中心等优势。世界银行数据显示，全球可用的海上风电资源超过 7.1 万 GW。2021 年，全球海上风电新增装机容量 21.1GW，同比增长两倍，创历史最大增幅，累计装机容量达 57GW。未来 5 年全球海上风电年均复合增长率预计达 8.3%，2022～2026 年累计新增装机容量将超 90GW[21]，全球海上风电发展潜力巨大。

《氢能产业发展中长期规划（2021—2035 年）》指出，到 2025 年基本掌握核心技术和制造工艺，初步建立以工业副产氢和可再生能源制氢就近利用为主的氢能供应体系。2030 年，可再生能源制氢广泛应用，2035 年，可再生能源制氢在终端能源消费中的比重明显提升，对能源绿色转型发展起到重要支撑作用。

目前，我国海上风电累计装机规模全球最大。海上风电场毗邻东部沿海工业集群氢气消费中心，开发海上风电制氢可实现氢气就近利用，解决氢气储运难题，发展潜力大。我国海上风能资源丰富，5～50m 水深、70m 高度的海上风电可开发资源量约 5×10^{8}kW，海上风电效率较陆上风电具有更高的能源效益。根据各省规划统计数据，到 2035 年我国海上风电装机容量将达到 $1.3×10^8$kW 左右[24]。现阶段我国近海风资源开发趋于尾声。更大规模的海上风电开发走向深远海是必然趋势，也将面临电力送出与消纳难题。海上风电并网的典型技术路线包括常规交流送出、低频交流送出和柔性直流送出等。特高压交流输电在离岸 100km 以上时由于能量损失较高，经济性较差；特高压直流输电可降低电损，但电力输送成本增加。海上风电制氢使深远海风电场开发成为可能。以 1GW 海上风电场为例，年等效发电 3400h，仅需配置 50000t/a 的电解水制氢厂即可消纳全部风电。海上风电制氢有效解决了风电的波动性问题，增加了整个能源系统的灵活性和多样性，而且不再需要建设昂贵的海缆和升压站，也不受制于上网电价和陆上电网消纳的制约。

结合政策趋势，海上风资源禀赋、电解水制氢技术进步以及经济性等因素，对海上风电制氢资源量、制氢潜力及碳减排量进行测算（表 4.5），预测 2030 年海上风电制氢初具规模达到 21 万 t，之后有望进入商业化发展阶段，达到百万吨级规模。同时与天然气、煤炭制氢相比，海上风电制氢可增加 10～20 倍的碳减排，伴随制氢规模增长，碳减排量可达亿吨级别。

表 4.5　海上风电制氢资源量及潜力测算

年份	风电装机容量/GW	氢储能比例/%	制氢量/(万 t/a)	碳减排量/(万 t/a)
2030	130	3	21	209～418
2040	260	10	155	1548～3095
2050	390	15	386	3861～7721
2060	520	20	760	7597～15195

4.4.3　海上风电制氢发展战略

《氢能产业发展中长期规划(2021—2035 年)》明确，氢能是未来国家能源体系的重要组成部分，是用能终端实现绿色低碳转型的重要载体，是战略性新兴产业和未来产业重点发展方向。充分发挥氢能作为可再生能源规模化高效利用的重要载体作用及其大规模、长周期储能优势，促进异质能源跨地域和跨季节优化配置，推动氢能、电能和热能系统融合，促进多元互补融合的现代能源供应体系形成。

"双碳"目标下，海洋油气生产企业正面临外部日益严苛的碳监管和内在能源转型的迫切需求。双重压力下，海洋油气生产企业制定海上风电制氢发展战略可选择内部挖潜、外部联合的发展策略。发电和火炬燃放是海上油气生产的主要碳排放源，也是油气生产降碳的主攻方向。围绕油气田周边风资源的开发，海洋油气生产企业应积极探索将弃置油气平台改造为海上风电制氢站，实现油气平台价值的延续，依托现有海底天然气管道基础设施输氢，解决大规模海上风电制氢外输，降低海上风电制氢储运成本。应用端探索海上风电制氢与内部油气平台伴生气燃气轮机掺氢发电集成或氢燃料电池发电替代平台原油/天然气发电，可实现伴生气充分利用，减少火炬燃放，降低原油、天然气消耗和油气生产碳排放，解决海上风电消纳及绿氢就地利用，推动油气低碳开发与海上风电融合发展。

4.5　小　结

"双碳"目标下，海上可再生能源的开发在能源绿色低碳转型的进程中可谓是方兴未艾、炙手可热，作为可再生能源装机量的一部分将发挥重要且独特的作用。其中海上风电、海上光伏、海洋能、海上氢能等海上可再生能源是发展海洋经济的重要形式，已成为替代能源的重要选择。

就海上风电来说，目前我国海上风电开发已经进入规模化、商业化发展阶段，成为海上新能源产业发展的重点。我国海上风能资源丰富，行业开发前景广阔。近年来，海上风电并网装机容量持续增长。现阶段海上风电的成本下降、风机大型化、深远海发展、漂浮式风机、深远海输电并网技术等主要现状和趋势决定了海上风电由近海到远海、由浅水到深水、由小规模示范到大规模大型化集中开发，以及向数字化、智能化和精准化的方向发展等。值得一提的是，海上风电和其他产业的融合发展可以作为未来顶层设计重点考虑的内容。

就海上光伏来说，在"双碳"目标下，受国家新能源政策刺激和减碳压力的双重作用，我国各沿海省份已开始重视海上光伏产业发展。相对于陆上光伏，海上光伏不受土地资源约束，光资源丰富，同时可通过与海上风电场的协同发展优化资本投入，提高整体投资收益，为沿海地区的巨大电力需求提供持续稳定的绿色电力供应。

对于海洋能，在全球范围内，部分国家对海洋能已经开展了大量的研究及示范工程及少量的产业化应用，但我国仍处于起步发展阶段。海洋能总量巨大，但时空分布不均、利用方式多样、技术水平不一，不存在通用解。我国海洋能开发利用在关键技术突破及经济性角度仍面临较大挑战。绿色低碳发展趋势下，油气企业发展海洋能可采取依托国家政策、突破关键技术、拓宽应用场景的战略。以低本高效为目标，开发海洋能高效转换新技术、新装备，推动海洋能开发利用技术向规模化、产业化发展，同时跟踪研究新型海洋能发电技术；针对不同技术特点，寻找适宜的开发场景，开展波浪能与海上风电、光伏等多能互补，促进可再生能源开发与海水淡化、海洋牧场、观光旅游等产业融合，能源岛型式的一体化集成耦合开发将是未来海洋能开发的重点。

对于海上氢能，全球海上风电制氢处于技术示范阶段，电解槽等关键技术基本成熟，但整体经济性仍面临挑战。我国海上风资源禀赋好，海上风电、氢能消费市场以及沿海碳排放集中区域重叠，具备规模化开发海上风电制氢就近消纳和区域脱碳减排的先天条件。"双碳"目标下，油气企业发展海上风电制氢可选择内部挖潜、外部联合的发展策略。依托现有油气设施，参与并推动海上风电发电、制氢、储运及应用全链条产业的发展和降本，加速油气开发与海上新能源融合发展的步伐，实现油气企业绿色低碳转型。

总体而言，海上可再生能源处于商业化前期阶段，仍需要从海洋空间规划，海上可再生能源及电网基础设施，海上可再生能源监管框架、投资、技术研究创新，供应链与价值链等六个方面采取行动，制定远景发展战略，保障能源安全，促进能源转型。

参 考 文 献

[1] 国际电力发电网. 日本海上风力发电的现状介绍[EB/OL]. (2020-08-21)[2024-07-24]. https://wind.in-en.com/html/wind-2390528.shtml.

[2] 全国能源信息平台. 亚洲最具潜力新兴市场? 韩国可再生能源 3020 计划详解! [R/OL]. (2019-12-30)[2022-12-30]. https://baijiahao.baidu.com/s?id=165430696528511172&wfr=spider&for=pc.

[3] 未来智库. 海上风电行业专题报告: 蓝海崛起, 海上风电迎来黄金发展期[EB/OL]. (2021-12-05)[2024-07-24]. https://finance.sina.com.cn/stock/stockzmt/2020-11-25/doc-iiznezxs3684551.shtml.

[4] Nihous G C. A preliminary assessment of ocean thermal energy conversion resources[J]. Journal of Energy Resources Technology, 2007, 129(1): 10-17.

[5] Mrk G, Barstow S, Kabuth A, et al. Assessing the global wave energy potential[C]//International Conference on Ocean, Shanghai, 2010.

[6] Skilhagen S E, Dugstad J E, Aaberg R J. Osmotic power — power production based on the osmotic pressure difference between waters with varying salt gradients[J]. Desalination, 2008, 220(1-3): 476-482.

[7] IRENA. Innovation outlook: Ocean energy technologies, International Renewable Energy Agency, Abu Dhabi[OL]. (2020-10-10)[2022-12-10]. https://www.irena.org/-/media/Files/IRENA/Agency/Publication/2020/Dec/IRENA_Innovation_Outlook_Ocean_Energy_2020.pdf?rev=c5025e856b1f4a4c8eda2b8e5b10c974.

[8] IRENA. Offshore renewables: an action agenda for deployment, International Renewable Energy Agency, Abu Dhabi[OL]. (2021-07-10)[2022-12-14]. https://www.irena.org/-/media/Files/IRENA/Agency/Publication/2021/Jul/IRENA_G20_Offshore_renewables_2021.pdf?rev=9e3ad6549dd44dc9aaaaedae16b747bb.

[9] Marine Renewables Canada. Marine renewable energy in Canada & the global context: state of the sector report-2013[R/OL]. (2012-11-10)[2022-11-10]. https://fern.acadiau.ca/custom/fern/document_archive/repository/documents/213.pdf.

[10] 路晴, 史宏达. 中国波浪能技术进展与未来趋势[J]. 海岸工程, 2022, 41(1): 1-12.

[11] 王项南, 麻常雷. "双碳" 目标下海洋可再生能源资源开发利用[J]. 华电技术, 2021, 43(11): 91-96.

[12] 李晓超, 乔超亚, 王晓丽, 等. 中国潮汐能概述[J]. 河南水利与南水北调, 2021, 50(10): 81-83.

[13] 薛碧颖, 陈斌, 邹亮. 我国海洋无碳能源调查与开发利用主要进展[J]. 中国地质调查, 2021, 8(4): 53-65.

[14] 麻常雷, 夏登文, 王萌, 等. 国际海洋能技术进展综述[J]. 海洋技术学报, 2017, 36(4): 70-75.

[15] 张继生, 汪国辉, 林祥峰. 潮流能开发利用现状与关键科技问题研究综述[J]. 河海大学学报(自然科学版), 2021, 49(3): 220-232.

[16] 刘伟民, 麻常雷, 陈凤云, 等. 海洋可再生能源开发利用与技术进展[J]. 海洋科学进展, 2018, 36(1): 18.

[17] 武贺, 王鑫, 李守宏. 中国潮汐能资源评估与开发利用研究进展[J]. 海洋通报, 2015, 34(4): 7.

[18] 韩家新. 中国近海海洋: 海洋可再生能源[M]. 北京: 海洋出版社, 2015.

[19] 新华社. 中央经济工作会议举行 习近平李克强作重要讲话[EB/OL]. (2020-12-18)[2024-07-24]. https://www.gov.cn/xinwen/2020/12/18/content_5571002.htm.

[20] Hydrogen Council, McKinsey & Company. Hydrogen insights 2021[R/OL]. (2021-02-20)[2024-07-23]. https://www.doc88.com/p-77839093594244.html?r=1.

[21] 中华人民共和国国家发展和改革委员会. 氢能产业发展中长期规划(2021—2035 年)[R/OL]. (2022-03-23)[2024-07-23]. https://www.ndrc.gov.cn/xxgk/zcfb/ghwb/202203/t20220323_1320038.html.

[22] IRENA. Green hydrogen cost reduction: Scaling up electrolysers to meet the 1.5℃ climate goal[R/OL]. (2020-12-01)[2024-07-23]. https://www.irena.org/publications/2020/Dec/Green-hydrogen-cost-reduction.

[23] IRENA. Renewable power generation costs in 2021[R/OL]. (2022-07-17)[2024-07-23]. https://www.irena.org/publications/2022/Jul/Renewable-Power-Generation-Costs-in-2021.

[24] 刘吉臻, 马利飞, 王庆华, 等. 海上风电支撑我国能源转型发展的思考[J]. 中国工程科学, 2021, 23(1): 149-159.

第 5 章　海上 CCUS 发展战略

5.1　CCUS 对碳中和的作用

IEA 报告[①]指出，要实现可持续发展情景，2023 年全球 CCS/CCUS 项目的二氧化碳捕集规模需增加到约 8.4 亿 t/a 以上，2050 年需要增加到 56.4 亿 t/a 以上，并需要额外投资 2.5 万亿~3 万亿美元，作为大规模化石能源净零排放的唯一技术，是显现碳中和不可或缺的唯一技术。本节将从气候变化的视角分析 CCUS 技术对中国以及对海上油气行业碳中和的作用。

5.1.1　CCUS 在中国碳中和中的作用

CO_2 海洋封存是 CCUS 技术的应用场景之一。CO_2 地质封存(CCS/CCUS)是规模化降低温室气体排放的最有效技术选择，也是实现"双碳"目标，实现可持续发展的必由之路[1]。温升不超过 2℃情景下，至 2060 年全球地质封存(CCS/CCUS)累计碳减排贡献可达 32%。

我国 CO_2 封存具有"源东汇西"的特点，CO_2 排放主要集中于东部地区，但陆上大型有利封存场所主要分布在西部地区。利用海上沉积盆地，开展 CO_2 地质封存探索势在必行。不同于陆地封存，海洋封存远离居民区，除岩石盖层外，表层更有海水的压力和阻隔，项目运行风险性大大降低，海洋封存比陆地封存更可靠和易于监测。我国学者开展了一系列 CO_2 海洋封存技术研究，提出了"陆上实验，海洋封存"的观点，认为海洋封存具有陆上封存不可比拟的优势。

我国近海海域发育了渤海湾、莺歌海以及琼东南盆地等 10 多个大中型新生代沉积盆地，总面积达 $9 \times 10^5 km^2$，封存潜力巨大。据估算，海上沉积盆地 CO_2 地质封存总量可达 7748 多亿 t。

能源结构决定了我国煤炭在短期内仍是主导能源，占 CO_2 排放总量的 80%左右，这种能源结构在短期内难以根本改变，且随着经济发展和能源消费增长，CO_2 减排的挑战将更加严峻。我国沿海地区众多已建和在建的火力发电厂、钢厂、水泥厂等其他大型工厂是主要的 CO_2 排放源，海上 CCUS 可以实现我国在现有能源结构下，保持经济发展活力、落实降碳目标、实现环境保护与能源安全双赢。

5.1.2　CCUS 对海上油气低碳发展的作用

在碳中和背景下，油公司面临的一项重大挑战是低碳发展转型路径的制定，主要体现在增加新能源投资，同时抑制传统化石能源的投入强度。因此油公司低碳转型的关键矛盾是化

---

① IEA. Net Zero Roadmap A Global Pathway to Keep the 1.5℃ Goal　in Reach , 2023 Update. https://iea.blob.core.windows.net/assets/ac433d3a-3f9e-482e-b8bf-17653b1c4024/NetZeroRoadmap-2023Update-ExecutiveSummary.pdf.

石能源有序退出与能源安全保障之间的矛盾。根据文献调研，国际油公司的低碳转型策略可以划分为激进型和温和型两类转型策略。激进型转型策略主要体现在采取更为大胆的措施，主动降低油气主业的比例，全力发展风能和太阳能等，大幅降低碳排放强度，并且给出净零排放时间表。而温和型转型策略认为减碳是一个较为长期的过程，以稳定油气主业核心，发展天然气等低碳资源，加强 CCUS 等技术研发，逐渐完成减碳目标。我国能源结构以煤炭为主，石油、天然气等优质化石能源相对不足，也面临着较为严重的环境污染问题。因此，温和型低碳转型策略是当前条件下我国油公司的最优选择。根据能源消费远景预测，在 2050年化石能源仍然占我国能源消费的 10% 以上，高排放企业在采取碳减排策略后，仍会有 34%的碳排放量无法处理，则 CCUS 是实现净零排放的关键技术路径，也是最终的兜底路径。

具体而言，海上 CCUS 是将捕集后的 CO_2 充注到海底以下的地层储存体中，主要是废弃的油气田和咸水层，海底封存因为其远离咸水层，除岩石盖层外，表层更有海水的压力和阻隔，局部风险大大降低，相当一部分研究认为海底地质封存可能是未来 CO_2 封存的首要选择。相比于陆地，由于长期的海水交换作用，海底地层中的孔隙流体与正常海水的化学组分更接近，这可以间接地简化海底地质封存的压力管理过程。陆地封存由于不提取咸水，初期注入的 CO_2 往往破坏地下原有的压力平衡状态，进而影响后续的注入速度和总的封存容量，并增大了泄漏的危险性。综上所述，海上 CCUS 是海上油气低碳转型的关键路径。

目前在我国开展的海上 CCUS 还存在诸多问题。首先，缺少相应的政策法规支撑。《"十二五"国家碳捕集利用与封存科技发展专项规划》中主要针对适合我国陆相沉积层特点的 CO_2 封存基础理论、评价方法、对策技术等做出了相关规定，有关海上 CCUS 的措施规定几乎是空白。政府的配套政策不到位制约海上 CCUS 技术发展。其次，CCUS技术成本包括捕集、输送、利用与封存四部分，由于我国在此项技术领域起步较晚，需要以一定的成本投入作为保障。但由于资金投入不足、融资渠道过于单一和激励机制的缺乏，使得现有海上 CCUS 在金融支持方面存在问题。同时，技术支撑与保障不足，缺乏大规模的海上集成示范，制约海上 CCUS 研究的推进和大规模推广。

鉴于海上 CCUS 将会对海洋领域节能减排工作有巨大潜在贡献，而我国近海地区的大型沉积盆地具有良好的 CO_2 封存地质条件和巨大的封存容量，同时考虑到我国封存研究起步较晚，海上地质封存更是空白的现实情况，有必要紧跟国际步伐，做好相关政策规划、资金筹措、技术研发、风险管理、试点运行等前期储备工作，逐步推动海上 CCUS技术规模化发展。完善法律法规，推出配套政策，完善海上 CCUS 产业发展规划，健全科技统筹协调机制。增加财政支持，拓宽融资渠道，支持和加大海上 CCUS 研发力度，保障 CCUS 技术攻坚。建立大规模的 CO_2 捕集、利用与海底封存海上试点示范项目。

5.2 海上 CCUS 发展现状及趋势

CCS/CCUS 技术将二氧化碳从能源、工业等相关排放源中捕集、运输、封存或利用，实现二氧化碳与大气的长期隔绝，是目前国际公认的应对气候变化、实现气候治理目标最可行、最具发展潜力的减排技术[2]。油公司在开展 CCS／CCUS 业务方面具有特定的优势，将其作为低碳与新能源领域布局的重点。

5.2.1　国内外海上 CCUS 项目发展现状及趋势

1. 国外海上 CCUS 项目发展现状与趋势

2020 年起，全球 CCUS 项目爆发式增长，截至 2021 年 9 月 5 日，全球 CCUS 项目已有 170 个，其中，已完成使命的有 49 个，剩下的 121 个在开发、建设或者运营中，较 2020 年翻一番，年封存量 4000 万 t。而海上 CCUS 项目 25 个，运行中 9 个，其中咸水层 7 个，油气藏 2 个，年封存能力 1500 万 t。目前 CCUS 行业仍总体保持增长势头，2010～2020 年全球有 121 个 CCUS 项目投入运营，是 1990～2000 年的 3.36 倍（图 5.1）；就目前已公布的项目来看，2020～2030 年至少会有 61 个项目投入运营。

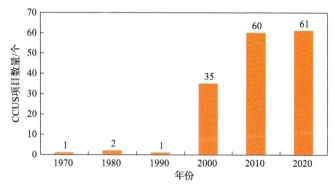

图 5.1　1970～2020 年全球 CCUS 项目数量情况

目前在全球 25 个国家均有部署 CCUS 项目，美国和欧盟在 CCUS 项目部署上处于领先地位。2021 年美国和欧盟新增 CCUS 项目约占全球 2021 年新增项目数量的 3/4，累计项目约占全球累计项目数量的 63%，主要原因在于美国、欧盟对于 CCUS 技术的政策支持力度较强（图 5.2）。

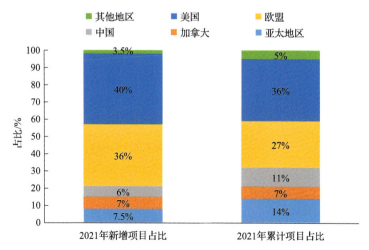

图 5.2　截至 2021 年 11 月全球 CCUS 项目在主要国家和地区的分布情况

迈向碳中和：我国海洋油气行业低碳发展战略与转型路径

从全球 CCUS 下游应用来看，在全球范围内 70%的 CCUS 的碳源主要来自天然气加工（通常开采出的天然气中含有一定成分的 CO_2，需要去除后得到净化的天然气以供出售）(图 5.3)。

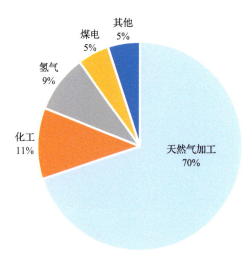

图 5.3　2020 年全球 CCUS 在不同行业的应用

全球 CCUS 发展应聚焦三个方面。一是出台更多扶持政策，为 CCUS 投资创造更具持续性和可行性的市场，这对于实现净零排放目标所需的项目规模和推进速度至关重要。政策制定还需有的放矢，根据具体技术应用场景、成熟度、成本和地区偏好进行定制，还应从 CCUS 产业链角度出台政策鼓励对碳运输和存储设备项目早期投资。对于不太成熟的高成本 CCUS 项目，应进行补贴以解决项目早期可能遭遇的成本过高、商业和技术风险过大等问题。这些项目往往规模不大，实施过程也较耗时，可能成为公共预算沉重的包袱。如何在扶持这类项目的同时平衡公共支出，将考验各国政府的智慧。二是发展 CCUS 产业集群，共享基础设施。以碳运输和存储基础设施共享为特色的 CCUS 产业集群，有助于带动小型 CCUS 项目，满足其储碳需求，又能迅速高效推动基础设施投资，是未来的主要发展方向。各国政府应在碳运输和存储基础设施项目的早期规划和协调方面发挥主导作用，包括加强碳储能力设计、更多储碳空间，将有效缩短未来 CCUS 项目的完成周期。三是大力发展碳储层。在不大幅增加碳储投资的情况下，碳储存能力成为 CCUS 发展的"天花板"。以往经验表明，建设碳捕集设施所需时间远少于确定适合的储碳场所所需时间，后者往往需要 5～10 年，这显然不利于 CCUS 项目的整体推进。考虑到欧洲碳税不断上调，未来 10 年碳存储很可能供不应求。

2. 国内海上 CCUS 项目发展现状及趋势

作为实现碳中和的重要手段，我国 CCUS 减排需求 2030 年为 0.2 亿～4.08 亿 t，2060 年为 10 亿～18.2 亿 t。我国 CCUS 起步较晚，已投运和计划建设的 CCUS 示范项目 49 个，基本全是陆上项目，年封存量 300 万 t。目前海上 CCUS 项目尚在规划阶段，2021 年启动 EP15-1 首个海上 CO_2 封存项目，设计封存量达 30 万 t/a。

目前，我国二氧化碳埋存集中在陆上，海上鲜有研究。国内 CCUS 技术起步较晚。因此，以下介绍我国 CCUS 政策、发展现状及趋势。

1）我国 CCUS 项目现状分析

我国各类 CCUS 技术覆盖面较广，相关项目涵盖了咸水层封存、二氧化碳驱油、二氧化碳驱替煤层气等多种关键技术。目前，CCUS 示范工程投资主体基本是国内大型能源企业，截至 2019 年底，我国共开展了 9 个捕集示范项目、12 个地质利用与封存项目，其中包含 10 个全流程示范项目。所有 CCUS 项目的累计二氧化碳封存量约为 200 万 t（表 5.1）[3]。

表 5.1　我国部分 CCUS 和 CCS 示范项目情况

项目名称	捕集方式	规模	利用与封存方式	投运情况
华能集团上海石洞口碳捕集示范项目	燃煤电厂燃烧后捕集	12 万 t/a	食品级和工业用	2009 年投运间歇运营
中电投重庆合川双槐电厂 CO$_2$ 捕集工业示范项目	燃煤电厂燃烧后捕集	1 万 t/a	工业利用	2010 年投运在运营
中国石化胜利油田碳捕集和驱油示范项目	燃煤电厂燃烧后捕集	第一阶段 4 万 t/a；第二阶段 100 万 t/a	驱油	第一阶段 2010 年投运
华中科技大学富氧燃烧项目	燃煤电厂富氧燃烧	10 万 t/a	工业利用	2014 年建成暂停运营
连云港清洁煤能源动力系统研究设施	IGCC 燃烧前捕集	3 万 t/a	盐水层封存	2011 年投运在运营
神华集团鄂尔多斯 CCS 示范项目	煤化工燃烧前捕集	10 万 t/a	盐水层封存	2011 年投运，2015 年暂停
延长石油 CCUS 项目	煤化工燃烧前捕集	5 万 t/a	靖边油田驱油	2012 年建成运营
天津北塘电厂 CCUS 项目	燃煤电厂燃烧后捕集	2 万 t/a	食品级利用	2012 年投运在运营
新疆敦华绿碳 CCUS 项目	石油炼化厂燃烧后捕集	6 万 t/a	克拉玛依油田驱油	2015 年投运在运营

注：IGCC 为整体煤气化联合循环，integrated gasification combined cycle。

CCUS 是一项流程复杂的技术，具有较长的产业链，产业内各行业间的相关性较强，对资金的需求量很大。扶持政策对 CCUS 的发展会起到至关重要的作用，《中国人民银行　发展改革委　证监会关于印发〈绿色债券支持项目目录（2020 年版）〉的通知（征求意见稿）》，CCS 首次纳入其中，进一步拓展了项目融资渠道。

《中华人民共和国国民经济和社会发展第十四个五年规划和 2035 年远景目标纲要》也提出，开展 CCUS 重大项目示范。从长期来看，CCUS 对于碳中和是不可或缺的技术，而且发展规模将快速增长。可以预见，未来 5 年开展重大项目示范，将推动 CCUS 在 21 世纪 30 年代初步实现产业化，对于 2060 年前实现我国碳中和目标意义重大（表 5.2）。

2）我国 CCUS 行业市场现状分析

CCUS 作为碳减排技术之一，主要优点是碳减排潜力大、可促进煤等化石能源的清洁利用，较符合我国国情。目前我国 CCUS 应用程度尚浅且项目规模较小，因此按不同行业的 CCUS 项目数量进行分析，超过 30% 的项目用于煤电碳减排(图 5.4)。

表 5.2　我国 CCUS 政策现状

年份	部门	政策内容	影响
2007	科学技术部、国家发展和改革委员会等	《中国应对气候变化科技专项行动》	CCUS 被列为重点任务
2013	国家发展改革委	《国家发展改革委关于推动碳捕集、利用和封存试验示范的通知》	推动 CCUS 试验示范
2013	环境保护部办公厅	《关于加强碳捕集、利用和封存试验示范项目环境保护工作的通知》	对 CCUS 示范项目进行环境影响评价
2016	国务院	《"十三五"国家科技创新规划》	加快 CCUS 核心关键技术研发
2020	中国人民银行、发展改革委、证监会	CCUS 被纳入《绿色债券支持项目目录》	拓宽融资渠道
2021	第十三届全国人民代表大会	《中华人民共和国国民经济和社会发展第十四个五年规划和 2035 年远景目标纲要》提出，开展 CCUS 重大项目示范	大力发展 CCUS 相关科技与技术
2021	国务院	《国务院关于加快建立健全绿色低碳循环发展经济体系的指导意见》	开展 CCUS 试验示范
2021	国家发展改革委	《国家发展改革委办公厅关于请报送二氧化碳捕集利用与封存(CCUS)项目有关情况的通知》	科学评估 CCUS 技术和项目现状
2021	中国人民银行	碳减排支持工具对碳减排技术的支持，其中包括 CCUS 技术	拓宽融资渠道

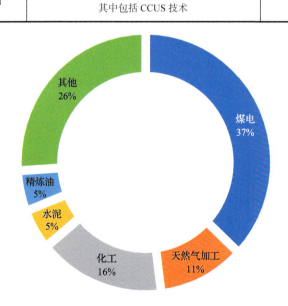

图 5.4　2020 年我国 CCUS 在不同行业的应用

根据 IEA 在可持续发展情景下对各行业 CCUS 减排贡献的测算,钢铁、水泥、化工、燃料转化、发电行业等在 2070 年利用 CCUS 技术将会实现累计 31%、61%、33%、92%、25%的减排量。贡献比例不同主要是由于不同行业使用 CCUS 的技术成本(排放源浓度不同所导致)、替代技术的可行性与相对成本等存在差异(图 5.5)。

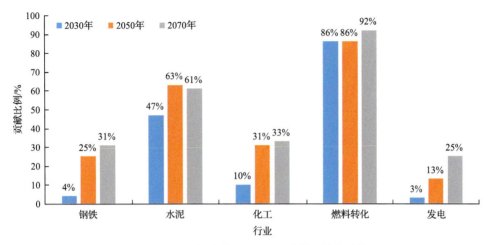

图 5.5　IEA 对不同行业 CCUS 减排贡献的计算

从总排放规模上看,我国排放量占比较大的碳源主要来自热电厂、水泥、钢铁、煤化工等行业,但前三者均属于低浓度排放源,仅煤化工属于高浓度排放源;由于不同行业碳源浓度、杂质组分不同,所使用的捕获技术是有差异的,当前从高浓度排放源进行捕获面临的技术挑战较少,相对成熟。此外在单企业排放规模上,热电厂、水泥、钢铁、煤化工单一碳源排放规模均较大。从分布上看,热电厂、水泥、钢铁、煤化工行业企业主要分布于经济发达的东部地区,与我国人口、经济发展状况分布类似(表 5.3)。

表 5.3　我国 CCUS 碳源基本情况

碳源行业	排放量占比 /%	企业排放量规模 /(亿 t/a)	碳源浓度特点	碳源分布
热电厂	32	10	低浓度排放源	东南沿海、华北及东北地区
水泥	22	1~30	低浓度排放源	东南沿海一带经济发达地区和西南地区,在西北和东北地区分布较少
钢铁	21	1~30	低浓度排放源	华东、华南地区
煤化工	17	1~30	高浓度排放源	山西、陕西一带及新疆
合成氨	3	小于 5	低浓度排放源	华东、华南及新疆
电石	1	小于 5	中浓度排放源	新疆和东北地区
石油炼化	2	小于 5	低浓度排放源	东北地区等
聚乙烯	2	小于 5	中浓度排放源	华北地区,在东北和新疆有少量

随着成本降低、技术进步、政策激励，CCUS 技术在 2025 年产值规模超过 200 亿元，到 2050 年超过 3300 亿元，按保守情形估计 2025～2050 年平均年增长率为 11.87%（图 5.6）。

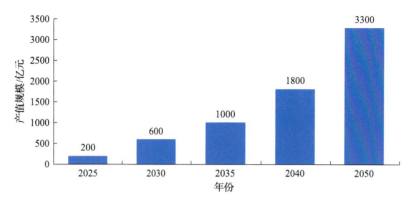

图 5.6　2025～2050 年我国 CCUS 产值规模预测

5.2.2　CCUS 技术现状、问题与挑战

近年来，CCUS 发展态势迅猛，仅 2021 年各国就"官宣"约 100 个新 CCUS 项目，这主要得益于全球对 CCUS 作用的认可。然而，按照 IEA 的净零预测场景，即使这些项目全部投运，2030 年的碳捕集率仍不足预计总量的 15%。而这些项目能否投运，还有很大不确定性。本节将从技术方面分析 CCUS 技术发展现状，以及面临的问题及挑战，以期为海上 CCUS 技术发展提供参考。

1. CCUS 技术概览

从整体来看，CCUS 全流程可以分为捕集、运输、封存或利用三个阶段（图 5.7）。

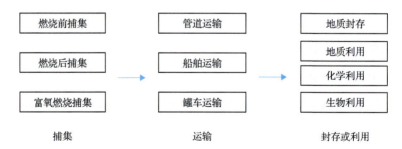

图 5.7　CCUS 全流程的三个阶段

1）捕集

CO_2 捕集是整个 CCUS 流程中的初始环节，根据能源系统与 CO_2 分离过程集成方式的不同，CO_2 捕集技术可分为燃烧后捕集、燃烧前捕集和富氧燃烧捕集。当前燃烧前捕集已基本具备商业运行能力，成本为 150～250 元/t；燃烧后捕集已处于商业示范阶段，成本 250～350 元/t；富氧燃烧捕集处于工业示范阶段，成本约 350 元/t（表 5.4）。

表 5.4　**CO₂ 捕集相关成本、范围和能耗影响**

参数	燃烧前捕集	燃烧后捕集	富氧燃烧捕集
捕集成本	150～250 元/t	250～350 元/t	约 350 元/t
建设成本	较高	低	高
应用范围	窄	广泛	较窄
能耗影响	10%以下	9%～15%	7%～12%

（1）燃烧前捕集

目前燃烧前捕集方式主要应用于 IGCC 系统中。IGCC 技术通过把煤气化技术与燃气-蒸汽联合循环发电系统结合起来，先将煤气化成煤气，再经过水煤气变换后生成 CO_2 和 H_2，然后将混合气送入燃气轮机的燃烧室燃烧，加热气体工质以驱动燃气透平做功，燃气轮机排气进入余热锅炉加热给水，产生过热蒸汽驱动蒸汽轮机做功。此时排气压力和 CO_2 浓度都很高，较易对 CO_2 进行捕集，因此具有最低的捕集成本和能耗。此外，IGCC 电厂的效率相比传统燃煤发电厂和增压流化床联合循环(pressurized fluidized bed combined cycle, PFBC)更高，可以在一定程度上减轻碳捕集装置的额外能源消耗影响。燃烧前捕集过程能耗远低于燃烧后捕集影响可控制在 10%以下(图 5.8)。

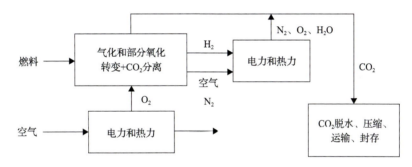

图 5.8　燃烧前捕集技术

燃烧前捕集技术具有捕集系统小、能耗低、运营经济性较高的优点，因此受到广泛关注。然而，由于目前的燃烧前捕集技术与 IGCC 发电技术的高度结合使其无法应用于现有燃煤电厂的改造升级中，因此面临着新建电厂的较大投资成本和技术不成熟的低可靠性等问题。

（2）燃烧后捕集

燃烧后捕集即在燃烧排放的烟气中捕集 CO_2，理论上可以应用于现有的所有 CO_2 排放系统中。烟气先经过脱硝和脱硫以及除尘和冷却以防止溶剂降解，再送入含吸收剂的吸收器中进行 CO_2 吸附，然后通过减压加热等手段解吸吸附剂中的 CO_2 进行吸收剂再生。化学吸收法使用常胺类溶剂如乙醇胺、二乙醇胺、醇胺等来吸收净化烟气中的 CO_2，因其 CO_2 吸收能力较强且对酸性气体具有良好的选择性。常用的燃烧后捕集技术除了化学吸收法(利用酸碱性吸收)，还有物理吸附法(变温或变压吸附)和膜分离法。相对于化学吸收法，物理吸附法的工艺过程更为简单且运行能耗更低，但其存在处理负荷低、吸附剂吸附容量有限、吸附剂消耗量高的问题。膜分离法具有能耗低、设备尺寸小、操作和维护简单、兼容性强等优势，虽正处于发展阶段，但却是公认的在能耗和设备紧凑性方面具有非常大潜力的技术。

由于燃烧后烟气压力小、体积大、CO_2 浓度低、含有较多杂质气体，相对其他两种捕集方式燃烧后捕集系统更为庞大复杂，捕集能耗和成本都较高。采用燃烧后捕集的方式会导致电厂热效率下降 9%～15%。然而由于其广泛的适应性以及较低的设备改建成本使其拥有目前最为广泛的应用。

（3）富氧燃烧捕集

富氧燃烧捕集，即通过空气分离等手段让燃料在高纯度 O_2（如 95%纯度或以上的 O_2）中燃烧，从而获得高浓度 CO_2 烟气。燃烧后的混合气体主要为 CO_2 和 H_2O，其中 CO_2 浓度可以达到 90%以上，可以通过简单的冷凝直接将 CO_2 分离。因其存在 O_2 分离过程中能耗较高、应用范围较窄、富氧燃烧条件对设备要求较高等问题，因此应用较少。采用富氧燃烧的方式进行碳捕集平均会导致火电厂热效率下降 7%～12%。目前富氧燃烧捕集还处于研究阶段，暂无商业化应用项目。

2）运输

CO_2 运输是 CCUS 技术实现的中间环节，该环节承担着将 CO_2 从捕获地运输到封存地的重要任务，对整个 CCS 技术的成功运营起着至关重要的作用。CO_2 的运输状态主要是气态、超临界状态、液态、固态。从大规模运输的可行性来看，流体态（气态、超临界状态和液态）更便于运输。CO_2 的运输与天然气的运输有许多相似之处，主要有船舶运输、罐车运输以及管道运输等多种运输方式。从技术层面来讲，这几种运输方式都是可行的，但这几种运输方式各有利弊，且适用范围也不尽相同（表 5.5）。

表 5.5　三种运输方式比较

参数	管道运输	船舶运输	罐车运输
运输相态	气、液、密、超临界	液、密	液相
前期投入	高	较高	低
运营费用	低	较低	高
运输能力	高	较高	低
适用范围	长期、大流量	长距离	短期、流量多变

（1）管道运输

在三种运输方式中，CO_2 管道运输是技术最成熟的，也是应用范围最广的运输方式。自 1972 年 Canyon Reef Carriers（CRC）公司第一条 CO_2 输送管道建成投产以来，国内外已经有了超过 50 年的 CO_2 管道运输经验。CO_2 管道可以运输液态、气态、超临界/密相等不同相态 CO_2，根据管道所处地理位置、输送距离和公众安全等问题选择最适合的运输状态。

从流体力学角度上讲，气态 CO_2 在管道内的最佳流态处于完全湍流区，因此气相运输的单位压降为四种相态中最高，结合气态 CO_2 密度较低的特点，运输同样质量的 CO_2 采用气相运输的管径最大。此外，由于北方冬季环境温度低，气相 CO_2 管道需要包覆保温材料从而防止管内相变的发生。这进一步加剧了成本劣势。然而，在南方地区及人口稠密区，其安全性较高、运输压力较低的特点使其在汇集多点碳源集中处理的情境下依然是首选方案。

液态与超临界 CO_2 在管道内则处于水力光滑区，结合超临界/密相 CO_2 高密度、低黏度的特点，具有较高的运输效率。液相 CO_2 管道运输因为需要额外考虑保温，应用较少。CO_2 在高压下具有密度大、黏度小的特点，因此当采用密相/超临界运输时可以通过降低管径来减少管道建设成本。

(2) 船舶运输

由大连船舶重工集团有限公司为北极光 CCS 项目设计制造的 $7500m^3$ 级 CO_2 运输船于 2024 年 4 月完成交付。CO_2 运输船舶根据温度和压力参数的不同可分为三种类型：低温型、高压型和半冷藏型。低温型船舶是在常压下，通过低温控制使 CO_2 处于液态或固态；高压型船舶是在常温下，通过高压控制使 CO_2 处于液态；半冷藏型船舶是在压力和温度的共同作用下使 CO_2 处于液态。

由于涉及液化过程和保冷过程，从工艺角度上来说，CO_2 船舶运输耗能相对常规距离的管道运输更高。此外，因为需要额外安装 CO_2 储罐和制冷液化装置，其前期资本投入更高。然而，船舶运输具有灵活的特点，可以较为方便地进行多源运输。当碳源位置发生转移或变化时也可以更灵活地进行源汇匹配调整。除此之外，船舶运输在长距离输送时也具有经济优势。当海上运送距离超过 1000km 时，船舶运输相比于罐车和管道运输更加经济实惠，输送成本将下降至 0.1 元/(t·km) 以下。

(3) 罐车运输

目前，罐车运输 CO_2 技术相对比较成熟，且我国也具备了生产该类罐车和相关附属设备的能力。罐车运输可以依托现有的公路网络，且单次投入资金较低，因此被广泛地应用于小型 CO_2 驱油项目中。此外，运输罐车机动性较大，可以灵活调度、装运，具有灵活、适应性强和方便可靠的特点，使其应用于小规模碳源的收集外输，从而扩大单个碳汇的覆盖范围。然而，罐车运输单次运输量较小，且运输费用较高的特点限制了其在大规模 CO_2 运输应用。

3) 封存或利用

封存或利用环节是 CCUS 流程的最后一步，该环节是 CCUS 的最终目标与实际意义。目前主流的利用方式有地质利用、化学利用、生物利用等，封存方式主要为 CO_2 地质封存。通过将捕集的 CO_2 与大气隔绝实现碳减排。CO_2 地质利用因为更具有经济效益，技术最为成熟，应用范围最广。

(1) CO_2 地质封存

CO_2 地质封存是指通过工程技术手段将捕集的 CO_2 封存于地质构造中，实现与大气长期隔绝的过程。按照封存目标区域的不同，可分为咸水层封存、枯竭油气田封存、海洋碳汇等。不同封存方式对比见表5.6。

表 5.6　不同封存方式对比

参数	咸水层封存	枯竭油气田封存	海洋碳汇封存
封存潜力	高	低	高
资本投入	中	较低	高
技术成熟度	适中	成熟	不成熟
封存安全性	较高	高	较低

咸水层封存是一种技术较为成熟的地质封存方式,因其分布广泛、地质封存潜力大,目前运行的大规模 CO_2 地质封存项目大多采用的是咸水层封存。咸水层包含了高浓度溶解盐水饱和而成的沉积岩,以及大量但不适合农业或人类消费的水。咸水层封存 CO_2 机理由物理和化学两部分共同作用。注入咸水层的 CO_2 首先被储层结构上方盖层的物理俘获机理所阻挡,然后又与地质岩和地层水发生一系列地球化学反应,最终将所注入的 CO_2 矿化成坚硬的碳酸盐矿物质沉淀,从而达到长期封存的目的。CO_2 咸水层封存具有封存潜力大、封存周期长、安全性高的特点,是理想的地质封存目标。

枯竭油气田封存是指将 CO_2 以超临界流体的形式直接注入枯竭油气藏中。枯竭油气藏因为能够长时间封闭油气,一般都具有良好的封闭性,因此将 CO_2 注入其中具有较高的安全性与封存潜力。此外,将 CO_2 封存于枯竭油气藏还可以利用现有的油田基础设施及测井数据,从而降低 CO_2 的储存成本与封存设施再建设成本。因为其技术成熟、资本投入低的特点被早期碳封存项目广泛采用。

海洋碳汇封存是一种新型 CO_2 地质封存方式,还处于探索研究阶段,没有实际应用案例。最主要的两种大规模海洋地质封存方式是海洋水柱封存和海洋沉积物封存。海洋水柱封存是指利用船舶与管道直接将 CO_2 注入深层海水中。在压力作用下,CO_2 变为液态且密度大于海水,液态的 CO_2 下沉在低洼处聚集形成特殊的"碳湖",实现 CO_2 封存。海洋沉积物封存是将 CO_2 通过管线注入深层海床沉积层中。此时 CO_2 在深海高压低温条件下形成密度大于水的一种晶状水合物,从而实现 CO_2 封存。

(2) CO_2 地质利用

CO_2 地质利用是将 CO_2 注入地下,生产或强化能源、资源开采过程,主要用于强化多种类型石油、天然气、地热、地层深部咸水、铀矿等资源开采。因其具有一定的经济效益,是目前技术最成熟的、应用最广泛的 CCUS 商业化应用。

CO_2 强化石油开采(enhanced oil recovery, EOR)在国外已经实现商业化,有大规模的应用案例。世界上最大的 CO_2 驱油工程是 2000 年加拿大 Weyburn 油田开展的,该工程将美国北达科他州一家燃料厂中捕集到的 CO_2 用于驱油,在提高采收率的同时也大大减少了当地 CO_2 的排放。目前 Weyburn 油田已经累计注入 CO_2 超过 150 亿 t。目前,我国的大庆油田、胜利油田也展开了 CO_2 驱油项目,该技术较为成熟且具有较低的经济成本与较高的附加价值,是 CO_2 地质储存的有力方法。CO_2 驱油主要机理是 CO_2 溶于原油后引起原油体积膨胀,增加孔隙中含油饱和度;降低原油黏度,改善流度比,增加其流动性；改善毛细管渗吸作用等。以 CO_2 作为驱油剂注入油藏，能够实现原油采收率的大幅提升，同时还能实现温室气体的封存，对我国油气行业"增储上产"和"双碳"目标的实现有重大意义。

CO_2 采煤层气则是将 CO_2 气体通过管道注入这些不再开采的煤层，利用煤层对 CO_2 的吸附能力远大于其他煤层气体(如甲烷)的原理，使煤层气体在煤的表面发生脱附，从而提高煤层气的产出效率。目前，CO_2 驱替煤层气还处于先导试验阶段，没有大规模商业应用案例。

(3)CO_2 化学利用

CO_2 化学利用是以化学转化为主要手段，将 CO_2 和共反应物转化成目标产物，实现 CO_2 资源化利用的过程，主要产品有合成能源化学品、高附加值化学品以及材料三大类。整体上，CO_2 化学利用技术较为成熟，但存在能耗较高、利用量较少的问题。

(4)CO_2 生物利用

CO_2 生物利用通过生物转化的方式将 CO_2 用于生物质合成，是全球 CCUS 的新发展思路，主要产品有食品和饲料、生物肥料、化学品与生物燃料和气肥等。当前，CO_2 生物利用技术主要集中在微藻固碳和 CO_2 气肥使用上。其中，微藻固碳技术主要用于能源、食品和饲料添加剂、肥料等生产；CO_2 气肥主要应用于农业生产，温室大棚起到增产作用。

2. CCUS 技术存在的问题与挑战

从全球开展的 CCUS 项目数量和封存量上看，CCUS-EOR 是主要方式和方向，单纯的 CCUS 项目受政策变化和经济效益影响难以为继，部分规划项目已被迫终止。主要原因是 CCUS 项目仍存在能耗和成本过高、长期封存安全性和可靠性不确定等问题。高额的投资及成本是阻碍 CCUS 产业大规模商业化发展的瓶颈，随着未来项目规模扩大、技术进步、政策激励及碳金融市场发展等，情况有望得以改善。

在我国，CCUS 产业的发展需要支持措施，具体包括以下几点。

(1)国家层面 CCUS 发展的相关政策，包括 CCUS 项目新技术税收优惠、贷款利息优惠、土地优惠政策、项目收益期优惠政策、纳入碳市场交易优惠政策以及 CCUS 电厂额外发电小时数优惠、减免 CO_2-EOR 项目石油特别收益金等方面的鼓励政策。符合条件的设备(包括与环境保护、能源、节约用水相关的专用设备)，以及某些基础设施资产，可以进行加速折旧处理。CO_2-EOR 项目属于三次采油提高采收率范畴，推动增采原油部分能够享受国家减免 40%税收优惠。

(2)CCUS 相关监管措施。解决在油气储层封存 CO_2 的管辖权责任问题、国家-地方管辖权问题、主管部门管辖权问题(环境保护部门、能源管理部门、国土资源部门等)。

(3)制定碳市场中的 CCUS 作为 CCER 方法学，推动 CCUS 碳减排量的认定。推进 CCUS 项目形成的 CCER 优先进入国内碳市场。

我国 CCUS 发展面临的挑战如下。

作为一种大规模的温室气体减排技术，CCUS 受到越来越多国家和企业的重视，显现出迅猛的发展态势。仅 2021 年各国就宣布约 100 个新 CCUS 项目，如果这些项目都能顺利推进，到 2030 年全球碳捕集能力将翻两番，至 1.6 亿 t/a。尽管如此，这与 IEA 的评估结果仍然存在很大差距。IEA 在 2050 年全球能源系统净零排放情景下预测，2030 年全球 CO_2 捕集量为 16.7 亿 t/a。加速 CCUS 产业规模化发展势在必行，但是面临技术、成本、风险、政策、法规等诸多因素制约。

（1）CCUS 技术尚未完全成熟。以 CO_2 捕集技术为例，根据麦肯锡(McKinsey)的分析[1]，只有高浓度点源(50%～90%浓度的烟气)碳捕集技术很成熟，低浓度点源(5%～15%浓度的烟气)占碳排放总量的绝大部分，主要来自大型难减排行业(如发电、水泥)，可通过化学溶剂、固体材料吸附剂、膜分离等捕集方法，其中化学溶剂捕集方法较为成熟。直接空气捕集是实现负碳排放必需的技术手段，目前技术尚不成熟。

（2）CCUS 项目成本高昂，尤其是直接空气捕集成本和没有利用的直接封存成本。在现有技术条件下，煤电示范项目安装碳捕集装置后，捕集每吨 CO_2 将额外增加 140～600 元的运行成本。有专家预测，如果油区附近以中低浓度排放源为主，且规模较小，则 CO_2 来源成本较高，一般在 200～300 元/t。

（3）CCUS 项目存在一定安全和环境风险。此外，大部分 CCUS 技术有额外增加能耗的特点，增加能耗必然带来污染物的排放问题。从封存规模、环境风险和监管角度考虑，国外一般要求 CO_2 地质封存的安全期不低于 200 年。

针对阻碍 CCUS 产业加速规模化发展的瓶颈，可从以下几个方面着力突破。

（1）加快 CCUS 各环节关键技术研发，尤其是低浓度点源与直接空气捕集技术，加大对技术研发的资金支持。发达国家高度重视 CCUS 技术的开发，例如，美国能源部先后宣布两笔资助招标计划，共计投入 1.15 亿美元支持碳捕集和利用技术研发。

（2）多措并举，降低 CCUS 各环节及整体成本。麦肯锡认为，CCUS 的成本主要集中在捕集环节，降本抓手包括开发新一代碳捕集技术、降低电力成本、形成规模经济效应、优化封存点规划、合理利用社会资源等。通过降低耗电量和用电成本，实现在捕集环节显著降本；同时利用规模经济效应优化封存点规划，可进一步降低运输和封存成本。在相对乐观的情景预测下，CCUS 成本有望能降低 30%～40%。

（3）建立 CCS 枢纽，整合不同环节、不同行业形成协调、完整的产业链。麦肯锡表示，达到气候目标所需的规模发展商业 CCUS 的一个关键要素是建立 CCS 枢纽。CCS 枢纽靠近封存地点，同时结合 CO_2 工业源集群，通过提高规模效益和共享成本来降低开发风险。根据排放量、封存容量和可用基础设施匹配碳源与碳汇来选定 CCS 枢纽的位置非常重要。例如，挪威能源公司 CO_2 Management AS 将在德国不来梅市建立一个 CO_2 转运中心，用于利用或封存捕集的 CO_2，这是德国首个此类设施。

石油行业已做好充分利用 CCUS 的准备。石油行业在 20 世纪 70 年代开创了这项技术，具有先发优势和丰富的经验。它还可以使用运输 CO_2 的基础设施和可封存 CO_2 的枯竭油气田，以及利用这种地下容量的相关技能。麦肯锡表示，随着许多油气加工工艺创

---

① 华强森，汪小帆，克林特•伍德，等. 中国加速迈向碳中和"之七：碳捕集利用与封存技术(CCUS). https://www.mckinsey.com.cn/%e4%b8%ad%e5%9b%bd%e5%8a%a0%e9%80%9f%e8%bf%88%e5%90%91%e7%a2%b3%e4%b8%ad%e5%92%8c%e4%b9%8b%e4%b8%83%ef%bc%9a%e7%a2%b3%e6%8d%95%e9%9b%86%e5%88%a9%e7%94%a8%e4%b8%8e%e5%b0%81%e5%ad%98/.

造了碳捕集的低成本机会，充足的市场需求可能会使 CCUS 成为油气行业的利润中心。此外，在气候变化的背景下，政府政策包括法规、碳税、激励措施和碳市场的发展，将为 CCUS 的发展提供推动力。

3. 我国 CCUS 发展趋势和目标

CCUS 作为一项有望实现化石能源大规模低碳利用的技术，是我国未来减少 CO_2 排放、保障能源安全和实现可持续发展的重要手段。随着示范项目范围扩大，未来有望建成低成本、低能耗、安全可靠的 CCUS 技术体系和产业集群，为化石能源低碳利用提供技术选择，为应对气候变化提供有效的技术保障，为经济可持续发展提供技术支撑[4]。根据中国 21 世纪议程管理中心资料，CCUS 技术在我国的发展趋势和目标见表 5.7。

表 5.7　我国 CCUS 发展趋势和目标

项目		2025 年	2030 年	2035 年	2040 年	2050 年
发展目标	技术要求	掌握现有技术	掌握现有技术产业化能力	掌握新型技术	掌握 CCUS 项目	实现 CCUS
		设计建造能力	验证新型技术的可行性	产业化能力	集群的产业化能力	广泛部署
	CO_2 利用封存量/万 t	2000	5000	10000	27000	97000
	产值/(亿元/a)	390	1100	1700	2700	5700
捕集	单体规模/(万 t/a)	100	300～500	300～500	300～500	300～500
	成本/(元/tCO_2)	150～400	130～300	120～280	115～250	110～240
	能耗/(GJ/tCO_2)	2.0～3.0	1.8～2.8	1.65～2.6	1.5～2.4	1.5～2.4
	水耗/(kg/tCO_2)	80～300	70～240	70～220	60～200	60～200
运输	运输管道/km	200～400	1500	6000	8000	10000
	成本/[元/(t·km)]	0.75	0.4	0.3	0.2	0.15
	年输送能力/(万 t/a)	200	1500	6000	20000	100000
化学利用	CO_2 利用量/(万 t/a)	1500	3500	4900	7100	14400
	产值/(亿元/a)	270	740	1100	1800	3600
生物利用	CO_2 利用量/(万 t/a)	40	160	200	300	900
	产值/(亿元/a)	90	320	400	600	1500
地质利用	CO_2 利用量/(万 t/a)	330	700	2400	5300	15500
	产值/(亿元/a)	30	30	200	300	600
地质封存	成本/(元/tCO_2)	100～200	70～180	60～160	40～100	30～70
	封存量/(万 t/a)	200	700	3100	14500	67000

5.2.3　海上 CCUS 关键技术趋势

随着全球工业技术的发展，新技术、新材料等不断涌现，油气行业也应该根据国内外 CCUS 技术存在的问题和挑战，在国家碳达峰、碳中和的政策引领下，结合我国海上油气的特点，充分利用海上地质条件，提出海上 CCUS 关键技术发展趋势和攻关方向，实现海上 CCUS 规模化发展。

1. 海上 CCUS 技术发展趋势

"十一五"以来，国家自然科学基金、国家重点基础研究发展计划(简称 973 计划)、国家高技术研究发展计划(简称 863 计划)、国家重点研发计划等科技计划持续支持 CCUS 技术研发，通过加强基础研究、关键技术攻关、项目集成示范，CO_2 捕集、运输、利用、封存等各技术环节发展迅速，取得了一系列成果。尤其是燃烧前捕集、运输、化学利用、强化深部咸水开采与封存、集成优化等技术近 10 年来发展迅速。与国际对比，我国 CCUS 技术与国际先进水平整体相当，但捕集、运输、封存环节的个别关键技术及商业化集成水平有所滞后。

现阶段，我国第一代捕集技术研究取得了显著进展，大部分技术已从概念或基础研究阶段发展到工业示范阶段，部分技术已经具备商业化应用能力，但大规模系统集成优化缺乏工程经验；第二代捕集技术处于实验室研发或小试阶段。我国燃烧前捕集技术发展比较成熟，整体上处于工业示范阶段，与国际先进水平同步；燃烧后捕集技术处于中试或工业示范阶段，相比国际先进水平发展有所滞后，特别是对于目前 CO_2 捕集潜力最大的燃烧后化学吸收法，国际上已经处于商业应用阶段，我国仍停留在工业示范阶段。富氧燃烧捕集方面国内外均处于中试阶段，整体发展较为缓慢，尤其是增压富氧燃烧技术仍处于基础研究阶段。随着第二代低成本捕集技术的不断发展成熟，成本与能耗将明显低于第一代捕集技术；为了进一步降低 CO_2 捕集成本，捕集技术的代际更替应加快推进。

在我国，罐车和船舶运输技术都已开展商业应用，与国际先进水平同步，而输送潜力最大的管道运输技术刚开展相关工业示范，相比处于商业应用阶段的国际水平差距显著。

CO_2 生物与化工利用技术指利用 CO_2 的不同理化特征，生产具有商业价值的产品并实现减排的过程。国内外技术发展水平基本同步，整体上处于工业示范阶段。近 10 年来，各项生物与化工利用技术均有所发展，尤其是部分化工利用技术进展显著；发展水平最高的是利用 CO_2 合成化学材料技术，如合成有机碳酸酯、可降解聚合物及氰酸酯/聚氨酯，制备聚碳酸酯/聚酯材料等。

在地质利用或封存方面，国内外各项技术发展水平参差不齐。从全球范围看，强化采油和浸采采矿技术发展较快，已开始商业应用；其余技术中，除强化深部咸水开采与封存技术正在开展工业示范外，其他技术均处在中试及以下阶段。我国地质利用与封存技术在近 10 年均有所发展，尤其是强化深部咸水开采技术已从概念阶段发展到工业示范阶段，但仍整体落后于世界先进水平；尽管驱替煤层气技术略处于领先状态，但经济效益较好的 CO_2-EOR 在我国仍处于工业示范阶段，相比进入商业应用阶段的国际水平差距明显。

在 CCUS 集成优化技术方面，近 10 年我国取得了较大的进步。国外 CCUS 集成优化技术已普遍处于商业应用阶段，相比之下我国有关技术发展仍显落后，尤其是管网优化和集群枢纽两类技术仅处在中试阶段。上述各环节的关键技术发展水平不足以支撑我国 CCUS 集成耦合与优化技术研究，制约了我国 CCUS 大规模示范工程的开展，而大规模全链条集成示范项目的缺失又进一步限制了集成优化技术的提升(表 5.8)。

表 5.8　国内外技术发展差距对比

领域		国外技术现状	国内技术现状	主要差距
捕集	燃烧前	工业示范	工业示范	同步
	燃烧后	商业应用	中试或工业示范	滞后
	富氧燃烧	中试阶段	中试阶段	同步
运输	管道	商业应用	工业示范	滞后
	船舶	商业应用	商业应用	同步
	罐车	商业应用	商业应用	同步
利用	驱油	商业应用	工业示范	滞后
	化学利用	工业示范	工业示范	同步
	生物利用	工业示范	工业示范	同步
封存	咸水层	工业示范	工业示范	同步
	枯竭油气层	中试及以下	基础研究	滞后
	海洋封存	基础研究	概念阶段	滞后
应用	集成优化技术	商业应用	中试阶段	滞后

2. 海上 CCUS 关键技术发展趋势

CO_2 海底地质封存技术是将 CO_2 封存到海底以下的地层储存体中。大体过程是将集中捕集的 CO_2 加温加压到超临界状态，将形成的高密度流体注入海底深层有不透水层阻隔的地质结构中，并使 CO_2 无法进行横向迁移和侧向迁移。CO_2 海底地质封存的地质体主要是废弃的油气田和咸水层。CO_2 的临界点温度为 31.1℃，压强为 7.3MPa。当温度和压强均高于上述数值时，CO_2 将以超临界状态存在，形成一种高密度流体，兼具气体和液体的双重性质。这种高密度流体的黏度比液体时小两个数量级，超易流动，密度远大于自身气态的密度，有利于地质封存。

在国际上，我国具有 CO_2 海底封存权。2006 年，正式通过的《防止倾倒废物及其他物质污染海洋的公约》(1996 年议定书)表明第一个关于 CO_2 海底地质封存的国际法规体系完成。附件 I 的修正案明确了我国"获得 CO_2 海底封存权"。在咸水层进行 CO_2 封存是切实可行的，同时具有广阔的发展前景。美国、加拿大、挪威等国家开展了较多的 CO_2 海底封存研究与实践，证明 CO_2 海底封存具有经济和技术上的可行性。Marchetti 首次提出了 CO_2 海底封存的设想[4]。Orr 和 Franklin 对近海岸地质封存方法进行了详细介绍[5]。Schrag 对离岸沉积的封存方法进行了详细描述[6]。通过对北海 CCS 的分析，Haszeldine 认为海底地质封存相比陆地地质封存有可能更加可靠，且更加容易监控[7]。Schrag 认为，未来 CO_2 地质封存的首要选择可能是海底封存[6]。一方面，海底地质封存的压力管理过程比陆地地质封存容易。陆地封存技术是在不提取咸水的情况下直接注入大量 CO_2，极易导致原有地下压力失衡，不仅会造成后续注入速率减慢，降低总的封存容量，而且会大大增加 CO_2 泄漏的危险性。而海底地层中的孔隙流体与海水的化学组成接近，通过抽取地层水就可以释放压力，避免了陆地地质封存压力失衡导致的一系列问题。排水井也可用于 CO_2 的运移和监控。另一方面，海底地质封存相比陆地地质封存对盖层封闭性要求更低。海底地质封存有一个天然的海水盖层，若 CO_2 泄漏，可以避免其直接排放到大气中。同时，海水压力能够使封存的 CO_2 在地下具有更高的稳定性。

我国有关学者开展了一系列研究 CO_2 海底封存的工作，首次提出了"陆上实验、海底封存"[8]。2006 年，巢清尘和陈文颖系统介绍了 CCS 概念、流程，以及对我国能源和经济的影响等问题[9]。张振冬等总结了国内外主要开展的 CO_2 封存项目，剖析了 CO_2 海底封存技术的优缺点，研究了我国 CO_2 海底封存研究进展[8]。李洛丹等系统概括了 CO_2 海洋封存技术的进展，介绍了两种封存方式的研究现状和技术水平，探讨了可能给海洋生态环境造成的影响[10]。秦长文等分析了国内外各种 CCS 示范工程，提出了我国南方近海海域具有 CO_2 封存的广阔前景[11]。王小林介绍了 CO_2 海底封存存在的风险以及可能会对环境造成的影响，并从国际法的层面讨论了 CO_2 海底封存与国际海洋环境保护的问题[12]。我国国家海洋局始终密切跟踪国际前沿海底 CO_2 封存技术和管理方法，于 2008 年开展了"中国 CO_2 海底封存能力评估与风险控制技术预研究"工作，为 CO_2 海底地质封存提供了战略决策和管理技术。

近几年的研究结果表明，CO_2 海底封存具有一定的技术可靠性和经济可行性。在 CO_2 海底地质封存方面，我国尚处在可行性研究阶段。在可预见的未来，化石能源仍将主导我国的能源供应，随着我国国民经济、城市化进程的快速发展，CO_2 排放量将长期处于高位，我国面临着巨大的 CO_2 减排压力。因此，发展和储备 CCUS 技术将为我国绿色低碳发展和应对气候变化提供技术支撑。鉴于未来可能形成的全球性低碳产业，发展 CCUS 技术将是提升我国低碳技术竞争力的重要机遇。

封存技术是 CCUS 技术的关键环节之一。其中，海底封存 CO_2，即将捕集的 CO_2 充注到海底以下的地层储存体中，是控制化石燃料燃烧导致气候变化的有效手段，具有诸多优点，尤其对海洋领域节能减排具有巨大的潜在贡献。在地球上三个主要的天然碳储层(海洋、陆地、大气)中，海洋碳储层的储量到目前为止最大，高出陆地储碳层数倍。

我国对于 CCUS 的研究起步较晚，目前 CCUS 技术仍存在一系列经济和技术问题，需通过持续的研发和集成示范提高技术的成熟度。尽管我国围绕 CCUS 技术减排潜力、CO_2 捕集、CO_2 生物转化利用、CO_2 驱油和地质封存等方面开展了基础研究、技术研发与示范，但 CCUS 技术链各环节都已具备一定的研发基础，各环节技术发展不平衡，距离规模化、全流程示范应用仍存在较大差距，针对 CO_2 海底封存的研究更是空白。

目前在我国开展 CO_2 海底封存还存在诸多问题。首先，缺少相应的政策法规支撑。《"十二五"国家碳捕集利用与封存科技发展专项规划》中主要针对适合我国陆相沉积层特点的 CO_2 封存基础理论、评价方法、对策技术等做出了相关规定，有关 CO_2 海底封存的措施规定几乎是空白。政府的配套政策不到位制约 CCUS 技术发展。其次，CCUS 技术成本包括捕集、运输、利用与封存四部分，由于我国对此项技术研究起步较晚，需要以一定的成本投入作为保障。但由于资金投入不足、融资渠道过于单一和激励机制缺乏，现

有 CO_2 海底封存在金融支持方面存在问题。同时，技术支撑与保障不足，缺乏大规模的海上集成示范，制约 CO_2 海底封存研究的推进和大规模推广。

鉴于 CO_2 海底封存将会对海洋领域节能减排工作有巨大潜在贡献，而且我国近海地区的大型沉积盆地具有良好的 CO_2 封存地质条件和巨大的封存容量，同时考虑到我国封存研究起步较晚，海底封存更是空白的现实情况，有必要紧跟国际步伐，做好相关政策规划、资金筹措、技术研发、风险管理、试点运行等前期储备工作，逐步推动 CO_2 海底封存技术规模化发展；完善法律法规，推出配套政策，完善 CO_2 海底封存行业产业发展规划，健全科技统筹协调机制；增加财政支持，拓宽融资渠道，支持和加大 CO_2 海底封存研发力度，保障 CCUS 技术攻坚；建立大规模的 CO_2 捕集、利用与海底封存海上试点示范项目。

5.3　全球海上 CCUS 典型案例分析

CO_2 驱油最早作为提高石油采收率的手段，经过几十年的发展，CCUS 已成为实现碳中和的主要手段之一。截至 2021 年，全球已开展 135 个 CCUS 项目，其中大多数项目位于陆上。海上 CCUS 项目已经有 20 多年的发展历史。1996 年，Sleipner CCS 项目开始向深海咸水层中注入 CO_2，是全球第一个工业规模的 CO_2 离岸封存项目。之后 K12-B 示范项目(2004 年)，Snøhvit 项目(2008 年)，桑托斯(Santos)盆地 Lula 油田项目(2011 年)，日本苫小牧 CCS 示范项目(2016 年)，以及澳大利亚 Gorgon 项目(2019 年)相继开展，这些典型案例为海上 CCUS 项目发展提供了丰富经验和技术支持[13]。

5.3.1　挪威 Sleipner 项目

1. 项目背景

1991 年，挪威政府引入了 CO_2 排放税。对于海上石油和天然气行业，需要按照欧盟碳排放交易体系(EU emissions trading system, EU ETS)缴纳 CO_2 税和配额。Sleipner 油气田产出的天然气中含有约 9%的 CO_2，因此为了减少 CO_2 排放，1996 年艾奎诺启动了世界上第一个海上工业规模咸水层 CCS 项目。

注入点位于挪威南部距海岸 250km 处。建设投资约 1 亿美元，设计 CO_2 封存能力 100 万 t/a，封存年限 20 年。项目将 Sleipner 油气田开采气中的 CO_2 分离并注入海平面下 $800 \sim 1000m$ 深处 Utsira 组砂岩层中。Utsira 组发育 $200 \sim 300m$ 厚的砂岩单元，其间夹杂相对较薄的($<1m$)页岩夹层，具有良好的孔渗条件。Utsira 组由页岩盖层覆盖，厚度约 250m。该砂层 CO_2 封存潜力可达 6000 亿 $t^{[14]}$。

项目使用一口长距离大斜度浅井自 1996 年开始注入，截至 2016 年 6 月共有超过 1600 万 t 的 CO_2 注入到地层中，注入成本约 17 美元/t CO_2。

2. 注入场址选择

在封存场址选择阶段，列出了包括 Utsira 组砂岩在内的多个备选方案。

(1)将 CO_2 注入邻近油气田从而提高采收率。

(2)注入 Heimdal 地层的咸水层。

(3)注入深部地层封存。

(4)注入 Utsira 组砂岩。

通过比较，注入 Utsira 组砂岩由于埋深浅，注入成本低，不影响油气生产而作为最终选择方案。

研究认为，封存空间以靠近圈闭构造的储层为主。通过封存地区三维地震平面图显示，构造圈闭底部的储层孔隙只占总体孔隙的 0.3%。根据 Utsira 组砂岩的物性参数计算该砂岩圈闭 CO_2 封存量约 6.6 亿 m^3。

在 Utsira 组砂岩储层中发育了大量泥质薄层，在后期时移地震中发现，注入的 CO_2 大量封存在泥岩薄层下方。这些纵向上发育的泥岩薄层，延缓了 CO_2 纵向运移速度。2001 年观测结果表明，CO_2 羽流波及范围在以注入点为中心 1300m 范围内，远小于数值模拟预测迁移距离 6000m。

3. 监测计划

Sleipner 项目监测设定的目标为：验证 CO_2 在储层中被安全地封存；获得 CO_2 在储层中的分布情况；检测 CO_2 泄漏风险。根据上述目标，制订了包含多种监测技术的监测计划，主要技术包括 3D 时移地震、2D 地表地震(高分辨率)、海底成像(声呐、多波束)、海底重力、可控源电磁法(controlled source electromag netics methods, CSEM)、井口温压等，具体监测时间和目的见表 5.9。

表 5.9 Sleipner 项目监测计划

监测内容	监测时间
3D 时移地震	1994 年(基准线)、1999 年、2001 年、2004 年、2006 年、2008 年、2010 年
2D 地表地震	2006 年
海底成像(声呐、多波束)	2006 年
海底重力	2002 年、2005 年、2009 年
CSEM	2008 年
井口温压	注入连续监测

从时移地震监测数据成像可以看出，CO_2 羽流最远波及距离由 1999 年的 1500m 扩展至 2001 年的 2000m(图 5.9)。

4. 封存效果

项目注入完成后，根据监测结果，Sleipner 项目达到了封存预期效果：①根据地震监测得到的信息，该项目在 CO_2 注入深度、厚度、饱和度、封存压力等方面的实际情况与模拟预测得到的结果一致；②过程中没有检测到任何泄漏；③结合监测和数值模拟评价结果，项目封存场地能够实现长期稳定封存。

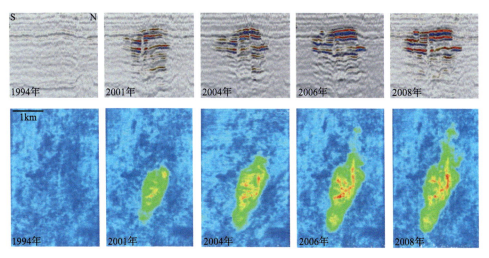

S　　　　N
1994年　2001年　2004年　2006年　2008年
1km
1994年　2001年　2004年　2006年　2008年

图 5.9　Sleipner 项目 CO_2 羽流监测情况

5.3.2　澳大利亚 Gorgon CCS 项目

Gorgon CCS 的目标地层是位于巴罗(Barrow)岛下方的侏罗系咸水层 Dupuy 组，距离澳大利亚州西北海岸约 60km，项目由国际三大石油公司雪佛龙、埃克森美孚和荷兰皇家(Royal Dutch)合作开发，是全球单体规模最大的咸水层封存项目，注入工作于 2019 年 8 月开始。每年的 CO_2 注入量在 3.4 万~400 万 t，使 Gorgon CCS 项目成为世界上最大的海上封存项目。Gorgon CCS 项目是 Gorgon 大型液化天然气开发项目的一部分。位于澳大利亚西北部大戈尔贡地区海上气田生产的天然气，经由位于巴罗岛的处理设施加工后有大量的 CO_2 排放。在西澳大利亚州环境保护局的建议下 CO_2 注入地质封存作为 Gorgon 项目的一个组成部分。为满足澳大利亚对项目碳排的管控要求，Gorgon CCS 需实现 400 万 t/a 的 CO_2 封存规模，西澳大利亚州政府希望在 Gorgon 项目长达 40 年的合同生产期内，通过 CCS 技术存储 1 亿 t 的 CO_2[15]。

项目封存目的层 Dupuy 组厚度达 400m，孔隙度为 22%，渗透率为 30~100mD，上方有 250m 的页岩作为盖层，以确保 CO_2 羽流不会逸散至上部，具备开展大规模地质封存的条件。

注入装置包括位于 3 个钻探中心的 9 个 CO_2 注入井、2 个压力管理钻探中心、2 个油藏监测井、1 条从 LNG 厂区到钻探中心的 7km 地下管道和 3 个 CO_2 压缩机模块。在对天然气进行液化前将含量约为 14% 的 CO_2 与天然气进行分离，以免造成设备腐蚀。CO_2 被压缩成超临界相，再通过 7km 长的管道运至注气井，注入 2000 多米深的 Dupuy 组。与此同时，距离注入井约 4km 的第二组井将同一地层中的水抽升至地面，以防止砂岩中积聚过多压力。然后，第三组井将这些水重新注入砂岩上方的岩石层中(图 5.10)。

项目运行过程中，由于 LNG 项目的滞后，到 2016 年中期，注气井仍未完工，井口设备未能安装，CO_2 管道也未能就位。项目于 2017 年 4 月首次启动了 CO_2 压缩机，但发现压缩机存在严重的设计缺陷，极易导致水和 CO_2 发生混合，生成碳酸，造成设备腐蚀。经过技术改造、设备更换等措施，直到 2019 年 8 月才开始注入。

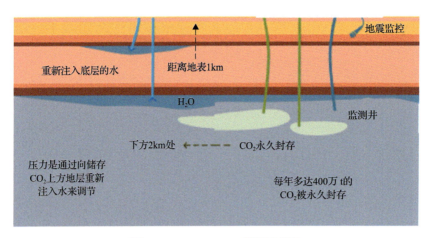

图 5.10 Gorgon CCS 项目示意图

在 CO_2 注入过程中，原来计划用于排水的井在试井时出现了砂堵，从而导致整个地下岩层存储系统无法正常运行。2020 年，经过西澳大利亚州政府的一系列协调和批准，雪佛龙在不抽水的情况下，直接向地层中注入 CO_2，但平均注入率只达到设计最大效能的 70%。2020 年底，西澳大利亚州矿业、工业监管和安全部介入并命令雪佛龙将 CO_2 注入量减少到设计容量的 1/3，以避免储层压裂破坏。

截至 2020 年，Gorgon CCS 项目仅封存了 500 万 t 由油气田伴生的 CO_2，而这部分与当时承诺西澳大利亚州政府的 CO_2 封存量相差甚远，仅达到了目标封存量的 32% 左右。

5.3.3 日本苫小牧 CCS 项目

日本政府于 2016 年在北海道苫小牧地区开展一项大型 CCS 示范项目，目的在于证明 CO_2 捕集-注入-封存的完整 CCS 系统的可行性，每年有超过 10 万 t 的 CO_2 注入苫小牧港区近海咸水层内。该项目由新能源产业技术开发机构委托日本 CCS 株式会社实施，经济产业省运营费用补贴，CO_2 来源于苫小牧港沿海地区的炼油厂制氢装置变压吸附的废气，利用胺洗涤工艺进行提纯，最后得到高纯度气态 CO_2。收集到的 CO_2 经压缩后通过一条 1.4km 的管道向两个专用的斜注入井注入两个不同的海洋储层[16]。

苫小牧 CCS 项目储存点位于离岸 3~4km 处，共有两个储层，其中浅部储层是 Moebetsu 组的砂岩层，位于海底下方 1000~1200m 的深度，该储层是第四系咸水层，厚度约为 200m，孔隙率为 5%~40%，上覆盖层为 Moebetsu 组的泥岩层。深部储层为 Takinoue 组，位于海底下方 2400~3000m 的深度，该储层是由火山和火山碎屑岩组成的中新统咸水层，厚度约为 600m，孔隙率为 10%~20%，Takinoue 组的上覆盖层为中新统泥岩，该泥岩的总厚度约为 1000m（图 5.11）。

注入井钻井深度为 3650m，垂直深度为 1188m，最大倾斜角为 83°，从井口到井底的水平距离为 3058m，水平距离和垂直深度之比（偏移比）大于 2，是日本偏移比最高的井。Moebetsu 组注入井的完井长度为 1194m，并安装了直径 7in（1in=2.54cm）的筛管。Takinoue 组注入井也是一口高度偏斜的井，钻孔深度为 5800m，垂直深度为 2753m，最大倾角为 72°，水平距离为 4346m，是日本最长的钻井。Takinoue 组注入井的完井

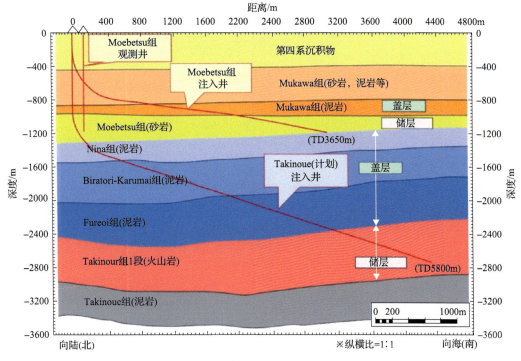

图 5.11　苦小牧地质剖面示意图

长度为 1134m。PT 传感器(压力、温度传感器)用来监测井口、井底的温度、压力和 CO_2 注入量。

为了验证 CO_2 封存的安全性和稳定性，苦小牧 CCS 项目在注入前(1 年)、注入中(3 年)、注入后(2 年)都进行了长期监测。整个监测系统包含 1 条永久性海底电缆、4 台海底地震仪、2 口注入井、3 口观测井和 1 个陆上控制监测室。此外，苦小牧 CCS 项目还利用日本政府部署在附近的陆上地震台站和 Hi-net 站点监测地震事件，所有监测数据均传输至陆上控制监测室(表 5.10)。

表 5.10　苦小牧 CCS 项目监测内容

设备/工作	监测项目
注入井、设施	井底：温度、压力。井头：注入温度、压力、注入量
观测井	井底：温度、压力、微震、自然地震
海底电缆	微震、自然地震、2D 地震勘探记录
海底地震仪	微地震、自然地震
陆上地震检波器	微地震、自然地震
2D 地震调查、3D 地震调查	CO_2 在储层中的分布
海洋环境调查	海洋调查数据(物理、化学性质、生物栖息地等)

日本 CCS 公司于 2009 年、2013 年开展基线调查，记录了 CO_2 注入前的储层地震数据。并于 JFY2016、JFY2017、JFY2018、JFY2019、JFY2020(JFY：日本财政年度，历年 4 月到次年 3 月)开展了 5 次地震调查。通过对地震调查基线值和调查监测值的差值求均方根得到地震波振幅分布云图，可以看到 CO_2 羽流的演变过程。

苫小牧 CCS 项目自 2016 年 4 月开始注入，2019 年 11 月停止注入，CO_2 总注入量达 300110t，其中 Moebetsu 组注入 300012t，Takinoue 组注入 98t。注入过程中，在 7.70～7.80km 的深度中检测到矩震级(M_W)为 0.33～0.50 的三个事件，此外，CO_2 停注后在 5.86km 的深度中检测到一个 M_W 为 0.59 的事件，所有事件的深度均超过 5km，远远深于储层深度，未监测到由 CO_2 注入引起的微地震或自然地震。PT 传感器记录的最大值远低于设置的上限，避免了盖层破坏。注入开始以来，PT 值一直维持在正常范围内，从而确认注入的 CO_2 完整地保存在储层内，并且通过储层模拟预测，CO_2 终止注入后将在储层中保留 1000 年。

5.4　我国海上 CCUS 产业发展现状

在全球气候治理和低碳发展的大背景下，CCUS 技术作为大规模化石能源清洁化利用的唯一技术，是目前国际公认的实现气候治理目标最可行、最具发展潜力的减排技术[17]。我国东南沿海工业发达，"双碳"目标下有强烈的减排需求，而我国近海盆地 CO_2 封存潜力巨大，是解决东南沿海碳源的有效途径，因此本节从碳源碳汇以及源汇匹配的角度，分析我国海上 CCUS 产业发展现状，并提出发展建议。

5.4.1　我国沿海典型碳源分析

我国东南沿海地区有众多已建和在建火力发电厂、钢厂、水泥厂等其他大型工厂以及油气开采平台，是主要的排放源，其中以火力发电厂为主，成为沿海地区封存的主要对象。作为我国综合发展战略的核心区域，东南沿海城市具有开创性；它们在经济发展、城市管理水平和居民生活水平方面都堪称典范。然而，沿海城市并不属于一个明显的地理单元，尽管它们充当了连接陆地和海洋的桥梁。通过紧密的地理联系，它们逐渐形成了一个新的城市(带)系统，该系统跨越省级地区并与世界各地的城市相连。因此，沿海地区的碳达峰和碳中和可以促进沿海地区的可持续发展，显著支持国民经济的绿色低碳转型，增强国际竞争力。本节所指的沿海地区包括辽宁、河北、北京、天津、山东、江苏、上海、浙江、福建、广东、广西和海南。2020 年，沿海地区总面积占 13.6%，占全国 GDP 的 56.4%，常住人口的 46.5%，研发支出的 68.2%，地方财政收入的 62.2%，全职研发人员 71.2%，授予的国内专利的 75.0%，进出口总额的 83.1%，能源消耗的 49.31%。2005～2019 年，沿海地区的碳排放量占全国的 45%～50%。虽然沿海地区的碳排放份额在 2017 年开始下降，但其巨大的基础份额仍然是我国实现碳达峰和碳中和目标的巨大挑战。

1. 广东省碳源分析

我国东南沿海地区经济发达、人口密集、CO_2 排放量大，但缺乏合适的陆地封存场地，碳减排压力巨大，已经成为制约当地经济发展的重要因素。据统计，2022 年广东省电力、水泥、钢铁、石化四大控制排放行业年排放量 2 万 t CO_2（或年综合能源消费量 1 万 t 标准煤）及以上的企业共有 209 家，碳排放总量约为 4.88 亿 t（图 5.12）。其中 85 家电力企业碳排放量较大，碳排放总量为 2.52 亿 t，占比超过一半；52 家钢铁企业碳排放总量为 0.98 亿 t，占比 20%；57 家水泥企业碳排放总量为 0.94 亿 t，占比 19%；15 家石化企业碳排放总量为 0.44 亿 t，占比 9%[18]。

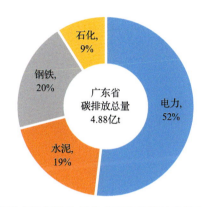

图 5.12　广东省四大控制排放行业主要企业排放分析（包括 209 家企业）

分行业进行分析，电力企业包括燃煤、燃气发电企业；水泥企业包括新型干法熟料生产、粉磨企业；钢铁企业包括长流程炼铁、短流程炼钢和轧钢企业；石化企业包括燃料燃烧和乙二醇/环氧烷释放气企业，主要控排企业工艺类型及其碳排放特征详见表 5.11。

表 5.11　广东省不同行业碳排放情况

行业	类型/分类	CO_2 浓度/%
电力	燃煤发电	10～14
	燃气发电	3～6
水泥	新型干法熟料生产	18～28
	粉磨	
钢铁	长流程炼铁	12～30
	短流程炼钢	3～12
	轧钢	3～12
石化	燃料燃烧和相关工艺	1～30
	乙二醇/环氧烷释放气等工艺	60～99

2. 山东省碳源分析

山东省是我国经济增长强省和能源消耗大省，2020 年地区生产总值 73129 亿元，居全国第三。能源消费结构以煤炭和石油为主，其碳排放量较大，由此带来的环境问题日益严峻。"十三五"是我国能源低碳转型的关键时期，国家下达了山东省"十三五"期间碳强度下降 20.5% 的目标，并要求全省 CO_2 排放在 2027 年左右达到峰值。因此，山东省应尽快制定切实可行的节能减排战略，积极响应国家政策，走低碳发展道路(图 5.13)[19]。

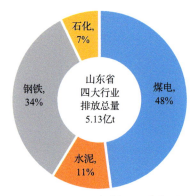

图 5.13　山东省主要企业排放分析(四大行业 185 家企业)

山东省碳排放趋势分析如下。

(1)山东省在地区生产总值逐年增长的同时，碳排放量也逐年上升。根据 2011～2018 年《中国统计年鉴》，2010 年，山东省地区生产总值为 33922.49 亿元，碳排放量为 7.66 亿 t；2017 年，山东省地区生产总值增长到 71067.53 亿元，其碳排放量达到 8.40 亿 t，碳排放量年均增长率为 1.33%。可以看出，山东省碳排放量随着地区生产总值的增长而增长，主要是因为山东省经济迅速发展的过程中伴随着大量的能源消耗，碳排放量的增长是必然趋势。"十三五"期间，山东省应对气候变化、推进低碳发展有了全面蓝图。山东省人民政府印发了《山东省低碳发展工作方案(2017—2020 年)》，为各市下达了碳排放强度指标和峰值目标，并出台了五年碳排放控制"路线图"，加快倒逼经济低碳转型，对高碳行业产业的发展形成了更严格的约束机制，使减排有了很大成效。但由于山东省经济快速发展的现状不可变，其未来碳排放量的增长也是必然趋势，碳排放问题仍不容忽视。

(2)碳排放强度呈逐年下降趋势。单位地区生产总值的碳排放量即碳排放强度，可以在一定程度上反映能源的利用效率。2010 年山东省碳排放强度为 2.258t/万元，2017 年下降到 1.18t/万元。碳排放强度总体呈下降趋势，说明山东省的能源利用效率有所提高。尤其"十三五"以来，山东省贯彻落实《山东省低碳发展工作方案(2017—2020 年)》，从推动产业低碳化升级、促进能源低碳化转型、努力增加各类碳汇、加快碳排放权交易体系建设、加强对高碳行业的监督与管理等各方面实行减碳，加快新旧动能转换，使低碳发展有了一定成效。

(3)从能源消费碳排放结构来看，煤炭在能源消费中占据着主要地位。根据历年《山东省统计年鉴》中能源消费量及构成,2017 年山东省的碳排放总量为 8.40 亿 t,而 2010～2017 年,煤炭消费占比始终保持在 67%～81%,并没有出现明显的大幅度变化,说明煤炭消费在碳排放量中仍居主导地位。

(4)分部门碳排放情况显示,碳排放主要集中在高耗能行业。山东省是工业大省,工业部门的能源消耗最大,其中纺织业,石油加工、炼焦和核燃料加工业,化学原料及化学制品制造业,非金属矿物制品业,黑色金属冶炼及压延加工业,有色金属冶炼及压延加工业,电力、热力的生产和供应业,这几大行业的碳排放量在碳排放总量中的占比一直居高不下,高耗能行业的迅速发展导致了碳排放量的过快增长。

5.4.2　我国近海 CO_2 地质封存适宜性分析

1. CO_2 地质封存适宜性评价方法

1)选址原则

咸水层 CO_2 地质封存要求 CO_2 以超临界状态封存于地下,即封存深度须大于 800m。CO_2 地质封存与地下储气库的建设相似,其选址条件主要考虑以下因素:位于地质构造稳定的地区,火山、地震和活动断裂等不发育,有良好的封闭性,向大气泄漏的可能性微小;有一定的储层孔隙度、渗透率和厚度,能达到封存所需的容量要求;有良好的盖层条件可防止 CO_2 泄漏等[20]。

与天然气性质不同,CO_2 封存还需要考虑以下因素:储层压力须超过 CO_2 的临界值,使 CO_2 处于超临界态(密度 600～800kg/m³),浮力高于原油而低于天然气;较低的地热流值和地热梯度,使较小深度下的 CO_2 能达到较高的密度;对人类社会、自然环境和资源带来的负面影响小。

综上,既有可注入性良好的储层,又有稳定的盖层,区域地质构造稳定,地震、火山和断裂不发育,无贯穿性的盖层裂缝和废弃井等地质风险因素,能够确保 CO_2 安全封存千年以上,且注入场地不受地表不良地质作用影响,源汇匹配合理,成本较低,并符合当地发展规划、法律政策和环境保护等要求,上述是咸水层 CO_2 地质封存选址的基本原则。

(1)封存量大的原则

CO_2 地质封存场地的使用年限是从注入 CO_2 开始至闭场时间为止。理论上,使用的时间越长,单位 CO_2 地质封存的费用就越低。因此,使用年限在选址时就应充分考虑。

有效封存量的大小是根据地质上、工程上的限制条件评估封存量的范围,如储层的物理条件(孔隙度、渗透率、温度和压力)、埋深、盖层稳定性和安全性等。因此,封存场地有效封存量须通过物探、钻探、样品采集与测试、注入试验与监测等手段进行数据采集,明确储盖层的压力、温度、埋深、厚度、孔隙度、渗透率等特征参数,通过数值模拟确定场地有效封存量和使用年限。

(2)安全性原则

安全性是咸水层 CO_2 地质封存选址的重要原则。泄漏的 CO_2 一方面可能增大接纳水体的酸度,打破原有的地球化学和生态平衡,导致地下水污染;另一方面一旦发生强烈的地壳运动,大量的 CO_2 泄漏地表将给附近地区造成毁灭性的灾难,如可能诱发地震,产生地面变形，产生地质灾害。

因此，在选址阶段必须开展场地地质资料搜集、遥感地质调查、场地综合地质调查、地球物理勘探、钻探、注入试验和环境背景监测等工作，查明场地历史地震、活动断裂与地壳稳定性、盖层封闭性质量，有无废弃钻井、断裂等潜在的 CO_2 泄漏通道。明确储层上部是否有可利用的地下水含水层，以及其与地表饮用水水源的位置关系及距离，与自然保护区的距离等基本数据。在选址阶段，排除因地质缺陷导致咸水层 CO_2 地质封存局部风险的产生。

（3）经济性原则

以合理的技术经济方案、较少的投资和较低的成本来实现咸水层 CO_2 地质封存，是现阶段 CO_2 地质封存选址的基本原则。对此，在工程选址阶段应查明 CO_2 源的分布和规模、碳源距离、可利用基础设施，了解场地征地、工程造价，对运输方式进行论证，提出最佳的经济方案。

（4）社会接受程度

符合一般建设项目环境保护选址条件，不受外部不良地质因素影响的原则。目前，虽然 CO_2 地质封存工程属环保型项目，但因为存在泄漏风险，所以在选址阶段就应坚持符合一般建设项目环境保护选址条件的原则，远离城市、自然保护区和生态保护区等，对于海上而言，除了上述环境保护选址条件外，还要远离渔业保护区、军事区和航道区等条件。

2）选址阶段划分

根据选址工作的要求，对海上咸水层 CO_2 地质封存工程选址的流程（图 5.14）进行界定。咸水层 CO_2 地质封存工程选址包括比选场地选址、优选场地选址和选定场地选址三

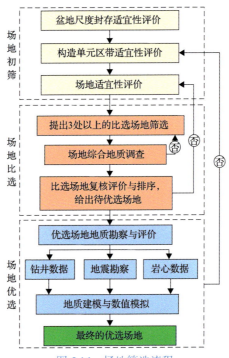

图 5.14　场地筛选流程

大阶段。各阶段排序优选出的场地依次分为场地初筛、场地比选和场地优选。

（1）场地初筛

根据筛选范围将场地初筛分成三个阶段，第一个阶段为盆地筛选，主要通过相应的排除性指标，大尺度评估不同沉积盆地封存 CO_2 的适宜性。第二个阶段为区带筛选，是对通过初筛后盆地内部的构造区带进行筛选，而后通过筛选的区带进入第三个阶段场地筛选，通过相应的指标体系对具体的封存场地进行优劣比选。场地初筛得出符合 CCUS 的场地基本情况。

（2）场地比选

场地比选工作是在沉积盆地各三级构造单元内圈闭级 CO_2 地质封存潜力与适宜性评价的基础上，本着"地下决定地上，地下顾及地上"的原则，对所筛选出的 3 处以上比选场地开展进一步研究。该阶段地质工作相当于地质矿产和地下水水源地勘查的普查阶段，地质工作程度初步确定为 1∶5 万，各比选场地调查面积依储存规模而定。该阶段地质工作以场地初筛后的 3 处以上场地为比选研究对象，依据新获得的地质资料对 3 处以上比选场地进行综合评价和排序，给出 1 处以上待优选的场地。如果不能给出待优选的场地，则返回第三阶段场地筛选阶段。因此，沉积盆地内 CO_2 地质封存目标靶区的确定是至关重要的。

（3）场地优选

场地优选工作对象是场地比选阶段确定的 1 处以上待优选的场地，相当于地质矿产和地下水水源地勘查的详查阶段，工作精度为 1∶1 万，初步确定待优选场地地质调查控制面积为 25km×25km。深入研究待优选场地 CO_2 地质封存地质条件，通过地质建模和数值模拟，计算有效封存量。最后对待优选场地进行综合评价和排序，确定出选定场地。

3）指标体系建立

（1）选址指标体系的建立

IPCC 特别报告认为，CO_2 地质封存泄漏风险要比天然气封存小；同核废料地质处置相比，核废料是以其高度的危害性为基础进行风险评估的，相比之下 CO_2 的危害要温和得多。因此，CO_2 地质封存场地选址可以借鉴核废料与天然气地下封存选址方法以及相关的标准或规范。

场地选址是 CO_2 地质封存工程的第一步，也是最关键的一步。CO_2 地质封存场地选址受到自然地理条件、气候条件、地质条件、社会经济条件、交通条件以及工程技术条件等诸多因素的影响。因此，海上场地选址可以从八个方面建立。

（2）基于 GIS 的场地筛选方法

运用 GIS 的信息叠加技术对封存场地网格化后，对每一个网格数据赋基本信息，根据地筛选评价等级，其中单个指标适宜性分级"好"赋值 9 分；"中"赋值 5 分；"差"赋值 1 分。结合权重系数，开展 GIS 空间分析和评估，评估公式如下：

$$P = \sum W_i \times r_i \quad (i = 1, 2, 3, \cdots, n) \tag{5.1}$$

式中，P 为评估单元 CO_2 地质储存适宜性综合评分值；n 为评估因子的总数；r_i 为第 i 个

评估指标的给定指数；W_i 为第 i 个评估指标的权重。

评估结果适宜性分级：适宜分值范围为 $7 \leqslant P \leqslant 9$；较适宜分值范围为 $5 \leqslant P < 7$；较不适宜分值范围为 $3 \leqslant P < 5$；不适宜分值范围为 $1 \leqslant P < 3$。

2. 咸水层 CO_2 封存容量的计算方法

在 CO_2 地下封存实施之前，除了要对 CO_2 封存的稳定性进行评价外，还必须对它的封存容量进行估算。正确可靠的估算对于封存选址以及封存方案的制定等都具有重大的意义。不少科研机构和科学家已经对全球或某个区域等不同尺度的 CO_2 地下咸水层封存容量进行了评估[21]。例如，欧洲多个研究机构于 2006 年共同发起了 EU-GeoCapacity 项目，专门致力于评价欧洲范围内不同地区的 CO_2 地质封存潜力[22-27]。Shafeen 等对加拿大安大略(Ontario)地区的两个地下咸水层的封存容量进行了计算[28]。Ogawa 等评估了日本地下咸水层的封存潜力。我国的相关工作也已经逐步开展[29]。李小春等利用溶解度法估算了我国 24 个主要沉积盆地 1000～3000m 深度范围内的 CO_2 封存容量[30]。任相坤等对鄂尔多斯盆地的 CO_2 地质封存潜力进行了分析，初步预测 CO_2 的封存容量为数百亿吨[31]。张亮等对我国南海西部的 5 个地下咸水层的封存潜力进行了测算[32]。Zhou 等对广东珠江口盆地的 CO_2 封存容量进行了估算，预测其封存容量可达 308Gt，能够容纳广东省上百年的工业 CO_2 排放量[33]。

部分学者也提出了一些通用化的估算方法[34-37]。这些方法主要是通过地下咸水层的储层体积来估算 CO_2 的封存容量。首先根据储层的几何尺寸估算其体积大小，然后测算单位体积的储层所能容纳 CO_2 的数量，进而估算整个咸水层的 CO_2 封存容量。

然而，在评估过程中所作的基本假定，所采用的估算手段，以及所使用的基础数据是不同的，即使对同一个封存区域，不同的科学家所得到的估算结果也往往大不相同。Bradshaw 等总结了 43 个由不同科学家或研究机构对世界及区域范围内 CO_2 地下封存容量所做的估算结果，发现不同学者对同一区域的估算结果可能存在数量级上的差异[38]。为了克服这一困难，碳收集领导人论坛(Carbon Sequestration Leadership Forum, CSLF)已经着手制定标准化的统一评估方法来消除分歧。然而，评估结果的可靠性依然取决于输入信息的准确度，因此，通过地质勘探和现场试验研究获取更加完整和准确的储盖层信息资料对于 CO_2 封存容量的评估具有重要意义。

CO_2 封存容量的计算是封存潜力评价的主要任务之一，CO_2 封存容量与封存方式密切相关。地质体中，CO_2 存在多种封存方式，包括吸附封存、构造圈闭封存、溶解封存、矿化封存和残留封存等。CSLF 将 CO_2 地质封存方式分为物理封存和化学封存，其中吸附封存、构造圈闭封存和残留封存属于物理封存，溶解封存和矿化封存属于化学封存。

不同封存地质体中主要封存方式存在差异，CO_2 封存容量的计算方法也因此不同。目前所采用的 CO_2 封存容量计算方法主要确定的是理论封存容量和有效封存容量。研究表明，CO_2 在咸水层中主要有 4 种封存方式：构造圈闭封存、残留封存、溶解封存和矿化封存。咸水层中 CO_2 封存容量的计算方法与深部不可采煤层 CO_2 封存容量计算方法相近，主要有 3 种：CSLF 计算方法、美国能源部(United States Department of Energy, DOE)计算方法、欧盟计算方法。首先根据 CSLF 的封存金字塔，参照矿产资源量与储量的相关概念，对 CO_2 封存容量进行定义和分类，将 CO_2 封存容量技术经济金字塔划分为四级,自下而上分别为理论封存容量、有效封存容量、实际封存容量和匹配封存容量,如图 5.15 所示。

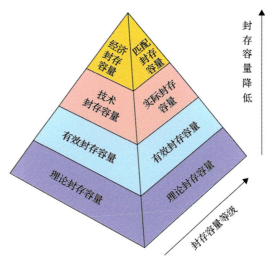

图 5.15　海上咸水层 CO_2 封存容量分级图

理论封存容量:理论封存容量相当于油气资源的地质储量,是封存潜力的上限,其假设储层的所有孔隙空间都可以用于储存,同时地层水也可以以最大的饱和度溶解。理论封存容量构成了整个封存潜力金字塔,即其余各类封存容量均是理论封存容量的子集。

有效封存容量:有效封存容量相当于油气资源的探明储量,在理论封存容量的基础上,从技术层面考虑了储层的渗透率、非均质性、盖层的封闭性等因素对注入及封存的影响。有效封存容量是理论封存容量的子集。

实际封存容量:实际封存容量相当于油气资源的技术可采储量,在有效封存容量的基础上进一步考虑了当地法律法规、技术水平、成本等因素对注入及封存的影响。实际封存容量是有效封存容量的子集,它是在有效封存容量的基础上,考虑可动用程度(采收率)等试验数据的封存容量。

匹配封存容量:CO_2 的匹配封存容量相当于油气资源的经济可采储量,在实际封存容量的基础上又进一步考虑了注入场地的基础设施、同排放源的匹配关系等因素。匹配封存容量是实际封存容量的子集。

从理论封存容量到匹配封存容量,封存场地储存和封闭条件受到的限制越来越多,封存的安全性越来越高,最终适合封存的封存潜力越来越小,也越来越明确。同时,从匹配封存容量到理论封存容量,封闭性较差、储存条件较大、离排放源距离较远的一部分封存容量在整个封存潜力的占比逐渐增大,封存成本逐渐升高。

由于前期资料有限,我们按照 DOE 的方法对 CO_2 的封存容量进行计算,基于容积方法对海上咸水层的 CO_2 封存容量进行计算。

(1)理论封存容量:

$$M_{CO_2理论} = \rho_{CO_2}(P,T) \cdot A \cdot h \cdot \Phi \tag{5.2}$$

式中，$M_{CO_2理论}$ 为 CO_2 在咸水层中的理论封存容量，Mt；$\rho_{CO_2}(P,T)$ 为在地层条件(P 为压力，T 为温度)下 CO_2 的密度，kg/m³；A 为圈闭的面积，km²；h 为储层的有效厚度，m；Φ 为储层岩石的孔隙度，%。

(2)有效封存容量：

$$M_{CO_2控制} = \rho_{CO_2}(P,T) \cdot A \cdot h \cdot \Phi \cdot E_{saline} \tag{5.3}$$

$$E_{saline} = E_{A_n/A_t} \cdot E_{h_n/h_t} \cdot E_{\Phi_e/\Phi_{tot}} \cdot E_V \cdot E_d \tag{5.4}$$

式中，$M_{CO_2控制}$ 为 CO_2 在咸水层中的有效封存容量，Mt；E_{saline} 为封存系数，%；E_{A_n/A_t} 为净面积与总面积的比值；E_{h_n/h_t} 为净厚度与总厚度的比值；$E_{\Phi_e/\Phi_{tot}}$ 为有效孔隙度与总孔隙度的比值；E_V 为体积波及系数；E_d 为微观驱替效率。

式(5.4)中 E_{saline} 反映了 CO_2 占据整个孔隙体积的比例，利用蒙特卡罗(Monte Carlo)模拟，可以得到咸水层置信区间在 15%~85%时，E_{saline} 的范围为 4%~15%；并且给出了不同岩性储层的置信区间为 50%时，E_{saline} 的平均值为 2.4%。该方法计算出的结果变化范围较大，只能大概反映 CO_2 在咸水层中的封存容量(表 5.12)。

表 5.12 不同岩性储层 CO_2 的封存系数 E_{saline} 发生的概率(%)

岩性	P_{10}	P_{50}	P_{90}
碎屑岩	1.20	2.40	4.10
白云岩	2.00	2.70	3.60
石灰岩	1.30	2.00	2.80

根据 CO_2 封存容量计算方法和我国近海盆地的基本属性和主要地层的物性参数，计算近海盆地 800~3500m 以浅的 CO_2 封存容量，结果见表 5.13。

表 5.13 我国近海盆地的 CO_2 封存容量

盆地名称	平均水深/m	面积/10⁴km² 盆地面积	面积/10⁴km² 凹陷面积	地温梯度/(℃/km)	封存容量/亿 t 理论封存容量	封存容量/亿 t 有效封存容量
渤海盆地	0~30	5.76	4.2	38	119920.5	2878.092
北黄海盆地	38	3.07	1.2	28.6	28188	676.512
南黄海盆地	46	15.1	5	30	164281.267	3942.750409
东海陆架盆地	60~140	25	19.1	37	220878.6075	5301.08658
台西南盆地	100~200	14.4	7.9	29	49097.664	1178.343936
珠江口盆地	50~2000	20.27	11.1	33.3	173144.5337	4155.468809
北部湾盆地	0~55	5.15	2.8	3.7/32.1	55449.828	1330.795872
莺歌海盆地	0~100	9.87	6.7	45	99526.73805	2388.641713
琼东南盆地	50~2000	8.29	3.7	35/54	60664.9743	1455.959383

从表 5.13 可以看出,我国近海主要盆地封存容量结果显示,近海各盆地 800~3500m 深度的咸水层理论封存容量达到 971152 亿 t,按照 DOE 平均(E_{saline}=2.4%)计算,我国近海咸水层 CO_2 的有效封存容量约 23307 亿 t,上述计算结果显示我国近海有巨大的封存潜力,如以碧辟发布的年排放量(2020 年中国能源相关的 CO_2 排放量 98.93 亿 t)计算,则近海能够为 200 多年的碳排放提供封存空间。

5.4.3　我国海上 CCUS 源汇匹配分析

CCUS 是我国实现"双碳"目标的重要技术之一,是化石能源企业绿色低碳发展的关键技术。然而 CCUS 是一个复杂且特殊的工业系统,CO_2 排放源与封存汇往往不在同一区域,且 CCUS 项目建设投资成本较高,建成后不易再随意改造,合理部署 CCUS 项目需要提前对我国 CCUS 实施最优规划与布局,而这需要解决我国 CCUS 项目源汇匹配问题。根据前期碳源和碳汇的空间分布情况,结合海上工程条件,初步形成一南一北两大 CCUS 产业集群规划示范:珠江口 CCUS 产业集群和渤海湾 CCUS 产业集群。

1. 珠江口 CCUS 产业集群

广东省碳排放具有点源分布较集中的特点,主要分布于珠江三角洲及海岸带区域,近海有珠江口盆地、北部湾盆地两大封存区域,开展 CCUS 产业集群源汇匹配很有必要性,发展 CCUS 产业集群的规模优势明显。依据省内主要排放源与封存场地空间分布关系,充分融合广东省国土空间规划,提出规划建设 4 个 CCUS 工业集群,分别是广佛肇-深莞惠集群、珠江口西岸(珠中江)集群、粤东(汕揭潮)集群和粤西(湛茂阳)集群。广佛肇-深莞惠集群是全省最大的 CCUS 工业集群,每年碳排放量超过 1.2 亿 t;其次是粤西(湛茂阳)集群,碳排放量约 7000 万 t/a;粤东(汕揭潮)集群与珠江口西岸(珠中江)集群的规模相当,碳排放量分别为 5000 万 t/a、4000 万 t/a。

广佛肇-深莞惠集群覆盖广州、佛山、肇庆、深圳、东莞、惠州六市,碳排放量超过 1.2 亿 t CO_2/a,排放源以电力为主,占比 59%左右,其次是水泥和石化。另外惠州大亚湾石化工业区的石化企业排放体量也较大,超过 4000 万 t CO_2/a。建议广佛肇-深莞惠集群规划建设区域内 CO_2 运输管道,或将部分燃气管网改造成 CO_2 运输管网,将捕集的 CO_2 通过管道或船舶运输到珠江口盆地的惠州凹陷(封存容量约 100 亿 t CO_2),利用海上石油平台将 CO_2 注入地下咸水层或油气藏,实现 CO_2 地质封存或驱油利用。广州南沙、深圳前海、惠州大亚湾是 CO_2 运输码头和运输管网的核心枢纽。其中,惠州大亚湾石化企业的减排需求迫切,并且 CO_2 捕集成本较低,适合率先开展 CCUS 示范项目和 CO_2 运输基础设施建设。

珠江口西岸(珠中江)集群覆盖珠海、中山和江门三市的排放源企业,除了珠海粤裕丰钢铁有限公司外,其他均为发电企业,碳排放总量在 4000 万 t CO_2/a 以上。建议珠江口西岸(珠中江)集群分别从珠海、江门规划两条 CO_2 运输管道,将 CO_2 运输至西江凹陷地下咸水层和油气田进行地质封存或驱油利用。目前,西江 24-3 油田净探明储量 1900 万 bbl,西江 24-3 油田上方的咸水层可率先开展 CO_2 地质封存工作。经初步估算,西江凹陷碳封存容量约 91 亿 t CO_2,能够满足珠江口西岸(珠中江)集群 100 年以上的碳减排需求。

粤东(汕揭潮)集群由汕头、汕尾、揭阳、潮州四市的大型排放源企业组成，集群碳排放总量超过 5000 万 t CO_2/a。区域内排放源企业主要沿海岸线分布，建议临海铺设 CO_2 运输管道，连接各主要排放源企业。此外，燃煤电厂一般配套煤炭码头专用泊位，未来可供 CO_2 运输船舶停靠，替代运输管道开展低成本 CO_2 运输。深汕特别合作区华润电力海丰电厂、陆丰甲湖湾电厂均是潜在的区域 CO_2 运输集散枢纽。封存地点建议设立在陆丰油田群及其附近，整个陆丰凹陷的碳封存容量约为 52 亿 t CO_2。从深汕特别合作区华润电力海丰电厂到陆丰 13-1 油田的直线运输距离约为 150km。

粤西(湛茂阳)集群的碳源分布于广东省西海岸沿线，隶属于湛江、茂名和阳江三市，碳排放规模约在 7000 万 t CO_2/a。粤西(湛茂阳)集群的封存地点选择较多，由珠江口盆地西部珠三拗陷、北部湾盆地和雷州半岛的玄武岩共同构成。如果计划在珠三拗陷的文昌 13-1 油田建立封存设施枢纽群，源与汇之间的直线距离约为 200km，距离较远，可考虑利用现有油气管线基础设施。另一选择是在南海西北部的北部湾盆地开展 CO_2 地质封存。大唐国际雷州电厂与中国海油乌石油田的直线距离仅 20km，CO_2 运输距离短，运输成本低，利用 CO_2 提高石油采收率能够获得额外经济收入，是全省率先开展全流程 CCUS 示范项目的理想区域。此外，雷州半岛玄武岩发育，适合发展矿化封存，源汇匹配较好，CO_2 封存容量超过 210 亿 t。

2. 渤海湾 CCUS 产业集群

环渤海经济区是我国北方重要的经济带，有多个特大城市(人口大于 500 万人)，如北京、天津、石家庄、济南、唐山与沧州等，且这些城市多数为重工业城市，是我国钢铁与水泥的重要生产地，其用电量巨大。同时，渤海湾地区碳源与碳汇相对集中，发电厂捕集的 CO_2 约有 88% 可以直接运输到渤海湾盆地进行封存，平均运输距离约为 130km，最大距离为 372km。此外，该区域不仅陆上有丰富的石油资源，海上也有丰富的石油资源，是未来发展 CCUS 的重点区域。

渤海湾是我国重要的经济圈，也是人口密集地区、工业和能源消费的集聚地，目前已建和在建火力发电厂、钢厂、水泥厂等其他大型工厂以及油气开采平台是主要排放源，其中以火力发电厂为主，成为沿海地区封存的主要对象。特别是渤海湾地区油气资源丰富，盆地的适宜性较高，能有效解决渤海湾周边省市的碳减排需求，因此聚焦渤海 CO_2 封存需求，针对渤海地质条件，开展咸水层、枯竭油气田封存潜力详细评价，评估 CO_2 封存容量、注入能力，研究 CO_2 注入过程中盖层密闭性变化特征、CO_2 运移规律，初步形成渤海湾 CCUS 产业集群，为渤海湾周边省市碳减排提供技术支撑，其中渤海湾产业 CCUS 集群覆盖滨州、东营、沧州，碳排放量达 3.6 亿 t CO_2/a，渤海湾盆地的 CO_2 封存容量达到 1092 亿 t。

5.5　小　　结

我国海域盆地具有封存盖层条件好、安全性高、封存潜力大等优势，利用海上沉积

盆地开展 CO_2 地质封存是实现我国"双碳"目标,特别是沿海地区规模化碳减排的必然选择。通过开展海洋油气设施碳中和研究,进一步支持实现"双碳"目标的实现。

本章研究了全球 CCUS 技术和产业发展现状,评估了我国海上 CCUS 封存潜力,结合我国沿海地区碳封存需求,进行了我国近海 CCUS 源汇匹配,规划了海上 CCUS 发展。研究结果显示,虽然我国近海盆地有巨大的 CO_2 封存潜力,但相比国外,我国海上 CO_2 封存研究起步较晚,与国外大型项目仍有差距,未来有必要紧跟国际步伐,做好相关技术研发和管理的前期储备工作。并结合提出的发展规划稳步推进海上 CCUS 工程,为我国碳中和目标的实现提供支持和保障。

参 考 文 献

[1] Nihous G C. A preliminary assessment of ocean thermal energy conversion resources[J]. Journal of Energy Resources Technology, 2007, 129(1): 10-17.

[2] 丁仲礼, 张涛. 碳中和: 逻辑体系与技术需求[M]. 北京: 科学出版社, 2022.

[3] 吕广忠, 李振泉, 李向良, 等. 燃煤电厂 CO_2 捕集驱油封存技术及应用[J]. 科技导报, 2014, 32(1): 40-45.

[4] Marchetti C. On geoengineering and the CO_2 problem[J]. Climatic Change, 1977(1): 59-68.

[5] Orr Jr, Franklin M. Onshore geologic storage of CO_2[J]. Science, 2009(5948): 1656-1658.

[6] Schrag D P. Storage of carbon dioxide in offshore sediments[J]. Science, 2009(5948): 1658-1659.

[7] Haszeldine R S. Carbon capture and storage: How green can black be?[J]. Science, 2009(5948): 1647-1652.

[8] 张振冬, 杨正先, 张永华, 等. CO_2 捕集与封存研究进展及其在我国的发展前景[J]. 海洋环境科学, 2012(3): 456-459.

[9] 巢清尘, 陈文颖. 碳捕获和存储技术综述及对我国的影响[J]. 地球科学进展, 2006(3): 291-298.

[10] 李洛丹, 刘妮, 刘道平. CO_2 海洋封存的研究进展[J]. 能源与环境, 2008(6): 11-13.

[11] 秦长文, 肖钢, 王建丰, 等. CO_2 地质封存技术及中国南方近海 CO_2 封存的前景[J]. 海洋地质前沿, 2012(9): 40-45.

[12] 王小林. 二氧化碳海底封存与国际海洋环境保护法[J]. 学术论坛, 2010(11): 152-156.

[13] Kapetaki Z, Hetland J, Le Guenan T, et al. Highlights and lessons from the EU CCS demonstration project net work[J]. Energy Procedia, 2017, 114: 5562-5569.

[14] Baklid A, Korbol R, Owren G. Sleipner vest CO_2 disposal, CO_2 injection into a shallow underground aquifer[C]//SPE Annual Technical Conference and Exhibition. Richardson, Texas, USA: OnePetro, 1996: SPE-36600-MS.

[15] Kirk K, Schmidt-Hattenberger C, Vandeweijer V, et al. CO_2 Re Mo Ve update-research into monitoring and verification of CO_2 storage sites[J]. Greenhouse Issues, 2009, 94: 8-11.

[16] Chadwick A, Williams G, Delopine N, et al. Quantitative analysis of time-lapse seismic monitoring data at the Sleipner CO_2 storage operation[J]. The Leading Edge, 2010, 29(2): 170-177.

[17] Sandrine G, Didier B, Etienne B, et al. A site selection methodology for CO_2 underground storage in deep saline aquifers: case of the Paris Basin[J]. Energy Procedia, 2009, 1(1): 2929-2936.

[18] Dahowski R T, Li X C, Davidson C L, et al. Regional opportunities for carbon dioxide capture and storage in China[R]. Washington: U.S. Department of Energy, 2009.

[19] Gorecki C D, Sorensen J A, Steadman E, et al. CO_2 storage risk minimization through systematic identification and assessment of faults: A Williston Basin case study[J]. Energy Procedia, 2009, 1(1): 2887-2894.

[20] Davidson C L, Dahowski R T, Saripalli K P. Tectonic seismicity and the storage of carbon dioxide in geologic formations[M]// Rubin E S, Keith D W, Wilson G M, et al. Greenhouse Gas Control Technologies 7. Oxford: Elsevier Science Ltd, 2005: 2305-2308.

[21] Bachu S. Sequestration of CO_2 in geological media in response to climate change: road map for site selection using the transform of the geological space into the CO_2 phase space[J]. Energy Conversion and Management, 2003, 43(1): 87-102.

[22] Thomas V P, Karen L A, Nikki S, et al. Assessing European capacity for geological storage of carbon dioxide the EU Geo Capacity Project[J]. Energy Procedia, 2009, 1: 2663-2670.

[23] Holler S, Viebahna P. Assessment of CO_2 storage capacity in geological formations of Germany and Northern Europe[J]. Energy Procedia, 2011, 4: 4897-4904.

[24] Hatziyannis G, Falus G, Georgiev G, et al. Assessing capacity for geological storage of carbon dioxide in central—east group of countries (EU GeoCapacity project) [J]. Energy Procedia, 2009, 1: 3691-3697.

[25] Martínez R, Suarez I, Zapatero M A, et al. The EU Geocapacity Project—Saline aquifers storage capacity in Group South countries[J]. Energy Procedia, 2009, 1: 2733-2740.

[26] Radoslaw T, Barbara U M, Adam W. CO_2 storage capacity of deep aquifers and hydrocarbon fields in Poland EU Geo Capacity Project results[J]. Energy Procedia, 2009, 1: 2671-2677.

[27] Shogenova A, Shogenov K, Vaher R, et al. CO_2 geological storage capacity analysis in Estonia and neighbouring regions[J]. Energy Procedia, 2011, 4: 2785-2792.

[28] Shafeen A, Croiset E, Douglas P L, et al. CO_2 sequestration in Ontario, Canada. Part I: Storage evaluation of potential reservoirs[J]. Energy Conversion and Management, 2004, 45 (17): 2645-2659 .

[29] Ogawa T, Nakanishi S, Shidahara T, et al. Saline-aquifer CO_2 sequestration in Japan-methodology of storage capacity assessment[J]. International Journal of Greenhouse Gas Control, 2011, 5 (2): 318-326.

[30] 李小春, 刘延锋, 白冰, 等. 中国深部咸水含水层 CO_2 储存优先区域选择[J]. 岩石力学与工程学报, 2006, 25 (5): 963-968.

[31] 任相坤, 崔永君, 步学朋, 等. 鄂尔多斯盆地 CO_2 地质封存潜力分析[J]. 中国能源, 2010, 32 (1): 29-32.

[32] 张亮, 任韶然, 王瑞和, 等. 南海西部盐水层 CO_2 埋存潜力评估[J]. 岩土力学, 2010, 31 (4): 1238-1242.

[33] Zhou D, Zhao Z X, Liao J, et al. A preliminary assessment on CO_2 storage capacity in the Pearl River Mouth Basin offshore Guangdong, China[J]. International Journal of Greenhouse Gas Control, 2011, 5 (2): 308-317.

[34] Bachu S, Bonijoly D, Bradshaw J, et al. CO_2 storage capacity estimation: Methodology and gaps[J]. International Journal of Greenhouse Gas Control, 2007, 1 (4): 430-443.

[35] Zhou Q L, Birkholzer J T, Tsang C F, et al. A method for quick assessment of CO_2 storage capacity in closed and semi-closed saline formations[J]. International Journal of Greenhouse Gas Control, 2008, 2 (4): 626-639.

[36] Szulczewski M, Juanes R. A simple but rigorous model for calculating CO_2 storage capacity in deep saline aquifers at the basin scale[J]. Energy Procedia, 2009, 1: 3307-3314.

[37] Martín C F, Plaza M G, Pis J J, et al. On the limits of CO_2 capture capacity of carbons[J]. Separation and Purification Technology, 74 (2): 225-229.

[38] Bradshaw J, Bachu S, Bonijoly D, et al. CO_2 storage capacity estimation: Issues and development of standards[J]. International Journal of Greenhouse Gas Control, 2007, 1 (1): 62-68.

第6章　海洋碳汇发展战略

6.1　海洋碳汇政策

海洋是地球上最大的碳汇体。海洋生态系统碳汇，通常称为"蓝碳"，是将海洋作为一个特定载体吸收大气中的二氧化碳，并将其固化的过程和机制，其每年的固碳总量达到海陆碳汇总和的 55%，在全球碳循环中扮演着重要角色，并在全球气候治理中发挥着基础性作用。

修复和发展海洋生态系统的碳汇功能，是缓解全球气候变化的有效手段之一。2019 年在《联合国气候变化框架公约》第 25 次缔约方大会上，加强海洋对气候变化的减缓和适应行动受到前所未有的关注，海洋碳汇有望被纳入"2006 年 IPCC 国家温室气体清单指南"，成为未来气候变化应对的又一重要措施。2021 年 10 月 26 日，我国正式发布《2030 年前碳达峰行动方案》，提出加强海洋等生态系统碳汇基础理论、基础方法、前沿颠覆性技术研究；建立健全能够体现碳汇价值的生态保护补偿机制，研究制定碳汇项目参与全国碳排放权交易相关规则。全面保护和开发海洋碳汇生态系统，将在推进海洋经济高质量和可持续发展的同时，全面助力我国"双碳"目标的实现。

6.1.1　国际海洋碳汇政策

1. 政策框架

近年来，国际社会正在逐步将海洋生态系统所具备的碳汇能力纳入现有的政策框架，通过实施基于自然的解决方案、基于生态系统的办法，改善海洋及其生态系统的健康、生产力、可持续利用和复原力，促进海洋碳汇的开发和交易。

2009 年，联合国环境规划署(United Nations Environment Programme，UNEP)、联合国粮食及农业组织(Food and Agriculture Organization of the United Nations，FAO)和联合国教育、科学与文化组织政府间海洋学委员会(United Nations Educational, Scientific and Cultural Organization-Intergovernmental Oceanographic Commission，UNESCO-IOC)联合发布《蓝色碳汇：健康海洋固碳作用的评估报告》，首次提出蓝碳概念，确认了海草床、红树林和盐沼等蓝碳生态系统在减缓全球气候变化和碳循环过程中至关重要的作用，推动了国家海洋碳汇政策框架的建设。

2010 年，保护国际(Conservation International)基金会、UNESCO-IOC 和世界自然保护联盟(Internation Union for Conservation of Nature)共同启动了"蓝碳倡议"(The Blue Carbon Initiative)计划，成立了碳汇政策工作组和科学工作组，发布了政策框架、行动国家指南、行动倡议报告等一系列海洋碳汇报告，支撑了全球蓝碳的科学研究、项目实施和政策制定。

2011 年,《京都议定书》将红树林生态修复再造纳入清洁机制中。同年 11 月,《联合国气候变化框架公约》第 17 次缔约方大会将海洋碳汇作为主要议题之一进行了讨论。UNESCO-IOC 等四组织联合发布了《海洋及沿海地区可持续发展蓝图》报告,从建立全球性海洋碳汇市场和海洋碳汇专项基金、制定统一的海洋碳汇评估和监测标准、海洋碳捕获和碳储存信用额度进入国际规制框架等角度,规划了海洋碳汇保护和发展道路。

2014 年,IPCC 发布了《对 2006 IPCC 国家温室气体清单指南的 2013 增补:湿地》,首次纳入了红树林、海草床和滨海盐沼,并给出了滨海湿地碳排放与吸收的估算方法。

2015 年,巴黎气候变化大会中海洋碳汇议题首次上升到国际公约层面。《巴黎协定》将滨海生态修复纳入减排国家自主贡献(intended nationally determined contributions,INDCs)的政策框架。

2018 年,卡托维兹气候变化大会上,包括海洋在内的基于自然的解决方案被列为应对气候变化六大措施。

2019 年,IPCC 发布了《气候变化中的海洋和冰冻圈特别报告》,评估了温室气体排放等人类活动对海洋生态系统等影响的现状,并在总结全球研究成果的基础上提出了减缓和适应的对策。

2. 国家政策

近年来,全球各国政策在实现碳中和目标的大背景下,加快了海洋碳汇的建设及发展。虽然大部分国家尚未形成完整的海洋碳汇政策体系,但部分国家已在海洋碳汇规划及碳汇方法学等方面出台了相关政策或行动方案、规划。少数国家,如美国、澳大利亚等,已将海洋碳汇列入本国自主贡献清单中。

1)美国

自 2018 年,美国国家温室气体清单"土地利用变化和林业"的"湿地保持"项目包括除阿拉斯加和夏威夷外的所有私有和公有的滨海湿地(红树林、滨海盐沼)。

美国国家航空航天局和美国地质调查局联合发起"国家蓝碳计划",并建立国家蓝碳观测系统,对海岸湿地的碳汇效应进行全面评估。

美国国家科学院、美国国家工程院、美国国家医学院联合发表了《负排放技术和可靠封存:研究议程》。

美国国家海洋和大气管理局从市场机会、认可和能力建设、科学发展 3 个方面提出了国家海洋碳汇工作建议。

2)澳大利亚

2017 年在国家清单报告中首次报告了滨海盐沼与人类活动相关的排放和清除,并在 2018 年首次报告了人类活动清除海草造成的排放。

澳大利亚、韩国等国家先后发起建立与蓝碳相关的"国际伙伴"或国际合作机制,以提升在蓝碳领域的国际话语权和影响力。

3）印度尼西亚

印度尼西亚在全球环境基金（Global Environment Fund，GEF）的支持下实施了为期4年的"蓝色森林项目"（Blue Forest Project），建立了国家海洋碳汇中心，编制了《印度尼西亚海洋碳汇研究战略规划》。

4）欧洲

欧洲目前尚没有形成欧盟层面针对海洋碳汇的政策框架，但部分西欧国家近两年开始将其纳入地区性的碳减排和碳抵消政策和法律。

5）其他

肯尼亚、印度、越南和马达加斯加等国已启动盐沼、海草床和红树林的海洋碳汇项目，开展实践自愿碳市场和自我融资机制的试点示范。

3. 国际碳交易市场

国际碳交易市场包含强制性减排市场和自愿性减排市场两个体系。

1）强制性减排市场体系

各国政府首先确定国家减排目标，再通过强制性减排市场进行碳排放权的交易，引导部分自然碳汇（如森林碳汇）进入各国或全球碳市场，通过碳抵消机制达成碳配额的履约。如《京都议定书》框架下的联合履约（joint implementation，JI 和 CDM 机制，就推出了针对红树林的"在湿地上开展的小规模造林和再造林项目活动"和"退化红树林生境的造林和再造林"方法学，该机制可通过跨国交易实现碳抵消，但其集中式审核流程繁复耗时，推动项目开发的动力有限。

现阶段，针对海洋碳汇的市场化机制和方法学还未成熟，核算方法、技术规范、评价标准等还存在很多障碍，尚未得到国际交易体系和各国碳市场政策框架的普遍认可和准入。同时，全球碳低效政策收紧趋势明显，且倾向于发展程度更低的经济弱势国家，即使部分非欧盟国家在跨国碳抵消机制中纳入了海洋碳汇，其对所涉碳汇种类在方法学、标准体系和 MRV[①]层面的要求也较为严苛，项目开发门槛更高，由此判断未来我国海洋碳汇开发将以国内碳市场需求为目标，参与国际强制性减排体系下的跨国碳交易机会较小，难度较大。

2）自愿性减排市场体系

独立于国家碳交易体系之外的碳交易体系统称为国际自愿碳市场（voluntary carbon marker，VCM）与碳抵消机制，其碳汇需求主要源于非政府机构（如企业）在强制减排义务之外的自愿性减排意愿。近年来，全球自愿性碳抵消市场正不断扩大，交易机制逐步完善，参与方持续增多，跨国企业对碳中和理念的引领和实践逐渐成为这一市场中的主要

---

① MRV 是指碳排放的量化与数据质量保证的过程，包括监测（monitoring）、报告（reporting）和核查（verification），科学完善的 MRV 体系是碳交易机制建设运营的基本要素，也是企业低碳转型、区域低碳宏观决策的重要支撑。

需求方。据统计，全球规模前 2000 位公司中有约 25% 已经制定了碳中和目标，并具有通过碳抵消达成目标的潜在意愿。目前国际自愿减排市场交易量呈逐年上升趋势，其中"林业碳汇和土地利用"占较大比例，不同类别、不同注册标准项目的价格差异较大。虽然在不同减排类型中对自然碳汇交易价格较高，但 VCM 平均交易价格仍普遍低于发达国家主要碳市场的碳配额均价。

"REDD+"是国际自愿减排体系下的主要机制，于 2013 年联合国气候变化大会建立，由《巴黎协定》确认。REDD+（reducing emission from deforestation and forest degradation，即减少毁林和森林退化所致排放），确立了森林碳汇及其用于自愿碳抵消的基本国际法律框架机制，形成了几个主要的自愿碳抵消国际认证标准［如核证碳标准（verified carbon standard，VCS）、美国碳登记（American carbon registry，ACR）、气候行动储备（climate action reserve，CAR）、气候、社区及生物多样性（Climate，Community and Biodiversity，CCB）、黄金标准（gold standard，GS）等］。自愿碳抵消项目丰富、交易流程较短、经济和时间成本较低、交易形式灵活，可以通过场外交易市场（over the counter，OTC）或交易所等多种方式进行。目前在国际自愿减排碳抵消市场中最广泛应用的标准体系——Verra（VCS），于 2015年推出了针对海洋碳汇（包括滨海湿地和海草床）的碳抵消方法学（"滨海湿地和海草修复方法学"），并于 2020 年得到 REDD+框架认可，是目前主要国际认证标准中唯一针对海洋碳汇的方法学。该方法学也被国际航空碳抵消和减排计划（Carbon Offsetting and Reduction Scheme for International Aviation，CORSIA）认证为可提供航空排放碳抵消的机制之一。2021 年 4 月全球首个使用 VCS 方法学的滨海碳汇项目"莫罗斯基约湾蓝碳项目"（The Blue Carbon Project Gulf of Morrosquillo）在哥伦比亚通过认证。

综上所述，海洋碳汇虽尚未被纳入国际强制性碳减排交易机制，但仍具有良好的国际市场发展潜力，在国际自愿性减排市场的发展前景广阔，有可能成为海洋碳汇通过碳抵消机制实现商业化的重要途径。在此基础上各国政府（包括中国）及相关机构也给予了极大重视，发布了多项相关政策和法律，积极支持海洋碳汇方法学和相关产业的发展。

6.1.2 国内海洋碳汇的政策

1. 国家战略部署

党的十八大以来，党中央、国务院高度重视生态文明建设，持续推进生态文明顶层设计和制度体系建设，国家和地方各级实施方案逐步推出。海洋碳汇，作为实现碳中和目标的有力支撑、海洋经济高质量发展的重要动力、海洋生态文明建设的重要抓手，受到国家高度重视，"增加海洋碳汇""探索开展海洋碳汇试点""探索建立海洋碳汇标准体系和交易机制"等一系列部署相继被提出。海洋碳汇被纳入碳达峰、碳中和重要工作内容，全面推进新时期海洋碳汇基础研究和产业发展。

1）增加海洋碳汇

海洋碳汇已成为我国生态文明建设的核心战略内容之一。

《中共中央 国务院关于加快推进生态文明建设的意见》明确指出，"增加森林、草原、湿地、海洋碳汇等手段，有效控制二氧化碳、甲烷、氢氟碳化物、全氟化碳、六氟化硫等温室气体排放"，标志着海洋碳汇工作正式纳入国家战略部署。

2015 年 8 月 20 日，国务院印布《全国海洋主体功能区规划》，提出"积极开发利用海洋可再生能源，增强海洋碳汇功能"。

2015 年 9 月，中共中央、国务院印发《生态文明体制改革总体方案》，提出"逐步建立全国碳排放总量控制制度和分解落实机制，建立增加森林、草原、湿地、海洋碳汇的有效机制，加强应对气候变化国际合作"。

2021 年 3 月 15 日，中央财经委员会第九次会议提出，"要提升生态碳汇能力，强化国土空间规划和用途管控，有效发挥森林、草原、湿地、海洋、土壤、冻土的固碳作用，提升生态系统碳汇增量。"

2022 年 1 月，生态环境部等六部门印发《"十四五"海洋生态环境保护规划》，将提高海洋应对和适应气候变化有关工作纳入其中，系统部署相关重点任务，高度重视海洋碳汇建设。

2) 探索开展海洋碳汇试点

开发海洋碳汇资源势在必行，国家鼓励沿海省市率先依法合规开展海洋生态系统碳汇试点。

2016 年 10 月 27 日，国务院印发《"十三五"控制温室气体排放工作方案》，提出"探索开展海洋等生态系统碳汇试点"的要求，启动国内相关省市的海洋碳汇试点工作。

2019 年 5 月 12 日，中共中央办公厅 国务院办公厅印发《国家生态文明试验区(海南)实施方案》，提出开展海南省海洋生态系统碳汇试点，"调查研究海南省蓝碳生态系统的分布状况以及增汇的路径和潜力，在部分区域开展不同类型的碳汇试点。保护修复现有的蓝碳生态系统。结合海洋生态牧场建设,试点研究生态渔业的固碳机制和增汇模式。开展蓝碳标准体系和交易机制研究，依法合规探索设立国际碳排放权交易场所"。在国家战略部署指引下，海南、福建等省份开展了探索，相关试点工作方案正在完善，具体工作逐步实施。

2020 年 8 月 14 日，自然资源部、国家林业和草原局印发《红树林保护修复专项行动计划(2020—2025 年)》，提出"按照谁修复、谁受益的原则，鼓励社会资金投入红树林保护修复。研究开展红树林碳汇项目开发，探索建立红树林生态产品价值实现途径。各地可结合实际，制定推进红树林市场化保护修复的具体政策"。

3) 探索建立海洋碳汇标准体系和交易机制

作为碳市场交易的基础，碳汇本底调查、碳储量评估、碳汇技术标准体系日益受到国家重视。我国碳交易市场的持续推进，预计将会把海洋碳汇纳入其中。

2017 年 8 月 29 日，中央全面深化改革领导小组第三十八次会议审议通过了《关于完善主体功能区战略和制度的若干意见》提出，"探索建立蓝碳标准体系及交易机制"。

2021 年 4 月，中共中央办公厅、国务院办公厅印发《关于建立健全生态产品价值实现机制的意见》，提出推动生态资源权益交易，"健全碳排放权交易机制，探索碳汇权益交易试点"。

2021 年 9 月 22 日，《中共中央　国务院关于完整准确全面贯彻新发展理念做好碳达峰碳中和工作的意见》，提出加强气候变化成因及影响、生态系统碳汇等基础理论和方法研究。推进市场化机制建设。将碳汇交易纳入全国碳排放权交易市场，建立健全能够体现碳汇价值的生态保护补偿机制。

2022 年 9 月 26 日，自然资源部批准发布《海洋碳汇核算方法》(HY/T 0349—2022)海洋行业标准，于 2023 年 1 月 1 日起正式实施，标志着我国综合性海洋碳汇核算标准实现零的突破。

2. 国家政策制度

1)海洋生态系统保护政策

为推动海岸带生态系统的保护和修复，我国各部门陆续出台了多项保护政策。通过保护政策的实施，我国已在滨海湿地建立了数十个红树林保护区、数个海草床保护区和盐沼湿地保护区。虽然这些措施是以保护生物多样性为目的，但海洋生态系统的修复将有助于增汇减排，助力我国实现碳达峰、碳中和目标。

(1)海岸带保护和修复政策

海岸带修复政策力度不断提升，修复工作科学推进。

2017 年 3 月 31 日，国家海洋局印发《海岸线保护与利用管理办法》，提出优先保护海洋生态环境，加强海岸线保护与利用管理。

2019 年 8 月 30 日，自然资源部《关于规范沿海滩涂管理的提案》的答复中，"加强滩涂受损滨海湿地生态恢复修复和综合治理"。随后，"实施重要生态系统保护和修复重大工程，优化生态安全屏障体系"被列为落实党的十九大报告重要改革举措和中央全面深化改革委员会 2019 年工作要点。"加强生态系统保护修复"写入 2019 年《政府工作报告》。

2020 年 6 月 3 日，国家发展改革委、自然资源部印发了《全国重要生态系统保护和修复重大工程总体规划(2021—2035 年)》，提出了 6 个海岸带生态保护和修复重点工程。

2020 年自然资源部发布《海岸带保护修复工程工作方案(2019—2022 年)》。2020 年 6 月，自然资源部办公厅印发《自然资源部 2020 年立法工作计划》，提出积极开展红树林保护、海岸带管理等方面的立法研究；自然资源部北海局编制了《2019 年北海区生态保护修复报告》，总结了海洋生态保护修复管理经验。

2021 年 1 月，生态环境部印发了《关于统筹和加强应对气候变化与生态环境保护相关工作的指导意见》，提出积极推进海洋及海岸带生态保护修复与适应气候变化协同增效；推动监测体系统筹融合。

2021 年 8 月，生态环境部提出，将碳中和与适应气候变化指标纳入红树林、海草床、盐沼等典型海洋生态系统保护修复监管范畴；探索以增强气候韧性和提升蓝色碳汇增量为导向的海洋生态保护修复新模式。

2022 年 3 月，生态环境部、发展改革委、自然资源部、住房和城乡建设部、交通运输部、农业农村部和中国海警局联合印发《重点海域综合治理攻坚战行动方案》，提出按照因地制宜、分区施策，陆海统筹、综合治理，系统保护、协同增效，落实责任、合力攻坚的基本原则，着力打好重点海域综合治理攻坚战标志性战役。

(2)海岸带保护与开发利用资金支持型政策

近年，中央财政对沿海城市开展蓝色海湾整治给予奖补支持，统筹支持地方实施"蓝色海湾"、"南红北柳"和"生态岛礁"等重大修复工程。

2016 年 5 月 12 日，财政部、国家海洋局联合印发《关于中央财政支持实施蓝色海湾整治行动的通知》提出，工作内容为重点海湾综合治理和生态岛礁建设。主要实施海岸整治修复、滨海湿地植被种植和恢复、近岸构筑物清理与清淤疏浚整治、修复受损岛体等工程。

2019 年 3 月 11 日，财政部办公厅、自然资源部办公厅联合印发《关于组织申报中央财政支持蓝色海湾整治行动项目的通知》，中央财政资金主要支持开展的海岸带工作包括：海岸带生态修复包括对受损自然岸线进行整治与修复，护岸加固、海堤生态化建设，清除岸线两侧违法建筑物和设施等。

2020 年，财政部、自然资源部决定继续支持开展"蓝色海湾"综合整治行动。2020 年 3 月 19 日，财政部办公厅和自然资源部办公厅联合印发《关于组织申报中央财政支持海洋生态保护修复项目的通知》。

2020 年 4 月 26 日，财政部印发《海洋生态保护修复资金管理办法》，加强海洋生态保护修复资金使用管理。

2) 海洋碳汇试点政策

我国海洋碳汇试点工作处于起步阶段，"十三五"时期国家通过战略统筹和地方试点的形式进行了海洋碳汇开发的探索性研究和积极实践，推动了"十四五"时期地方海洋碳汇试点的推广。

2017 年，国家海洋局积极推进海洋碳汇工作，印发了《关于开展第一批海洋生态系统碳汇试点的通知》，支持地方探索开展海洋碳汇研究和试点。

2017 年底，国家有关部门发文拟开展我国"海洋生态系统碳汇试点"工作。

2018 年 12 月 27 日，生态环境部与海南省人民政府正式签订《全面加强海南生态环境保护战略合作协议》，明确开展海洋生态系统碳汇试点，加强应对气候变化与减排管理等。蓝碳资源禀赋丰富的海口、三亚等地分别制定了《海口市海洋生态系统碳汇试点实施方案(2018—2020 年)》(征求意见稿)、正在编制《三亚市海洋生态系统碳汇试点方案》，围绕海洋本底调查、修复与增汇、碳交易、碳普惠、碳定价等方面提出了具体工作方案，目的在于有效扩大我国蓝碳规模，提升海洋健康水平，积极推动构建蓝碳交易市场。

3. 各省市工作方案

在"十三五"海洋碳汇试点工作的基础上，"十四五"以来重点省市编制的海洋碳汇工作方案逐步成熟并正式发布，成为加快新时期海洋碳汇试点工作的指导性文件和实践性参考。目前，山东、福建、海南推进较快。

1）山东

山东多市发布行动方案和试点计划，重点在监测和核算技术标准、金融创新等方面发力。2021 年 4 月 1 日，威海市人民政府办公室印发了《威海市蓝碳经济发展行动方案（2021—2025 年）》，这是全国首个蓝碳经济发展行动方案。方案提出，到 2025 年底，威海全市蓝碳经济体系基本建立，蓝碳经济贡献度显著提高，在全市海洋经济占比超过 30%。加快编制《威海市海洋碳汇核算指南》《海带养殖碳汇项目碳计量和监测技术规范》。建立海洋碳指纹、碳足迹、碳标识相应的方法与技术、计量步骤与操作规范、评价标准。2021 年 7 月 28 日，青岛市生态环境局称青岛将开展碳中和创新研究及先行示范建设，将推进海洋碳汇基础研究和试点示范，并探索制定海洋碳汇系列标准、推动海洋碳汇交易，打造"海洋碳汇特色示范区"。2023 年 4 月 26 日，山东省海洋碳汇产业联盟第一届理事会在烟台召开。

2）福建

福建立足扎实研究基础，以碳交易为重点，体系化布局基础研究和交易政策。2021 年 5 月 14 日，福建省人民政府印发《加快建设"海上福建"推进海洋经济高质量发展三年行动方案（2021—2023 年）》，提出深入开展海洋碳汇科学研究和推动海洋碳中和试点工程，抢占海洋碳汇制高点。支持厦门大学碳中和创新研究中心建设，深化海洋人工增汇、海洋负排放相关规则和技术标准研究，推动创建国家重点实验室、海洋碳汇基础科学中心，探索开展海洋碳汇研究大科学装置可行性研究。支持自然资源部第三海洋研究所"福建省海水养殖碳中和应用研究中心"建设，开发养殖碳汇监测技术体系及规程，探索建立海水养殖碳汇核算标准，开发海水养殖增汇技术。开展海水养殖增汇、滨海湿地和红树林增汇、海洋微生物增汇等试点工程，提高海洋固碳增汇能力。探索制订海洋碳汇监测系统、核算标准，参与制订海洋碳交易规则，推动海洋碳汇交易基础能力建设，开展海水贝藻类养殖区碳中和示范应用。2021 年兴业银行厦门分行设立全国首个"蓝碳基金"。2022 年 1 月 1 日，福建连江完成全国首宗海洋渔业碳汇交易。

3）海南

在前期海洋碳汇试点工作成果的基础上，海南省加快海洋碳汇规划、试点和开发工作的持续推进。2021 年 7 月 22 日，海南省人民政府办公厅印发《海南省"十四五"生态环境保护规划》指出开展海洋生态系统碳汇本底调查。2022 年 7 月，海南省自然资源和规划厅发布《海南省海洋生态系统碳汇试点工作方案（2022—2024 年）》，提出围绕海洋生态系统碳汇资源的调查、评估、保护和修复，以试点项目为抓手，切实巩固和提升海洋生态系统碳汇，探索海洋自然资源生态价值实现路径，创新海洋生态系统碳汇发展模式和途径。2022 年 8 月，海南省人民政府印发《海南省碳达峰实施方案》，提出以环海南岛重点海洋生态区为重点，推进海岸带生态保护修复；开展海洋蓝碳生态系统建设工程；全面加强海岸带蓝碳生态系统的保护与修复工作，完善海洋生态补偿机制和海洋可持续发展方式，充分挖掘全省蓝碳潜力。

4. 国家碳市场相关政策

党的二十大报告指出要积极稳妥推进碳达峰、碳中和，健全碳排放权市场交易制度。碳市场是利用市场机制控制温室气体排放、降低全社会减排成本的重大制度创新，也是推动实现"双碳"目标的重要政策工具。目前，我国已初步建立符合我国实际、具有一定特色的碳市场。当然，碳市场建设本身是一项复杂的、与时俱进的系统工程，我国碳市场在建设和发展过程中也存在一些制度和市场层面的问题，亟待发展完善；同时，国家层面尚未出台针对海洋碳汇纳入碳市场的政策。

2012 年国家发展改革委印发了《温室气体自愿减排交易管理暂行办法》和《温室气体自愿减排项目审定与核证指南》，这两个文件基本确立了我国自愿减排项目的申报、审定、备案、核证、签发等工作流程，为自愿减排项目的开发提供了依据。

2015 年 1 月，国家核证自愿减排量交易平台上线运行，标志着 CCER 走完了从备案到交易的所有流程，CCER 可以用于企业履约。截至 2019 年 1 月，国家发展改革委共备案了 9 家交易机构、12 家审定与核证机构和 200 个方法学。与国际碳市场类似，国内自然碳汇也可以通过国家碳配额市场外的企业自愿减排市场交易，其价格与国家碳市场不直接挂钩，定价模式主要由双边协商决定。

2020 年 12 月 31 日，生态环境部发布《碳排放权交易管理办法（试行）》，重点排放单位以及符合国家有关交易规则的机构和个人，是全国碳排放权交易市场的交易主体。同时，全国碳市场首个履约周期正式启动，涉及 2225 家发电行业的重点排放单位。

2021 年 3 月，"广东湛江红树林造林项目"通过 Verra 的评审，成为我国首个符合 VCS 和 CCB 的红树林碳汇项目。同年 6 月 8 日签约交易，标志着我国首个红树林碳汇项目和首个蓝碳交易项目完成，虽然项目规模较小，但具有较好的市场示范效果，拓展了发展潜力。

2021 年 9 月《中共中央　国务院关于完整准确全面贯彻新发展理念做好碳达峰碳中和工作的意见》中明确了"将碳汇交易纳入全国碳排放权交易市场，建立健全能够体现碳汇价值的生态保护补偿机制"。

2023 年 1 月，生态环境部发布了《全国碳排放权交易市场第一个履约周期报告》，总结梳理了碳排放核算、报告与核查制度体系建设进展。根据报告，我国碳排放数据核算、报告和核查制度逐步完善，在发电行业配额现货市场运行良好基础上，生态环境部将逐步将市场覆盖范围扩大到更多高排放行业。

2023 年 2 月，最高人民法院发布《最高人民法院关于完整准确全面贯彻新发展理念为积极稳妥推进碳达峰碳中和提供司法服务的意见》，为稳妥有序推进全国碳排放权交易市场建设工作贡献了法治力量。

总体来说，我国高度重视海洋碳汇相关的经济技术发展，从 2015 年至今开展了"增加海洋碳汇"、"探索开展海洋碳汇试点"和"探索建立海洋碳汇标准体系和交易机制"等一系列部署，在政策导向上明确支持和鼓励海洋碳汇产业发展，但在实践层面上，由于海洋碳汇交易尚未纳入全国碳排放权交易市场体系，相关能力建设和平台交易目前仍以沿海省市自行自试为主，有待后续全面推广。

6.2 发展海洋碳汇措施及潜力

综合来看，目前国内外海洋碳汇试点和蓝碳相关理论基础及方法学研究仍在持续进行中，相关的碳汇理论、技术和机制创新也处于起步阶段。但全球范围内，已就海洋碳汇在气候治理中发挥的重要作用和未来发展的巨大潜力达成共识。在此基础上，我国正在积极支持推动海洋碳汇与蓝碳相关方法学的研究与开发，已相对成熟的红树林、盐沼地、海草床等相关方法学将有望纳入国家温室气体自愿减排机制。同时，我国在微生物碳泵、渔业碳汇等领域的理论研究具有优势，若能转化为方法学的创新和碳汇项目的开发，将会极大推动我国和全球海洋碳汇市场的发展潜力。

6.2.1 海洋碳汇技术研究进展

当前，世界各国已经充分认识到海洋碳汇的重要作用，开展了大量基础研究，并取得了显著进展。

1. 海洋碳汇开发技术研究现状

海洋碳汇开发技术的研究在国外启动较早，主要集中在基础科学的研究和发展等内容，在碳汇开发措施上重点针对海岸带蓝碳开展试点示范，与此同时加快推进海洋碳汇计量标准和方法学的研究、出台和实施。

1) 海岸带蓝碳开发技术

海岸带生态系统碳汇又称为"海岸带蓝碳"，介于海洋蓝碳与陆地绿碳之间，主要是指红树林、滨海沼泽和海草床等生物环境通过光合作用固定的生物碳，以及生物死亡后储存在沉积物或土壤中的碳。

(1) 红树林碳汇研究

红树林根系碳循环周期长，土壤有机分解速率低，碳储存时间长，具有很高的碳汇能力。红树林湿地的总碳储量由两部分组成：一部分储存于植物体内(包括凋落物、树木和根系的生物量)，另一部分储存在土壤中。

关于红树林湿地碳储量的研究方法包括异速生长方程法和遥感反演法。关于土壤碳储量的研究方法包括直接测量法和土壤测量法。由于研究过程中采样地区红树林生态系统不同、研究方法不同、计算方法不同等诸多因素，最终会导致红树林湿地碳储量、碳汇的统计结果存在一定差异。

国内外对于红树林的研究开始较早，研究范围多集中在红树林分布和碳汇量评估研究以及对红树林资源破坏与保护等方面，如对红树林土壤碳储量和砍伐红树林的潜在排放量的基础模式研究、海岸带生境的入侵作用研究、全球气候胁迫因素的影响，以及不同影响因子对碳汇能力的影响等。此外，国内对于红树林的研究还有保护策略、生物生态学、经营管理、生物环境、病虫害防治、资源调查等方面。

研究发现，全球红树林总碳储量为 147.9 亿 tCO_2，年平均埋藏速度为 639 $t\,CO_2/(km^2 \cdot a)$。其中，赤道附近红树林储存了 99.82 亿 tCO_2。全球红树林年碳汇量为 (8 ± 2.86) 亿 tCO_2，碳汇能力为热带雨林的 50 倍[1]。

(2)海草床碳汇研究

海草床指由海草形成的广阔草场，是地球上生物多样性最丰富、生产力最高的海洋生态系统之一。全球的海草床面积为 17.7 万～60 万 km^2。

国外开展对于海草床的研究早于我国，如北美、欧洲以及澳大利亚等地区和国家都有较长时间的海草床研究历史，研究内容包含全球海草床碳储量、海草草甸固碳能力、碳出口、实验模拟人类活动对海草生境的干扰及修复问题等。

海草床自身的高生产力、强大的悬浮物捕捉能力以及有机碳在海草床沉积物中的相对稳定性，使其具有很高的碳汇能力。全球海草床储藏了 70 亿～237 亿 tCO_2，平均碳埋藏速率 367～646$t/(km^2 \cdot a)$，每年埋藏 0.65 亿～3.88 亿 tCO_2[1]。

(3)滨海沼泽碳汇研究

滨海沼泽指海岸带受潮汐影响的覆有草本植物群落的咸水或淡咸水淤泥质滩涂，其在全球分布广泛，通常位于盐度较高的河口或靠近河口的沿海潮间带。滨海沼泽具有很高的生产力、丰富的生物多样性和极为重要的生态系统服务功能。全球滨海沼泽面积为 2.2 万～40 万 km^2[1]。

滨海沼泽是地球上生产力最高的生态系统之一，有较高的碳沉积速度和固碳能力，高于红树林的年平均固碳量。一方面是土壤呼吸强度偏弱、地表 CO_2 交换通量偏小，另一方面是由于强烈的水文过程将植物-土壤系统中所产生的碳运至地下水或邻近海域[2]。同时滨海沼泽还具有物质生产、生物栖息、净化水体、干扰调节等众多生态服务功能，有较高的生态及经济发展价值，因此备受关注。

目前，多数国家都对本国的滨海沼泽湿地进行了全方位的研究，主要涉及滨海沼泽湿地分布、物种研究、湿地生态系统结构与功能，以及影响因子的研究。研究多集中于生态系统结构功能、湿地分布和物种分布等方面。其中，美国相关研究较为深入，开展了滨海沼泽湿地生态系统 CO_2 交换研究，在环境、生物、潮汐等影响因子对生态系统 CO_2 收支的影响机制方面取得了一系列进展。

滨海沼泽具有很高的净初级生产力，几乎不产生甲烷。然而人类活动的干扰和破坏，加速了滨海沼泽有机碳的分解，导致其碳库急剧减小。全球盐沼储藏了 18.72 亿～374.34 亿 tCO_2，平均碳埋藏速率为 712～888$t/(km^2 \cdot a)$，年碳汇量 2.85 亿～3.62 亿 tCO_2[1]。

总的来说，关于海岸带蓝碳碳汇的基础研究尚处于起步阶段，基本形成了碳汇量的计量方法，但目前的方法适应性不强、实施难度大、成本高，不同方法评估的储碳量存在较大的差别，海洋碳汇具体可测量、可报告和可核证的监测体系和核算标准体系等都亟待建立和完善。

2)渔业碳汇开发技术

"碳汇渔业"的概念最早由唐启升院士于 2010 年提出并沿用至今，指通过渔业生产活动促进水生生物吸收水体中的 CO_2，并通过收获把这些碳移出水体的过程和机制，主要包括藻类和贝类两种固碳方式。藻类和贝类分别通过光合作用和大量滤食浮游植物从海水中吸收碳元素并将之以有机碳的形式固定下来，形成碳汇。

渔业碳汇是"可移出的碳汇"和"可产业化的蓝碳"，尽管目前由于技术原因尚未被广泛认知并作为碳汇进行开发，但随着技术进步和相关碳汇政策机制的进一步完善，极大可能成为未来海洋碳汇的重要组成部分。

国内外对养殖贝类、藻类等渔业碳汇的研究已经开展了十几年，研究内容多集中在贝类和珊瑚礁的钙化过程、贝类藻类的快速生长，以及大型藻类的光合作用对海洋碳循环的影响等方面，研究成果也直接推动了海洋养殖业的发展。在渔业碳汇潜力测算和评估方面，目前主要偏重贝类藻类的可移出碳汇研究，但尚无统一的渔业碳汇监测和计量的方法学及标准。2019 年 9 月，国内首个海洋碳汇方法学——海带养殖碳汇方法学在山东威海发布，标志着海带养殖碳汇方法学研究已取得阶段性成果。

除可移出的碳外，微型生物作用驱动形成的溶解有机碳(dissolved organic carbon，DOC)、惰性溶解有机碳(recalcitrant dissolved organic carbon，RDOC)以及碳的沉积埋藏等都是渔业碳汇的重要组成部分，但研究难度大，尚无统一的计量标准，因此暂未计入渔业碳汇，越来越多的研究提示这部分碳汇也在养殖蓝碳中占据了相当高的比例，有待进一步深入研究。

总体上，渔业碳汇仍处于基础研究阶段，国内外的研究重点集中在海洋生物固碳机制、固碳效果量化、渔业碳汇监测、碳汇核算方法，以及渔业碳循环模型的建立等方面，应用技术和体系缺乏。渔业碳汇核算方法仅局限于少数几个品种贝类和藻类养殖的固碳量计算方法，标准、政策和法规尚未或正在建立，国际合作和自主研发机制尚待完善。

3) 微型生物碳汇开发技术

微型生物碳汇是指海洋微型生物通过光合作用等进行固碳的过程和机制。海洋微型生物是指个体小于 20μm 的微型浮游生物、超微型浮游生物，包括各类自养、异养的真核和原核单细胞生物等，是海洋碳汇的主要驱动者。

海洋微型生物碳汇固碳、储碳的机制主要包括依赖于生物固碳及其之后的以颗粒态有机碳沉降为主的"生物泵"和依赖于微型生物过程的"微型生物碳泵"。

近年来，国内外围绕海洋碳元素生物地球化学循环的机理研究和定量分析开展了大量深入研究，阐述了海洋生物的储碳过程与机制。厦门大学在生物碳泵理论基础上，扩展引入了微型生物碳泵的理论，并进一步从微生物和分子生物的机理上阐述了生物碳泵固定的海洋有机物的最终去向。在此基础上，国际科学家开展了大量深入的机理研究和定量分析，试图揭示海洋巨大碳库的来源及其变化机制。但目前的研究仍比较基础，对于微型生物碳汇的形成原理、过程、调控机制的认识，以及固碳量的测定方法和计量标准制定等方面也迫切需要更加系统深入地研究。

微型生物碳汇贯穿于近海蓝碳的各个环节，包括红树林、海草床、滨海沼泽，及近海渔业养殖等各个碳汇环节，但由于缺乏统一的计量标准，一直被忽视或遗漏。

微型生物所驱动的海洋碳汇过程的功能基因家族、关键类群及其代谢产物(有机碳分子)尚不明确，限制了高分辨率碳汇核查手段和关键微型生物检测技术的研发。目前，正在进行高通量宏基因组测序、功能基因芯片、高分辨率质谱，以及高分辨率质谱用于多种环境微型生物群落(功能基因与物种)及其代谢产物相关研究。然而由于现有知识体系对海洋微生物碳汇过程的认知不足，此类高通量高分辨率技术手段尚无法直接用于海洋生物碳汇的核查评估，导致微型生物碳汇暂时无法纳入交易机制。

2. 海洋碳汇标准和方法学开发现状

海洋碳汇生态资源价值实现的路径有两条：一是碳汇动植物本身作为生态修复物种而带来的环境改善、生物多样性提高等生态价值；二是利用增汇手段以吸收、减少大气中的二氧化碳为主要目的的碳汇价值。目前，衡量海洋碳汇生态资源生态价值实现的主要有各类国家、地方、行业标准等，开发、衡量碳汇价值的则为各类物种相应的碳汇方法学。在方法学开发时机尚不成熟条件下，海洋碳汇计量和监测的标准起到了衔接生态价值和碳汇价值桥梁纽带的作用，碳汇计量和监测作为方法学的重要组成部分，根据现有的理论和实践储备制订碳汇计量和监测的标准，可以确认海洋碳汇属性，明晰海洋碳汇的组成和量级，形成可靠的监测方法，为后续的方法学开发打好基础。

海洋碳汇方法学和标准建立是发展海洋碳汇的基础，而海洋碳汇的经济价值核算是推动海洋碳汇进入碳交易市场、优化海洋资源配置的前提条件，具有重要的理论和实践意义。国内外为开展海洋碳汇交易机制探索，已发布了一些碳汇计量、监测等相关方法或标准。

1) 海岸带蓝碳标准和方法学

由于沿海蓝碳的机制与林业碳汇机制较相似，国内外对沿海蓝碳的研究较透彻，相关机构发布了一系列沿海蓝碳标准和方法学，国外发布的主要有 ACR 系列方法学、VCS 系列方法学、IPCC 方法学以及 UNEP 蓝碳方法学等。

海岸带蓝碳作为最早被国际社会承认的海洋碳汇，联合国《蓝碳报告》和 IPCC《湿地指南》[①]对其重要性和评估方法均有阐述，因此海岸带蓝碳在海洋碳汇属性和碳汇机制上争论较小[3]。IPCC《湿地指南》给出了海草床、红树林、滨海沼泽等三大蓝碳生态系统的清单编制方法，涉及森林管理、土壤挖掘、排干、再浸润、恢复和创造植被等活动的 CO_2 排放和吸收以及水产养殖的 N_2O 排放和再浸润的 CH_4 排放。针对不同数据级别，规定了各项活动导致的各类碳库变动的计算方法、排放因子和活动数据的选择以及不确定性评估方法。《滨海蓝碳：红树林、滨海盐沼、海草床碳储量和排放因子的评估方法》详细介绍了三大蓝碳生态系统碳储量野外调查方案设计，沉积物碳库、生物量(包括凋落物和枯死木)碳库碳储量和年固碳速率野外调查及实验室分析方法，二氧化碳排放监测方

_____

① 《对 2006 IPCC 国家温室气体清单指南的 2013 增补：湿地》的简称。

法。《红树林结构、生物量和碳储量调查、监测和报告技术规程》给出了红树林碳储量野外调查和实验室分析方法。目前海岸带蓝碳相关国内外标准见表 6.1。

表 6.1　海岸带蓝碳相关国内外标准

序号	来源	名称	属性	状态
1	IPCC	《对 2006IPCC 国家温室气体清单指南的 2013 增补：湿地》	国际指南	已发布
2	"蓝碳倡议"工作组	《滨海蓝碳：红树林、滨海盐沼、海草床碳储量和排放因子的评估方法》	国际方法	已发布
3	国际林业研究中心	《红树林结构、生物量和碳储量调查、监测和报告技术规程》	国际规程	已发布
4	自然资源部第三海洋研究所等	《红树林生态修复监测和效果评估技术指南》	国家标准	正在审查
5	广西红树林研究中心等	《蓝碳生态系统碳库规模调查与评估技术规程红树林》	行业标准	已立项
6	中国科学院海洋研究所等	《海草床生态修复监测与效果评估技术指南》	国家标准	征求意见
7	国家海洋信息中心等	《蓝碳生态系统碳储量调查与评估技术规程 海草床》	行业标准	正在审查
8	中国科学院南海海洋研究所	《海草床生态系统碳库动态监测与评估技术规程》	行业标准	已立项
9	华东师范大学等	《蓝碳生态系统碳库规模调查与评估技术规程 盐沼》	行业标准	正在审查
10	国家海洋局东海环境监测中心	《蓝碳生态系统碳库动态监测与评估技术规程 盐沼》	行业标准	已立项
11	南京大学	《滨海盐沼湿地生态修复监测与效果评估技术指南》	国家标准	征求意见
12	自然资源部第三海洋研究所等	《珊瑚礁生态修复监测和效果评估技术指南》	国家标准	正在审查
13	中国科学院海洋研究所	《蓝碳生态系统碳库规模调查与评估技术规程 牡蛎礁》	行业标准	已立项
14	国家海洋局第一海洋研究所	《蓝碳生态系统碳库动态监测与评估技术规程 桤柳林》	行业标准	已立项
15	清华大学深圳国际研究生院	《蓝碳生态系统蓝碳计量技术规程 互花米草》	行业标准	已立项
16	自然资源部第一海洋研究所	《海洋碳汇核算方法》	行业标准	已发布
17	国家海洋标准计量中心等	《蓝碳术语》	国家标准	拟立项
18	国家海洋信息中心等	《蓝碳生态系统增汇适宜区识别技术导则》	行业标准	已立项
19	自然资源部海洋减灾中心等	《蓝碳生态系统碳汇计量监测技术规程》	行业标准	已立项

　　碳汇方法学作为指导碳汇项目开发和计算项目碳汇量的准绳和基石，在碳汇价值实现链条中扮演着重要的、不可或缺的角色。目前 CDM 和 VCS 均开发了海岸带蓝碳方法学以供相关项目开发，在 CDM 下有红树林及湿地生态修复的《退化红树林生境的造林和再造林》和《在湿地开展的小规模造林和再造林项目活动》两个方法学；在 VCS 下也有涉及红树林、海草床、滨海湿地的《REDD+方法学框架》、《潮汐湿地和海草修复方法学》和《构建滨海湿地的方法学》。在国内机制中，2023 年 10 月 24 日，生态环

境部办公厅印发了《温室气体自愿减排项目方法学 红树林营造》(CCER-14-002-V01),成为 CCER 机制下首个公布的海洋碳汇相关方法学。已有的海岸带蓝碳相关方法学见表 6.2。

表 6.2　海岸带蓝碳相关方法学

序号	方法学	所属机制	内容
1	《退化红树林生境的造林和再造林》(AR-AM0014)	CDM	在退化的红树林地块开展红树林造林和再造林
2	《在湿地开展的小规模造林和再造林项目活动》(AR-AMS0003)	CDM	仅适用于在湿地上开展年碳汇量小于 1.6 万 t 的造林和再造林项目,湿地类型包括红树林等潮间带湿地
3	《避免在泥炭沼泽森林中开展计划的土地利用转变活动的保护项目方法学》v2.0(VM0004)	VCS	适用于东南亚地区避免热带泥炭沼泽森林(未排干)的土地利用变化(完全转化为其他土地利用类型)
4	《REDD + 方法学框架》(VM0007)	VCS	适用于计划和非计划的森林砍伐(包括红树林)、森林退化、造林、再造林和植被种植、计划和非计划的湿地退化、湿地修复活动
5	《构建滨海湿地的方法学》(VM0024)	VCS	该方法仅适用美国境内开展的通过底质环境改造、植被恢复(包括草本和红树林等木本植被),或者综合采用两种措施来构建湿地的项目
6	《潮汐湿地和海草恢复方法学》(VM0033)	VCS	通过实施湿地构建、恢复,或者水文条件、沉积物补充、盐度条件、水质或乡土植被恢复等活动恢复红树林、盐沼和海草床等潮汐湿地,从而产生的温室气体净减排或去除
7	《排干的热带泥炭地还湿的方法学》(VM0027)	VCS	适用于热带东南亚地区(限于马来西亚、印度尼西亚、文莱和巴布亚新几内亚)通过修建永久性或临时性的构筑物截水使已被排干的泥炭土还湿
8	《排干的温带泥炭地还湿的方法学》(VM0036)	VCS	温带地区实施排干的泥炭地还湿活动产生的温室气体净减排量的估算,以及泥炭碳库以外的碳储量变化
9	《温室气体自愿减排项目方法学 红树林营造》(CCER-14-002-V01)	CCER	规定了无植被被潮滩和退养的养殖塘区域红树林种植项目二氧化碳减排量的核算与监测方法、审定与核查要点等

2)渔业碳汇标准和方法学

渔业碳汇包括藻类通过光合作用和滤食性贝类、鱼类等养殖生物大量滤食颗粒有机碳,从水体中吸收使用的碳,还包括渔业生物资源种类通过食物网机制和摄食生长所使用的碳。

目前已发布的渔业碳汇标准如下。有根据碳储量变化法的《养殖大型藻类和双壳贝类碳汇计量方法　碳储量变化法》行业标准;有已经立项的关于贝藻类的《海洋资源生物碳库贡献调查与评估技术规程　大型藻类(筏式养殖)》《海洋生物资源碳增汇计量和监测技术规范　大型藻类(筏式养殖)》行业标准,《海带栽培项目碳汇计量与监测技术指南》团体标准;以及与海洋牧场相关的《海洋资源生物碳库贡献动态监测与评估技术规程　海洋牧场》和《蓝碳生态系统碳库规模调查与评估技术规程　海洋牧场》。目前渔业碳汇领域已经立项或发布的标准见表 6.3。

从标准制定进度来看,渔业碳汇领域仅有一项行业标准发布,其余均处于标准起草过程中。从标准内容来看，仅有两项起草中的行业标准涉及渔业碳汇监测，所有标准均以明确碳储量为主要目标。西方发达国家并非主要水产养殖国，发展渔业碳汇的积极性不高。虽然渔业碳汇作为碳捕集的一种形式逐渐得到国际社会的认可，但已发布的相关标准较少，尚无渔业碳汇领域的碳汇方法学。

表 6.3 渔业碳汇相关标准

序号	来源	名称	属性	状态
1	中国水产科学研究院黄海水产研究所、自然资源部第一海洋研究所	《养殖大型藻类和双壳贝类碳汇计量方法 碳储量变化法》(HY/T 0305—2021)	行业标准	已发布
2	中国水产科学研究院黄海水产研究所等	《养殖海带碳足迹核算技术规范 生命周期评价法》	行业标准	已立项
3	中国水产科学研究院黄海水产研究所等	《海洋资源生物碳库贡献调查与评估技术规程 大型藻类(筏式养殖)》	行业标准	已立项
4	中国水产科学研究院黄海水产研究所	《海洋生物资源碳增汇计量和监测技术规范 大型藻类(筏式养殖)》	行业标准	已立项
5	威海市蓝色经济研究院	《海带栽培项目碳汇计量与监测技术指南》	团体标准	已立项
6	江苏省海洋水产研究所等	《海洋资源生物碳库贡献调查与评估技术规程 紫菜》	行业标准	已立项
7	中国水产科学研究院黄海水产研究所	《海洋资源生物碳库贡献调查与评估技术规程 贝类(筏式养殖)》	行业标准	已立项
8	中国水产科学研究院黄海水产研究所等	《海洋资源生物碳库贡献调查与评估技术规程 贝类(底播增养殖)》	行业标准	已立项
9	中国科学院海洋研究所	《海洋资源生物碳库贡献动态监测与评估技术规程 海洋牧场》	行业标准	已立项
10	中国科学院海洋研究所	《蓝碳生态系统碳库规模调查与评估技术规程 海洋牧场》	行业标准	已立项

3) 微型生物碳汇

微型生物碳汇处于基础研究阶段，尚无相关标准或方法学发布。目前，正在立项的相关标准包括厦门大学《微型生物碳库贡献调查与评估技术规程 海洋细菌》行业标准和中国科学院青岛生物能源与过程研究所《微型生物碳库贡献调查与评估技术规程 超微型浮游植物》行业标准。两项行业标准属于理论研究较为成熟的海洋微型生物碳泵的碳库评估，距用于开发微型生物碳汇的方法学尚有一定距离。

3. 海洋碳汇技术主要发展方向

现阶段碳汇技术和产业较为成熟的是与陆地植物类似的红树林、滨海盐沼、海草床等海岸带蓝碳，也是目前国际上普遍承认的海洋碳汇范畴。

2021 年 12 月美国国家科学院发布的《海洋二氧化碳移除和封存研究策略》(A Research Strategy for Ocean-based Carbon Dioxide Removal and Sequestration)报告中，展望了海洋去除和封存二氧化碳的六种方法，也代表了未来海洋碳汇技术发展的主要方向，包括营养施肥、人工上升流和下降流、海藻养殖、生态系统修复、增加海水碱度、电化学方法。

(1) 营养施肥:向海洋表面添加磷或氮等营养物质,以增强浮游植物的光合作用,从而增强海洋对二氧化碳的吸收和向深海的碳转移,以封存一个世纪或更长时间。报告中认为,这种方法有效且可扩展,环境风险中等,超出的环境监测成本较少。估算这项重点研究将需要 2.9 亿美元,开展包括碳封存场地试验和跟踪。

(2) 人工上升流和下降流:通过上升流将温度更低、营养更丰富和二氧化碳含量更高的深水带到海洋表面,刺激浮游植物生长并吸收大气中的二氧化碳。下降流则将表层海水和碳转移到深海。报告中认为,目前人们对此类方法的有效性和可扩展性缺乏信心,由此带来的环境风险和碳核算成本也较高。未来将需要 2500 万美元开展此类研究,如技术准备、有限和受控的海洋试验。

(3) 海藻养殖:通过大规模的海藻养殖将碳转移到深海或沉积物中,这类方法具有中等功效和中高等耐久性,环境风险中到高等。估计需要 1.3 亿美元开展研究,用于大规模高效养殖技术、海藻生物量的长期跟踪以及环境影响评估。

(4) 生态系统修复:通过保护和恢复沿海生态系统以及恢复鱼类、鲸鱼和其他海洋野生动物来实现碳封存,这种方法环境风险最低,协同效益高。预计需要 2.2 亿美元用于此项研究,包括对大型藻类、海洋动物和海洋保护区的影响。

(5) 增加海水碱度:通过化学方法增加海水碱度,从而增强海水对大气中二氧化碳的吸收,这种方法的可行性较高,环境风险中等,预算成本中至高等。估计需要 1.25 亿~2 亿美元开展研究,包括现场和实验室实验以探索对海洋生物的影响。

(6) 电化学方法:通过电流产生电化学反应,这些过程可以增加海水的酸度以释放出二氧化碳,或者增加海水的碱度以增强二氧化碳封存能力,这种方法的可行性高,可拓展性强,但与其他方法相比,成本最高,而且环境风险较高。估计需要 3.5 亿美元用于重点研究,包括示范项目以及开发和评估改进材料。

其中,海藻养殖属于渔业碳汇,生态系统修复属于海岸带蓝碳的范畴,营养施肥、人工上升流和下降流、增加海水碱度和电化学方法则属于海洋负排放技术应用而产生的碳汇。可以看出,海洋负排放技术潜力巨大,但正处在理论研究向实践应用转化的关键阶段,是否能成功应用仍需验证。

6.2.2　国内发展海洋碳汇措施及潜力

1. 我国海洋碳汇增汇措施

1) 海岸带蓝碳增汇技术

1949 年以来,我国由于围海晒盐、围海造田、围海养殖、填海造地等行为导致约 2.19 万 km^2 滩涂消失,使国内的海岸带生态系统遭到了不同程度的破坏,直接造成红树林、海草床、滨海沼泽等大规模丧失,碳汇量下降较为明显。因此必须采取有效措施,加强海岸带生态养护和修复,从而提高其碳汇能力。

近年来，国家和地方纷纷出台措施，通过自然恢复和采取人工造林、人工促进天然更新、开展生态工程、建立自然保护区及生态农牧场等人工恢复措施进行增汇。

(1)红树林碳汇增汇

红树林增汇主要通过红树林生态恢复工程实现。红树林修复工程通过退塘还林、退堤还海、人工再造生境和海岸工程等方式，扩大宜林生境面积，因地制宜养护和恢复红树林种群，其中退塘还林将成为我国未来红树林修复的主要方式[4]。

红树林的生态恢复和扩增，主要通过人工造林、人工促进天然更新、实施"南红北柳"生态工程、建立自然保护区和生态农牧场等措施来实现。此外，还需要提高红树林保护意识，建立保护区与社区共管机制，减少因经济发展给保护区带来的压力和威胁，完善红树林保护管理法规制度，为红树林湿地保护管理提供法律保障。

①人工造林

人工造林分为胚轴造林、容器苗造林、天然苗造林，涉及宜林地选择、树种选择与引种、栽培技术应用、植后管护及监测 4 个方面。其中，天然苗造林因成效最低故而使用最少，容器苗造林幼苗的各种生长指标均优于胚胎造林。树种繁殖体特征、造林目标和生境条件是选择造林方法的决定因子。

②人工促进天然更新

该方法属于保护性的造林方式，一般用于母树被砍伐后的自然恢复过程。随着恢复理论和技术的不断成熟，该方法已成为恢复红树林种群的有效方式。

③建立自然保护区

我国各类自然保护区共建成 28 个，保护红树林湿地面积共 260.93km^2。其中国家级保护区 7 个，省级保护区 10 个，市县级保护区 11 个。

④开展生态工程

《中华人民共和国国民经济和社会发展第十三个五年规划纲要》提出实施"南红北柳"湿地修复工程，南方以种植红树林为代表，海草、盐沼植物等为辅，计划新增红树林 25km^2。

红树林生态恢复工程的关键是宜林地的选择标准。根据半定位试验点潮滩高程水准测量资料、潮位观测与分析等资料，只有当潮滩发生淤积并达到平均海平面以上的高程，红树林才能存活；林外海向光滩也只有淤积到平均海平面以上的高程，提高红树林向光滩扩展的可能性[5]。

随着技术和管理的进步，目前人工造林的成本已降至 1 元/株以下，且已可以较高的成活率和保存率实现自然繁殖。截至 2020 年，我国已建立种类红树林自然保护区 28 个（其中国家级 7 个、省级 10 个、市县级 11 个），近年来我国红树林面积稳定增长，已达到 20 世纪 50 年代规模的 1.6 倍。

(2)海草床碳汇增汇

海草床增汇通过海草床生态的自然恢复和人工恢复来实现，无论是何种修复方法，改善水质被认为是海草床修复最重要的因素之一，而修复的目标则包括增加海草床枝茎密度、提高海草床总面积、恢复海草床生物多样性等[6]。

①自然恢复

海草床生态恢复是通过恢复生境来实现的，通过保护、改善或者模拟生境，借助海草的自然繁殖，来达到逐步恢复的目的，实质上是海草床的自然恢复。

②人工恢复

人工恢复包括种子法和移植法。种子法是利用海草的有性繁殖方式实现受损海草床的修复，它对种子供给海草床干扰小，播种成本低，劳动力需求少，是规模化海草床修复和深水水域海草床修复的首选方法，值得进一步推广；移植法则是利用了海草的恢复和扩张机制——无性繁殖方式，具有较高的成活率和成功率，成为目前使用最多的海草床修复方法[6]。

我国已形成了成熟的海草床恢复技术体系，构建了海草种子库，掌握了海草种子保存、播种、萌发及幼苗培育、种植、移植技术。目前，我国在威海、青岛沿海进行了海草恢复与重建示范，恢复了相当规模的海草床。预计我国可恢复的海草床面积超过 0.1 万 km^2，以固碳速度 $376\sim646\ tCO_2/(km^2\cdot a)$ 估算，每年可新增碳汇量 37 万～65 万 tCO_2[6]。

(3)滨海沼泽碳汇增汇

我国采取了大量措施在辽河口、黄河三角洲、福建沿海相继开展了滨海沼泽的修复工作，包括实施生态工程、人工措施和生物修复等，通过水动力调控、基底修复、植物引种等方法恢复滨海沼泽湿地景观，最终建立海岸带湿地生态系统的固碳增汇技术体系。

①人工措施

通过水盐和养分调控、固碳植物筛选等人工措施对滨海湿地生态系统固碳减排，建立海岸带湿地生态系统的固碳增汇技术体系。

②生物修复

通过研究退化湿地生态系统的生物修复，重建高生物量、高碳汇型水生生物群落，改善湿地土壤及水体环境等措施来建立海岸带退化湿地的固碳增汇技术体系。

③生态工程

实施"南红北柳"生态工程，计划新增芦苇 $40km^2$、碱蓬 $15km^2$、柽柳林 $5km^2$[7,8]；推动实施"退养还滩"，在盘锦市已累计退出海水养殖面积 $14.67km^2$，为辽河口盐沼恢复提供了空间。

④建立健全管理制度

2018 年 7 月国务院印发《关于加强滨海湿地保护严格管控围填海的通知》，重点明确了 4 个方面政策要求：严控新增围填海造地；加快处理围填海历史遗留问题；加强海洋生态保护修复；建立滨海湿地保护和围填海管控长效机制。

2)渔业碳汇增汇技术

渔业碳汇主要通过增加海水养殖面积、开发多营养层次综合养殖模式等措施发展海水养殖业，以及建立海洋牧场进行增汇。

(1)增加海水养殖面积

我国滩涂和浅海面积广阔，是世界上陆架海域最广阔的国家之一，目前我国海水养殖主要集中在水深 20m 以内的区域，水深 20～40m 的水域则利用极少，导致浅海利用率不足 10%。我国 20～40m 水深的海域面积约 37 万 km^2，按照 5%的利用率和目前我国养殖大型海藻平均固碳密度 1578 tCO$_2$/(km^2·a) 来计算，预计每年可增加碳汇 2919.3 万 tCO$_2$[7]。我国有着广阔的海域空间，因此提升渔业碳汇的空间潜力巨大。

（2）提高单位面积的碳汇率

提高单位面积的碳汇率的具体措施可从两个方面入手：基于养殖生态容量进行标准化养殖，吸取早期海水养殖业盲目扩张、超负荷养殖导致产量下降经验，初步建立滤食性贝类和大型藻类的养殖容量评估技术，筛选高固碳率的养殖品种，科学评估养殖容量和密度，编制碳汇计量方法，制定技术规程，合理规划增汇养殖方式，形成结构优化、密度适宜、功能高效的养殖生态系统，从而实现资源利用和碳汇规模最大化。多营养层次综合养殖模式提高单位面积的产量，针对过往单品种为主的渔业养殖，固碳效率低、病害频发、水体环境易受损等问题，推广由不同营养级生物(投饵型鱼类和虾蟹类、滤食性贝类、大型藻类和沉积食性动物)组成的多营养层次综合养殖模式，充分实现海域资源和碳的有效循环利用，加速生物泵运转，使各个营养层级生物的碳汇能力得到充分发挥，在提高养殖容量和产出的同时，减轻养殖活动对海域生境的压力。

（3）海洋牧场和渔业养殖

海洋牧场和渔业养殖是海洋生态环境修复、深水养殖、标准化养殖和多营养层次综合养殖技术相融合的海水养殖新模式，也是实现我国渔业碳汇扩增的有效新途径。

海洋牧场强调先场后牧，即先通过人工鱼礁等工程技术，建设或修复海洋牧场，建设海域生态环境，继而开展相关生物生产活动。在海洋牧场中，贝藻类生物不是作为经济物种来执行碳汇功能，而是作为海洋牧场中基础环境生物来执行碳汇功能。海洋牧场中固碳生物的种类更加多元，固碳途径更加多样化，其碳汇作用可长期不间断进行。

我国海洋牧场的建设正处于快速发展阶段，截至 2020 年 12 月，我国已建成国家级海洋牧场示范区 136 个[8]，面积超过 1700km^2，海藻/草、贝类和硬骨鱼类每年可实现的碳汇扩增量约为 90 万 t。

（4）野生大型海藻增汇

科学评估野生大型海藻(如绿潮肇事藻种——浒苔)，探索通过开展人为干预和主动利用的增汇技术。

有研究显示：绿潮暴发早期，近海具有显著的碳汇功能。绿潮消亡时，虽然由于大量浒苔腐烂，短期内近海转变为碳源；但长期看，约 30%沉入海底的浒苔中的藻源碳能以不同形态的稳定碳形式(包括沉积碳、惰性颗粒或溶解有机碳、稳定态溶解无机碳等)最终被长久封存于海洋中，推动近 10 年来黄海绿潮暴发海区的溶解碳库量逐年递增。因此，利用浒苔环境适应能力强、繁殖速度快的特点，在增加近海碳汇方面亦可能具有重要开发潜力。

此外，野生大型海藻如海带，最长可生长至 50m，生长速度是树木的 30 倍，每天生长高达 0.6m，可连续生长 7～20 年。在此基础上，可考虑在一定深度的海域中人工构建大型海藻海底附着基础，通过野生海藻场的建设实现增汇。

3) 微型生物碳汇增汇技术

海洋微型生物碳汇的增汇措施还处于基础研究阶段,主要包括海陆统筹生态工程、海洋碱化、与大藻养殖结合的人工上升流技术和"三泵集成"技术。

(1) 基于海陆统筹的近海增汇技术

陆源营养盐和有机物质输入不仅会导致近海富营养化、引发赤潮等生态灾害,也影响河口和近海储碳。尽管初级生产力在一定程度上会随营养盐增加而增加,但因为海洋光合作用产物基本上是活性有机碳,反而成为滋生异养细菌的温床。尤其是在海源活性有机质的"激发效应"作用下,大部分陆源输入有机碳会在河口和近海被转化成 CO_2 释放到大气,使得高碳汇的河口近海反而成为排放 CO_2 的排放源[9,10]。

通过海陆统筹的生态环境保护工程,降低陆地营养盐输入,可以增加近海储碳功能。具体措施主要是合理减少无机化肥用量,减少陆源污染物入海,降低海洋微生物的降解速率,使微生物可以在近海更加有效地将有机碳惰化,更多惰性溶解有机碳随后由海流带入大洋进行长期储碳,从而实现碳汇增加。

(2) 基于海洋碱化的碳酸盐沉淀技术

海洋通过溶解度泵,可将 CO_2 转换成 HCO_3^- 以溶解无机碳的形式长期存储于海水中。海水碱度是衡量海洋对 CO_2 缓冲能力的关键指标。如何提升海洋碱度(即海洋碱化),进而提高海洋的储碳能力是目前国际海洋科学研究的热点。但相对于现在人类活动的排放量,短期内仅依靠矿物的自然风化对当下固碳与储碳的作用非常有限。因此,需要开展提高海水碱度,增加海洋碳汇技术的研究。目前,缓解海洋酸化的手段主要是向海洋中添加碱性矿物(如橄榄石、黏土矿物等),从而使海洋吸收 CO_2 以 HCO_3^- 的形式存储在海洋中。当前国际上对于橄榄石增加碳汇的技术还处于起步阶段。

同时,微生物诱导碳酸盐沉淀是自然界广泛存在的一种生物诱导矿化作用,可将有机碳通过生物矿化作用形成无机碳酸盐岩矿物,通过沉淀进行永久稳定封存。上述橄榄石水解能进一步提升沉积环境的碱度,保证 $CaCO_3$ 沉淀所需要的碱度和高 pH[9]。

综上所述,在出现富营养化趋势的典型海区和养殖区,可探索基于海洋碱化的海洋微型生物介入的碳酸盐沉淀增汇技术。

(3) 基于营养盐调控的人工上升流技术

基于营养盐调控的人工上升流技术一般与大藻养殖相结合。在大型海藻高密度养殖区,养殖密度过大会造成上层水体内营养盐极度缺乏,无法满足海藻快速生长的需求,甚至会引发海藻在春季大量死亡;与此同时,在养殖区海藻无法生长的底层水体中氮、磷较为丰富,却得不到有效利用。

人工上升流技术可以有效调节深海和浅海区域营养物质的分布,从而提高渔业养殖区域生物碳泵和微型生物碳泵效率。目前,我国的人工上升流系统研究处于国际先进水平,已设计并制备了一种利用自给能量、通过注入压缩空气来提升海洋深层水到真光层的人工上升流系统,并已进行了两次湖试试验和一次海试试验,前期探索了基于营养盐内在循环调控(人工上升流原理)的近海大型海藻生态系统增汇技术,实现增汇效率30%[10],证明该方法可有效刺激局部海域初级生产力的提高,从而实现海域增汇。

此外，人工上升流技术还可以用来调控惰性溶解有机碳，提升海洋底层珊瑚礁系统的增汇能力[9]。

(4)"三泵集成"增汇技术

"三泵集成"增汇技术可以看作基于海洋碱化的碳酸盐沉淀技术与大藻养殖产业的结合。

"三泵集成"具体来讲就是首先利用生物泵提高碳通量，即以海洋微藻为大气 CO_2 主要捕获载体，在表层海水中扩大培养海洋微藻，将大气中的 CO_2 捕获至海水中。然后通过微生物碳泵和碳酸盐碳泵(microbial carbon pump-carbonate carbon pump，MCP-CCP)协同储碳过程，通过在海藻生长海域抛撒橄榄石、黏土矿物等，将生成的微藻生物体在矿物吸附作用和重力作用下快速沉积到海底。通过橄榄石水解会提升其周围水环境的碱度，促进 HCO^- 与海洋中存在的 Ca^{2+} 反应生成 $CaCO_3$[11]。

目前，"三泵集成"增汇技术处于研究初期阶段，主要集中在理论研究和实验室小规模实验，其增汇能力和可行性有待于开展后续系统性研究，包括通过室内培养实验、船载模拟现场培养实验、海洋现场围隔实验，获取第一手数据资料和生态过程参数。在此基础上建立有关数学模型，模拟不同环境条件和生态情景下 MCP 与 CCP 的调控机制和变动规律，进而建立海洋储碳研究的整套观测技术和分析方法，以及海洋储碳的评价标准体系。

在海岸带蓝碳、渔业碳汇和微型生物碳汇三个重点领域的增汇技术中，海岸带蓝碳增汇技术最具有现实可行性，渔业碳汇最具产业化开发前景，而微型生物碳汇则适合与渔业碳汇相结合，从而最大化产业规模和增汇潜力。

2. 我国海洋碳汇增汇潜力

1)海洋碳汇资源分布情况和特征分析

我国海洋碳汇发展自然条件优越，拥有近 300 万 km^2 的主张管辖海域、1.8 万 km 的大陆海岸线和 1.4 万 km 的岛岸线。海域广阔、海洋生态系统多样、海洋生物资源丰富。据不完全统计，我国近海自然海域总面积超过 470 万 km^2，滨海湿地面积约 6.7 万 km^2，是海洋碳循环活动极其活跃的地区。同时，我国海水养殖业发达，养殖面积和产量多年稳居世界首位，是世界上贝藻养殖第一大国，15m 等深线以内的浅海滩涂面积 12.4 万 km^2，海水养殖空间潜力大。

(1)海岸带蓝碳资源

我国海洋碳循环活动最活跃的地区——滨海湿地面积约为 6.7 万 km^2。滨海湿地可分为滨海沼泽湿地、潮间砂石海滩、潮间带有林湿地、基岩质海岸湿地、珊瑚礁、海草床、人工湿地、海岛等，其中红树林、海草床、滨海沼泽三大蓝碳生态系统在全国范围内分布广泛。

①红树林资源

全球红树林主要分布于热带和亚热带(南北回归线之间)的海岸潮间带，面积约为 15.2 万 km^2[7]，占全球热带海岸的 75%，占全球陆地森林面积的 0.4%。全球红树林共有两个分布中心，一个在东亚，一个在中南美洲，而以东亚较为繁茂，我国的红树林与东亚的红树林是同一类型。我国现有红树林总面积 328km^2[7]，约占全球资源总量的 0.22%～0.24%，主要分布于东部及东南沿海滩涂，如广西、广东、海南、台湾、福建和浙江南部沿岸。

红树林分布受到温度、盐度、洋流、潮汐等影响，温度是红树林分布的主要限制因子，红树林分布区的年平均温度高于 18.5℃，最冷月温度高于 8.4℃，因此受环境变化影响大。同时，由于海岸带生态系统缓冲能力弱，红树林受人类活动影响更大，极易受到破坏，破坏后很难恢复原状。受人类活动的影响，全球红树林面积呈缩减趋势，1980～2000 年以每年 2.1%的速度消失，面积减少了 35%；近年来缩减速率有所降低，2000～2005 年消失速率约为 0.66%[9]。一般认为，我国红树林面积在历史上曾达 0.25 万 km^2，20 世纪 50 年代为 420km^2，2000 年降至最低的 220km^2[7]。

21 世纪以来，我国加大了对红树林的保护和恢复。通过严格保护天然红树林和大规模人工种植红树林，成功遏制了我国红树林面积急剧下降的势头，红树林面积从 220km^2 恢复至 328km^2，成为世界上少数红树林面积净增加的国家[4]。

②海草床资源

海草床分布于除南极以外的 –6m 浅海水域，最大水深可达到 90m。全球海草床面积为 17.7 万～60 万 km^2[1]，占海洋总面积比例很小。近年来，全球海草床面积急剧下降。资料显示近 20 年，全球范围内有大约 3.3 万 km^2 海草床受到人类直接或间接影响，由于人类对近海海域频繁的干扰活动，海草床 1990 年以后以每年 7%的速度在减少[12]，至今全球 29%的海草床已消失，成为海岸带消失速度最快的生态系统之一[6]。我国海草床也出现严重的退化现象，与 1950 年相比，超过 80%退化，甚至消失。根据国家科技基础性工作专项重点项目"我国近海重要海草资源及生境调查"调查发现，我国现存的海草床面积约 87.65km^2[7]，不足全球资源总量的万分之五。

海草床在我国类型多样，分布范围较广，从辽宁到南沙群岛沿岸均有分布，基于我国海草分布的流域特点，可划分为南海海草分布区和黄渤海海草分布区。南海海草分布区包括了海南、广西、广东、香港、台湾和福建沿海，黄渤海海草分布区包括山东、河北、天津和辽宁沿海，南海海草分布区在数量和面积上均超过黄渤海海草分布区。

③滨海沼泽资源

滨海沼泽在全球分布广泛，一般分布在温带海滨，通常位于盐度较高的河口或靠近河口的沿海潮间带，沼泽植被根冠比可达 1.4～5.0[2]，具有很高的生产力、丰富的生物多样性和极为重要的生态系统服务功能。在世界范围内，滨海沼泽的总面积因分类学差异导致统计数据大小不一，综合估算其面积为 2.2 万～40 万 km^2[1]。

滨海沼泽是我国主要的海岸带植被群落类型之一，在沿海各省均有分布，是我国沿海湿地中面积最大的海岸带蓝碳生态系统类型。我国的盐沼湿地主要分布在环渤海湾、江苏沿岸和长江口等地，在南方热带亚热带区域也有部分分布。近些年受围垦、填海造陆、海堤建设、排水和道路建设影响，滨海沼泽生态系统消失速度加快，初步估算我国滨海沼泽面积在 1207～3434km^2，最新的中国国家尺度湿地遥感图发现盐沼湿地面积为 2979km^2，占全球的 0.74%～13.5%[1]。

(2)渔业碳汇资源

渔业碳汇资源与海水养殖产业密切相关。我国海水养殖自然条件优渥，有近 300 万 km^2 的主张管辖海域，15m 等深线以内的浅海滩涂面积约 12.4 万 km^2，20～40m 水深的海域面积约 37 万 km^2，而目前我国海水养殖面积仅为 204 万 km^2，未来海水养殖的空间潜力巨大[13]。但随着渔业碳汇养殖规模的不断扩大，也存在海水养殖与其他行业海域使用的冲突、单位面积生产率偏低、养殖空间严重萎缩、海域深耕程度偏低、养殖海域水质恶化等问题，制约了我国渔业资源的开发。

我国是全球海水养殖业最发达的国家，养殖面积和产量居世界首位，2020 年全国海水养殖面积接近 2 万 km^2，产量达到 2135 万 t。贝类和藻类养殖是我国产量最大的海水养殖对象，2020 年全国海水贝类养殖面积近 1.2 万 km^2，养殖贝类产量 1480 万 t；海水藻类养殖面积 0.14 万 km^2，养殖藻类产量 261 万 t，贝藻类养殖面积和产量分别占全国海水养殖的 67.11%和 81.56%[14]。中国工程院一项咨询研究项目结果显示，海水贝藻类养殖具有高效"固碳"作用，仅贝藻类养殖每年就可以移出碳 120 多万 t，相当于义务造林 0.5 万 km^2/a[15]。

有资料显示，在我国四大海域中养殖结构最优的南海海域碳汇转化比最高、东海最低，渤海、黄海沿岸海水养殖业碳汇转化比相差不大。从时间维度，南海海水养殖业碳汇转化比基本维稳，渤海和黄海波动不大，东海碳汇转化比呈显著下降趋势。其主要原因是东海藻类养殖比例逐年增大，但藻类除了碳汇功能外，还有改善水质、提供水体中的氧气和水生动物必要的生存环境的作用，偏向藻类的养殖结构虽然使碳汇转化比有所降低，但其对环境的正外部性效应仍是不容忽视的。此外，我国各海域碳汇能力逐年升高，其中黄海最高，原因是黄海的贝类碳汇量显著大于其他海域[16]。

(3)微型生物碳汇资源

微型生物碳汇是储碳量最大的海洋碳汇，占海洋生物量的 90%以上。看不见的微型生物(浮游植物、细菌、古菌、原生动物)是海洋碳汇更重要的贡献者。特别是在营养盐丰富的海岸带生态系统中，浮游植物的丰度和多样性远高于远海。已有研究表明，全球海洋浮游植物的年平均生产力占地球表面初级生产力的 46.2%。与陆地植物相比，海洋浮游植物生长速率高，甚至是陆地植物的 105 倍。微型生物尤其是异养细菌和古菌生态过程可产生惰性溶解有机碳，其总量可与大气二氧化碳的含量相媲美。据估计，微型生物产生的有机碳中有 5%～7%是惰性溶解有机碳，这部分有机碳不会被迅速矿化，可以积累在海洋中长期存在，因而构成了海洋的长期储碳[7]。

资料显示，东海和南海向西北太平洋和南海邻近海域输出的有机碳，大部分是经过微型生物利用和转化后残留在特定环境下的有机碳。此外，微型生物作用驱动形成的有机碳以及碳的沉积埋藏等还形成了渔业碳汇的重要部分。

微型生物虽然在我国海洋碳汇中贡献巨大，但受人类活动特别是海陆间营养物质传输影响较大。我国局部海域就因为陆地污染物向海洋中排放造成富营养化和海水酸化等，改变了微型生物碳泵的大小，从而影响对惰性溶解有机碳的固定并导致海洋从碳汇变成碳源。

2)我国海洋碳汇产业发展潜力

(1)海岸带蓝碳

海岸带蓝碳是地球上最为密集的碳汇之一，滨海沼泽、红树林、海草床的碳埋藏速率远高于陆地森林，部分增汇技术已比较成熟，增汇潜力巨大。

业内估算，我国可预期、可施行的海岸带蓝碳年增汇量为 398 万～602 万 tCO_2；其中红树林年增汇量 21 万 tCO_2、海草床年增汇量 37 万～65 万 tCO_2、滨海沼泽年增汇量 340 万～516 万 tCO_2[7]。仅从数字上来看，海岸带生态系统无法形成碳中和所需的巨大碳汇量；但这是基于各类生态系统平均碳埋藏速率保守计算的，而健康的海岸带蓝碳生态系统的碳埋藏速率远大于平均值，因此通过实施基于生态系统的海洋管理可以有效提升海岸带蓝碳生态系统的增汇潜力。

(2)渔业碳汇

渔业碳汇是目前产业化开发的主力军，主要包括藻类养殖、贝类养殖、增殖放流及捕捞业等。以大型藻类为例，我国大型藻类养殖每年形成碳汇量约 500 万 tCO_2。考虑到中国海是以浅海为主，极其适宜大型海藻养殖，海藻养殖本身又是海洋经济的一个重要产业，在碳中和目标下，发展大型海藻碳汇是最具潜力、实际操作性和可持续性的一个海洋增汇路径。

业内估算，我国可预期、可施行的渔业碳汇年增汇量约 6839 万 tCO_2，其中扩增养殖面积增汇 2919 万 tCO_2、混养改造增汇 372 万 tCO_2，海洋牧场建设增汇 3548 万 tCO_2[7]。

(3)微型生物碳汇

微型生物碳汇是储碳效率最高的碳汇技术，相比于海岸带蓝碳和渔业碳汇，微型生物碳汇还处于基础研究阶段，尚无法在产业化进程中兑现其碳汇潜力。微型生物碳汇在近期最具兑现潜力的两种碳汇模式：一是在海陆统筹的思想指导下，通过合理减少农田过度施肥，从而减少河流营养盐排放量，使微型生物在近海更加有效地将有机碳惰性化，并随后由海流带入大洋进行长期储碳；二是在近海大型海藻高密度养殖区，利用上升流技术使微型生物更加有效地将有机碳惰性化，并随后由海流带入大洋进行长期储碳。两种碳汇模式均可实现微生物增汇，其中基于营养盐内在循环调控的人工上升流技术，经海上实测示范，可实现增汇效率 30%。通过上述两种碳汇模式，业内初步评估微型生物碳汇年增汇量可达到 4100 万 tCO_2。

综合上述对海岸带蓝碳、渔业碳汇和微型生物碳汇的增汇潜力估算，得到我国海洋碳汇增汇潜力为 11337 万～11968 万 tCO_2，见表 6.4。

3. 我国海洋碳汇发展路径分析

1)应用基础研究(目前至 2025 年)

加强和深入海洋生物，特别是海洋微型生物的固碳机制研究，完善滨海湿地碳汇核算方法，开展负排放技术研发；继续开展海洋碳汇的碳计量标准和方法学研究，进行固碳量的测定方法和计量标准制定。

表 6.4　我国海洋碳汇增汇潜力评估[7]

类别		恢复面积/万 km^2	年增加碳汇量/万 tCO_2
海岸带蓝碳	红树林	0.035	21
	海草床	0.1	37~65
	滨海沼泽	0.42~0.64	340~516
	小计	0.56~0.78	398~602
渔业碳汇	扩增养殖面积	1.85	2919
	混养改造	0.17	372
	海洋牧场建设	1.93	3548
	小计	3.95	6839
微型生物碳汇			4100
总计			11337~11968

2）技术研发（2025~2035 年）

重点以微型生物碳泵为主攻方向，开展陆海统筹减排增汇的调控机制和关键技术研究；力争形成规范化、标准化的海洋碳汇量计量方法体系，完成相关标准、政策和法规的建立，完善国际合作和自主研发机制。

3）工程化示范（2035~2040 年）

建立完善的红树林保护区、海洋牧场等海洋生态项目，实施蓝碳生境重建工程、渔业碳汇扩增工程及人工蓝碳示范工程；推动蓝碳市场的试点建设和地方建设，在沿海省份率先启动蓝色碳汇交易试点建设，通过地方立法先行先试，制定和完善海洋碳汇交易市场的顶层设计。

4）产业化推广（2040~2060 年）

研究和建立海洋碳汇监测、报告和核查技术体系，建立和完善海洋碳汇交易体系、量化生态补偿机制，出台相关法律法规和交易制度，构建相对独立于全国碳市场的蓝碳交易市场。

总的来说，海洋碳汇技术的发展需要稳步推进，将远期目标与近期目标相结合，实现二者的有机统一。

6.3　我国发展海洋碳汇挑战与建议

虽然我国已积极开展行动，推动了海洋碳汇产业稳步向前发展，但依然面临以下挑战。

6.3.1　我国发展海洋碳汇的挑战

我国发展海洋碳汇的自然条件较为优越，相关研究虽起步较晚，但目前已走在世界前列，率先提出了微型生物碳汇等海洋碳汇新类型。

(1)我国海洋碳汇资源丰富。主要包括海岸带蓝碳、渔业碳汇和微型生物碳汇三种类型，总储碳量约 80 亿 t，年碳汇量为 2.9 亿～3.6 亿 t。

(2)我国海洋碳汇的增汇技术发展较为迅速，具有一定的产业化前景。据初步测算，每年可预期、可施行的增汇量约为 7000 万 t(不包括微型生物碳汇)，年总增汇潜力超过 1.1 亿 t。其中，渔业碳汇的增汇潜力最大，增汇措施也具体可行，是近中期增汇的主要领域。

(3)我国已积极开展行动，推动海洋碳汇产业稳步向前发展。实施"南红北柳"生态修复工程和海洋牧场建设，将海洋碳汇纳入应对气候变化和经济社会发展的政策规划体系。

发展海洋碳汇产业也面临一定的挑战。

(1)技术支撑体系不够成熟。海岸带蓝碳、渔业碳汇正处于产业发展的初期阶段，相关规章制度、行业规范及技术标准亟待完善；微型生物碳汇总体上还处于探索研究阶段，仍需进一步做好基础性研究工作，提升国际认可度；计量标准和方法学基础薄弱，尚未建立健全的评估和核算体系，较难全面做到"可衡量、可报告、可核查"。

(2)政策保障体系不够完善。海岸带生态、海洋动植物和海洋生态环境管理等尚未列入国际应对气候变化总体安排，多数国家还未形成完整的海洋碳汇政策体系。我国近年来虽在政策导向上明确支持和鼓励海洋碳汇产业发展，但缺乏具体的指导意见和保障措施。

(3)市场认可程度相对欠缺。海洋碳汇尚未得到国际碳交易机制的普遍认可，目前仅能参与自愿减排市场；我国也尚未将其纳入碳排放权交易体系，产业发展所需的基础经济支撑较为薄弱。

6.3.2　我国发展海洋碳汇的建议

1. 政策建议

一是强化提升产业基础能力。建议国家相关主管部门围绕提升海洋生态系统碳汇能力，加大对基础研究和人才队伍建设的支持力度，推动并加快海洋碳汇理论创新、技术研发和应用示范，构建完善的标准体系和监测系统。

二是建立健全政策保障体系。建议国家相关主管部门将海洋碳汇纳入我国应对气候变化国家自主贡献中，建立健全海洋碳汇促进与保障政策体系。在财政政策方面，设立生态补偿政策和财政奖补政策，加大海洋增汇项目与工程的财政支持力度；在金融政策方面，提供海洋碳汇产业发展专项信贷，降低海洋碳汇产品开发的信用成本、融资成本和交易成本；此外，给予社会资本发展海洋碳汇一定的政策性支持，减税降费，积极引导社会力量参与海洋碳汇建设，促进海洋碳汇产业化发展。

三是探索构建市场交易机制。建议国家相关主管部门开展和完善海洋碳汇核算技术和方法学的研究与制定，推动海洋碳汇纳入国家核证自愿减排量，参与全国碳排放权交易的抵消机制和自愿减排交易；研究建立海洋碳汇产品认证制度，搭建海洋碳汇交易服务平台，依托国家统一碳交易市场，推动构建海洋碳汇交易机制；探索多元化渠道支持海洋碳汇发展的投融资机制。

四是拓展深化国际合作交流。建议加强与有关国家和国际组织在产业发展政策、技术、机制等方面的交流，推广我国在海洋碳汇方面的理念、技术和实践方法，进一步提升我国在海洋碳汇领域的话语权。同时，合作建立健全标准统一的海洋碳汇国际交易体系，为全球应对气候变化贡献中国力量。

2. 产业发展建议

一是建议制定国家层面的顶层设计和发展规划，支持提升海洋生态系统碳汇能力的基础研究，以红树林、盐沼、海草床和大型藻类为重点，推进海洋碳汇生境重建、渔业碳汇扩增、人工碳汇等示范工程，巩固和提升海洋碳汇增量。

二是建议建立陆海统筹减排增汇的协同机制，积极联动海洋能、风能、太阳能等海上可再生能源进行统筹开发和综合利用，推进海上可再生能源产业与蓝碳生态系统空间良性互动，进一步提升海洋生态系统的固碳储碳潜力。

三是建议尽快完成海岸带蓝碳核算技术和方法学的研究与制定，推动其纳入国家核证自愿减排量，参与全国碳排放权交易的抵消机制；引领渔业碳汇、微型生物碳汇等新型海洋碳汇方法学的开发，建立既体现中国特色又与国际衔接的科学合理的方法学，进一步提升国际认可度，推动海洋碳汇纳入国际交易体系。

四是给予社会资本发展海洋碳汇一定的政策性支持，授权或鼓励企业参与海洋碳汇项目的开发和相关收益的管理，如企业完成海洋碳汇项目开发，政府可以每吨碳汇给予1.5～2t 碳配额作为奖励，调动企业积极参与海洋碳汇产业的发展，为国家和企业实现碳中和提供助力。

6.4 小　结

发展碳汇产业是实现我国碳达峰、碳中和目标的重要战略路径。海洋是地球上最大的碳库，开发海洋碳汇不仅是海洋低碳经济的关键所在，也可能成为国际海洋强国的经济增长点，更有助于应对全球气候变化，同时可增强国际影响力和话语权，具有重要的战略意义。

尽管世界各国已充分认识到海洋碳汇在全球碳循环、缓解气候变化及碳交易等方面的重要作用，相关科学研究也取得了显著进展，但产业化开发仍面临着大量的挑战。当前，全球对于海岸带（如红树林）之外的海洋碳汇机制还未达成共识，部分增汇措施也尚未得到国际碳交易机制的普遍认可，其技术研发处于基础研究阶段，计量标准和方法学也基础薄弱。与陆地相比，对海洋碳汇的储量、速率、过程机制和功能的认知仍相对匮乏，也尚未建立起专门的观测和评估体系，难以做到"可衡量、可报告、可核查"。因此，在现阶段海洋碳汇的发展仍需要通过持续的科学进步，凝聚成具有广泛共识的发展路径；并通过加强科学研究和监测，建立健全海洋碳汇的核算体系，形成系统的海洋碳汇核查理论、监测指标和评估方法，确保海洋碳汇的生态可持续发展。

国际社会日益认识到海洋碳汇在应对气候变化和生态系统服务功能中的价值和潜力，海洋碳汇虽然尚未纳入国际碳交易的强制性碳减排机制，但具有良好的国际市场交易发展前景。因此，积极探索发展海洋碳汇产业，对于有效应对全球气候变化、促进低碳经济发展、助力实现我国碳中和目标具有重要意义。

参 考 文 献

[1] 李捷, 刘译蔓, 孙辉, 等. 中国海岸带蓝碳现状分析[J]. 环境科学与技术, 2019, 42(10): 207-216.

[2] 王秀君, 韩广轩, 王菊英. 黄渤海及其海岸带碳循环过程与调控机制[M]. 北京: 科学出版社, 2020.

[3] 张称意, 巢清尘, 袁佳双, 等.《对 2006 IPCC 国家温室气体清单指南的 2013 增补: 湿地》的解析[J]. 气候变化研究进展, 2014, 10(6): 440-444.

[4] 陈鹭真, 王文卿, 石建斌, 等. 中国红树林湿地保护与恢复战略研究[M]. 北京: 中国环境出版集团, 2021.

[5] 蔡立哲, 等. 滨海湿地环境生态学[M]. 厦门: 厦门大学出版社, 2020.

[6] 韩秋影, 等. 海草床衰退机制及管理[M]. 北京: 科学出版社, 2016.

[7] 胡学东. 国家蓝色碳汇研究报告: 国家蓝碳行动可行性研究[M]. 北京: 中国书籍出版社, 2020.

[8] 杜元伟, 单玉坤. 我国海洋牧场生态安全监管政策设计[J]. 中国海洋大学学报, 2021, 4: 11-20.

[9] 焦念志, 刘纪化, 石拓, 等. 实施海洋负排放践行碳中和战略[J]. 中国科学(地球科学), 2021, 51(4): 632-643.

[10] 张永雨, 张继江, 梁彦韬, 等. 中国近海养殖环境碳汇形成过程与机制[J]. 中国科学: 地球科学, 2017, 47(12): 1414-1424.

[11] 王誉泽, 鲁鋆, 刘纪化, 等. "三泵集成"打造海洋 CO_2 负排放生态工程[J]. 中国科学院院刊, 2021, 36(3): 279-287.

[12] 杨顶田, 等. 中国海草分布、生态系统结构及碳通量遥感[M]. 北京: 科学出版社. 2017.

[13] 张继红, 刘纪化, 张永雨, 等. 海水养殖践行"海洋负排放"的途径[J]. 中国科学院院刊, 2021, 36(3): 252-258.

[14] 农业农村部渔业渔政管理局, 全国水产技术推广总站, 中国水产学会. 中国渔业统计年鉴[M]. 北京: 中国农业出版社, 2021: 17-50.

[15] 经济日报. 多部委发文推进水产养殖业绿色发展[EB/OL]. (2019-02-18) [2024-05-08]. https://www.gov.cn/xinwen/2019-02/18/content_5366458.htm.

[16] 陈雪初, 高婷婷. 上海鹦鹉洲滨海盐沼湿地的恢复经验与展望[J]. 园林, 2018, 7: 48-52.

第7章 总结与展望

7.1 海上油气低碳发展现状总结

碳中和目标下，低碳发展逐渐成为国际油公司发展的必然选择，但由于所处环境、资源禀赋以及对当前和未来趋势判断的不同，各油公司的低碳发展策略也有所不同。欧洲油公司作为能源转型和低碳发展的先锋，接连发布2050净零计划，重点关注生物质、氢能、CCUS等领域，积极拓展电力产业链，致力于从单一油气产品向多元化、清洁的能源产品转变，坚定地从"油气生产商"向"综合能源公司"转型。以艾奎诺为例，艾奎诺积极布局低碳业务，大规模使用电网电力或可再生电力，发展CCS产业链，计划到2025年将上游碳排放强度降至8kgCO$_2$/bbl油当量，远低于油气行业气候倡议组织成员企业的平均碳排放强度，并承诺到2030年油气勘探、生产领域减排二氧化碳约40%，减排总量约占目前挪威全国碳排放量的10%，到2040年减排目标为70%以上，2050年前实现全部温室气体净零排放。

美国油公司则仍维持"油气生产商"的战略定位，重返《巴黎协定》后，美国油公司聚焦传统能源生产清洁低碳转型，部分企业加大CCUS等负碳技术的研发力度。总体来看，国际油公司的低碳发展战略主要包括三个方面：①加速发展天然气业务；②大力发展新能源业务，加大电气化投入；③向综合型能源公司转型。

为应对气候变化，各国油公司的低碳发展政策，对于全球能源消费和结构转型、温室气体减排力度和进程有重要的推动作用。我国作为全球最大的能源消费和碳排放国，调整能源结构，降低化石能源消费占比将是我国中长期低碳发展策略。但对于以化石能源为主的油公司来说，碳中和目标对其低碳发展带来了严峻挑战。

1. 油气平台期缩短，油气达峰时间提前

不同于欧美等已经实现碳达峰的国家，我国承诺2030年前实现碳达峰、2060年前实现碳中和，碳达峰后仅剩30年时间实现碳中和，面临着时间紧、任务重的严峻挑战。碳中和窗口期缩短，化石能源需求发展空间受限，压缩油气平台期，促使油气消费达峰时间提前。根据国务院发展研究中心资源与环境政策研究所的报告《中国新能源发展2050：新能源、新经济》测算，中国石油消费达峰时间需提前至2025年，天然气达峰时间将提前至2040年左右。

2. 油气不稳定性增加，降碳与保供压力倍增

油气行业作为我国国民经济的支柱产业，从保障国家能源安全、降低油气对外依存度的角度看，必须持续加大国内油气资源勘探开发力度，提升油气自主供给能力，而在碳中和目标下，温室气体排放约束进一步趋紧，尤其油气消费达峰后，油气需求将逐步下滑，油气勘探开发活动整体收缩，限制了石油市场长期发展空间，油气市场不稳定性增加，极易引发能源安全问题，油公司面临着降碳与保供的双重压力。

3. 化石能源占比高，能源转型难度大

油气行业主要涉及上游油气勘探、开发和储运，下游油气加工、生产及利用等。根据国家发展和改革委员会发布的《中国石油化工企业温室气体排放核算方法与报告指南（试行）》初步测算，2020 年中国油气行业生产加工过程中直接和间接排放的二氧化碳约 6 亿 t，且化石能源燃烧是油气行业最主要的排放源。这对以化石能源为重要供应商的油公司来说，能源转型难度巨大。

除了"双碳"目标对油气行业的共同挑战外，对于海上油气，与陆上不同，海上油气开发远离陆地，油气田开发初期，单个平台负荷较小且相对分散，采用平台伴生气自发电成本较低，可有效保证项目效益；但随着区域油田开发规模及注水增产措施，海上平台电力负荷越来越大，面临着以下难题：①海上自发电机组效率低下，海上燃气/油机组总体效率偏低，单位发电耗能高达陆地 2～3 倍，不仅造成有效石油组分的损失，同时也排放大量二氧化碳。②海上自发电机组对燃料质量要求高，与陆上相比需要增加燃料气管线及预处理环节设备，极大了投资和操作能耗。③海上自发电机组故障耐受能力差，单台机组及单台电站的占比电网容量较大，如果其中一台机组发生故障对电网的影响较大。④我国海上自发电机组技术对外依存度大，长期依赖国外进口，采办周期过长、维护成本高，不仅影响海上平台的建设周期，也增加项目运营成本。特别在国家"双碳"目标下，我国海上油气需结合自身特点，制定合理的低碳转型策略，做好低碳发展的顶层设计。

为积极响应《巴黎协定》，主动应对气候变化，我国海上油气结合"双碳"目标要求以及海上油气开发用电特点，在综合考虑措施的可及性和有效性的基础上，以新发展理念为引领，将绿色低碳确立为核心发展战略之一，以开放的心态迎接能源行业低碳转型发展趋势，提出了减排和增汇两类低碳发展策略。减排方面：提出了努力实现从常规油气向非常规油气、从传统油气向新能源跨越发展的愿景，差异化布局以海洋资源为主体的新能源产业，着力构建清洁低碳、安全高效的能源体系，持续打造全方位绿色低碳管理体系；重点通过清洁电力改造、清洁燃料替代、新能源替代和提高能效等措施减少油气生产中的碳排放。增汇方面：主要是通过发展 CCUS 等负排放技术和增加海洋碳汇来实现补偿或抵消其他排放源产生温室气体的活动。此外，在碳汇开发方面，组织开展林业碳汇开发策略研究，根据国家林业种植或保护规划，进行碳汇项目开发选区和投资成本研究，为布局林业碳汇开发提供参考依据。

7.2　碳中和下海上油气低碳发展趋势展望

油公司作为重要的能源供应商，面临着巨大的减排压力。碳中和目标促使传统油公司加速布局低碳化转型战略，推动能源消费结构优化、发展可再生能源技术和发展碳汇

技术等已成为油气行业的共同选择。

1. 能源消费结构优化

能源消费结构优化是指通过调整能源消费结构，达到提高能源利用整体效益的目的，包括能源消费的清洁化与可再生能源的替代。

岸电供电是海上能源消费清洁化的主要途径，目前海上油气平台多采用自备发电机供电，部分油田无伴生气或伴生气不足，采用原油发电机组，因此不仅原油自耗量大而且发电设备依赖进口。随着区域油田开发规模及注水增产措施，海上平台电力负荷越来越大，而"外引岸电，内推电力组网"可有效解决海上用电难题，是实现海上油气生产碳减排的重要举措。一方面，在现有油气田群与新建油气田群之间积极开展区域电力组网，打破海上油气平台供电孤岛，实现发电设备互用互备，提高供电可靠性与稳定性，提高电站利用效率，节省发电燃料消耗。另一方面，在离岸距离适当且有安全保障的情况下，合理引入岸电，是平台用电碳减排的有效举措。

国外，艾奎诺早在 2005 年就启动岸电供电项目，通过建立 70km 的直流电缆向 Troll A 平台供电。国内也开展了岸电应用顶层设计规划，2021 年 9 月我国首个海上岸电项目秦皇岛-曹妃甸岸电应用工程正式投产，该项目采用高压交流输电，年用电最大负荷 200MW，年用电量 16.6 亿 kW·h，预计到 2043 年将减少二氧化碳排放 258 万 t。有研究预测，岸电工程实施是能源清洁化利用的重大变革，将为海上油气低碳发展带来跨越式发展。

2. 发展可再生能源技术

碳中和目标下，形成以可再生能源为主的能源体系已是大势所趋，构建以可再生能源为主的新型海上供电系统是我国海上油气低碳发展的重要途径，通过探索海上风能、光伏、温差能、风电制氢相结合的能源供应模式，积极支持、配合探索清洁电力供电，既可为平台供电，又可将清洁电力回输至岸上电网，还可为同一海域的其他作业平台或船只提供电力或氢能，实现深度减排。

海上风能作为海洋可再生能源的重要组成部分，是海洋可再生能源中技术最成熟、最具规模化开发条件和商业化应用前景的能种。近年来，随着全球海上风电的发展，我国海上风电发展迅猛。2021 年我国海上风电新增并网装机容量 742 万 kW，超过英国位居全球第一。随着海上风电技术的发展以及面临近海水域用海紧张的现状，向深远海发展已成为海上风电产业发展的必然趋势。因此攻关深远海风电关键技术，打造差异化近海风电产业链，形成海上风电一体化技术和标准体系，是海上风电产业发展的必经之路。中国海油首个风电合作项目——江苏竹根沙项目，2021 年 10 月投产运行，项目规划装机容量 300MW，年上网电量达约 8.6 亿 kW·h，与同等发电量的常规燃煤火电机组相比，每年可减排二氧化碳 57.1 万 t。中国海油首个自主开发的南海 CZ7 海上风电项目，规划装机容量 1500MW，分二期开发，一期计划 2025 年前建成，预计年上网电量为 208636.7 万 kW·h，与同等火电机组相比，一期年减排量可达到 109.97 万 tCO_2。

海上光伏和温差能也是海上可再生能源的重要发展方向。虽然我国整体海上可再生能源发展滞后于发达国家，但我国海上能源丰富，海上光伏装机规模达 7 亿 kW。同样我国南海海域海洋温差能装机容量有望超 3.67 亿 kW，按 2%利用率计算，年发电量可超过 570 亿 kW·h，年减排量达到 300 亿 tCO_2。此外，随着海上可再生能源的发展，储能技术如制氢技术则成为解决海上可再生能源发电送出和消纳的重要手段。目前，欧盟成功开展了全球海上风电制氢技术集成示范，该项目实施年限为 2019～2023 年，产氢量 400kg/d，CO_2 减排量 1000t/a。国内海上风电制氢还处于实验室阶段。BNEF 预测，到 2035 年通过技术创新，我国海上风电装机容量将达到 1.3×10^8kW 左右，按 10%配置氢储能，电解槽制氢规模达到百万吨级，减排量达到千万吨级。

3. 发展碳汇技术

发展碳汇技术是实现海上油气低碳发展的重要途径，而发展 CCUS 等负排放技术和增加海洋碳汇则是海上增汇的两个重要手段，未来亟须通过技术攻关、制度完善等共同推动海上碳汇发展。

1) 发展 CCUS 技术

CCUS 技术将二氧化碳注入地下深处，储存在岩石地层中，类似于油气生产的反过程，这正是油气生产企业的优势所在。IEA 评估报告显示，到 2050 年，CCS 将贡献约 14%的 CO_2 减排量。我国 2021 年启动首个海上 CCS 项目，设计总封存量 146 万 t。特别对于海上 CCUS 技术而言，CO_2 捕集技术与输送能力不足，CCUS 工程实施的经验不足，CCUS 成本和能耗高都是限制海上大规模 CCUS 集群化运营的重要因素。因此，攻关 CCUS 关键技术，降低成本和能耗，探寻海上 CCUS 集群化发展的商业模式，并确保其具有长期安全性和可靠性，努力实现 CCUS 各个环节技术的均衡发展，将是未来海上 CCUS 技术发展的重要方向。

2) 发展海洋碳汇技术

海洋覆盖地表面积的 70.8%，是地球上最重要的"碳汇"聚集地。地球每年使用化石燃料所产生的二氧化碳约有 13%被陆地植被吸收，35%被海洋吸收，其余部分暂存于大气中。有研究显示，全球海洋的固碳能力约为 4000 万亿 t。因此，利用海洋的固碳作用，发展海洋低碳技术，可以在一定程度上缓解化石能源消费造成的全球气候变化问题。虽然目前我国部分海洋碳汇已走在世界前列，如率先提出了微型生物碳汇等海洋碳汇新类型，但海洋碳汇技术整体处于基础研究阶段，相关规章制度、行业规范及技术标准亟待完善。未来亟须提升海洋碳汇在国际上的认可度及关注度，以推动海洋碳汇理论创新、技术研发和应用示范。通过建立陆海统筹减排增汇的协同机制，构建完善的标准体系和监测系统，联动海洋能、风能、太阳能等海上可再生能源进行统筹开发和综合利用，进一步提升海洋生态系统的固碳储碳潜力。

通过对海上油气开发现状和海上油气低碳发展策略和路径分析，本书提出了未来海上油气低碳发展的两大战略。

(1)海上可再生能源与油气田融合发展战略

海上可再生能源与油气田融合发展战略是海上油气低碳发展的重要战略选择。目前海上风能、太阳能和温差能等可再生能源供能不连续、不稳定、不可预测的特性给海上油气田生产电力安全稳定供应带来严峻挑战。通过攻关高比例海上风电接入油气田电网和浮式风电关键技术装备，布局海上光伏以及温差能等资源开发，结合油气田电网，可有效弥补风光发电的不确定性和间歇性。因此，构建海上可再生能源与油气田融合发展新产业，是实现海上油气生产大比例绿色用能的最优选择。未来海上油气低碳发展亟须进一步加强海上绿氢应用方案研究，致力于推进海上风电、制氢、储运与利用各环节的技术发展，积极开展海上能源开发与海洋牧场相结合，探索基于自然岛的近岸(离岸120km 以内)能源岛研究与实践，助力海洋油气生产碳达峰、碳中和目标的实现。

(2)海上 CCUS 技术发展战略。

CCUS 作为化石能源清洁化利用的重要技术，是国家和企业实现碳中和的压舱石技术。《中国二氧化碳捕集利用与封存(CCUS)年度报告(2021)》指出，中国 CCUS 减排需求为 2030 年 0.2 亿～4.08 亿 t，2050 年 6 亿～14.5 亿 t，2060 年 10 亿～18.2 亿 t。目前全流程 CCUS 技术成本、能耗和安全问题制约着 CCUS 产业集群大规模发展，而作为未来温室气体减排的战略性技术，实现其大规模产业化发展取决于技术成熟度、经济可承受性、自然条件承载力及其与产业发展结合的可行性。尤其对于海上油气而言，目前海上 CCUS 发展仍处于起步阶段，虽然具备产业化运行能力，但关键 CCUS 技术还存在差距。因此，突破 CCUS 技术成本和能耗技术、海陆管道安全运行等保障技术，开发有利于 CCUS 的财政政策，布局海上全流程的集成示范项目，构建以中国海油为主要用户的 CCUS 产业链技术体系，探索海上 CCUS 商业发展模式，积极推动我国海上 CCUS 产业集群战略的发展，助力碳中和目标的实现。

7.3　海上油气低碳发展的思考与建议

"双碳"目标对油气行业的低碳化转型提出了更高的要求，作为主要能源供应商，中国海上油气企业需要重新审视自己，处理好产业发展、安全保供与减排约束的关系，充分发挥行业优势，从减排和增汇两方面布局，制定科学的低碳发展路径，为我国"双碳"目标的实现贡献海上智慧。

基于本书的分析和研究提出海上低碳发展的相关建议。

1. 优化能源消费结构，构建以可再生能源为主的供电系统

积极探寻能源消费清洁化的途径，推广岸电供电与海上风电智能微网，发挥海洋工程优势，打造差异化的海上风电产业链，开发海上光伏发电产业，持续攻关海洋温差能发电和海上风电制氢技术，构建以可再生能源为主的新型海上供电系统，推动海上能源结构优化。

发挥海洋工程优势，打造差异化的海上风电产业链，打造规模化近海风电基地。充分挖掘各沿海省市开发业主的风电场资源，通过与地方企业共同开发、与主力风电企业

联合申请、带入风电设备制造产业链等多种模式，加快近海风电资源获取和产业规模扩大进程，降低建设和运维成本，提升项目竞争力。积极布局深远海风电关键技术。研究风机和基础的一体化设计，开发并掌握风机、基础的低成本海上运输和安装技术，探索低成本、高效率、具有较高技术经济性的深远海风电开发之路，打造中国海油海上风电核心竞争力。打造海上风电+岸电的智能微网，实现海上油气生产过程的低碳化，打造以分散式海上风电为主体电源、以岸电为调节性电源的发电、用电一体化模式，既可为油气平台提供稳定可靠的电力供应，也可以解决海上风电的消纳问题，实现新能源与传统油气生产的协同发展。

开发海上光伏产业，在"双碳"目标的指引下，推动海上光伏开发建设，不仅有利于沿海省份突破土地约束，拓展新能源发展空间，并且对优化调整能源结构、推进海洋强国建设以及助力经济社会绿色低碳高质量发展有重要意义。因此，谨慎进入三北地区集中式光伏发电项目，选择性在资源较好的非常规油气区块内开发集中式光伏发电项目，积极推进在适合安装光伏发电组件的办公楼宇、厂房和适宜区域开发分布式光伏项目。对于近海漂浮式光伏系统，目前尚未提出可靠的光伏系统方案，亟须研究可适应我国近海环境的漂浮式光伏开发关键技术和核心装备，寻求具有自主知识产权的海上光伏开发成套通用关键技术。应充分考虑海上光伏开发的全周期建设成本，兼顾设计、制造、施工及运维等各环节的经济性和可靠性，着力在漂浮式支撑结构的核心装备侧探索创新性解决方案，形成装备研发设计核心技术，以便在关键科学技术领域形成理论创新及成果转化，在海上光伏这一蓝海市场取得突破性进展。

温差能是海洋能中最稳定的清洁可再生能源。根据现有技术，当表层温海水与深层冷海水之间的温差大于 18℃时就具有开发价值。海洋温差能主要分布在赤道附近水深1000m 左右的热带海域，我国南海温差能资源潜力大，在岛礁与海洋油气开发等方面具有重要意义。但是，我国在海洋温差能开发利用工程研究方面起步较晚，目前尚无适用于海洋温差能发电的热交换器、氨透平发电机组、海水潜水泵等产品，亟须技术上的突破。海洋温差能开发利用也是中国海油中长期发展规划关注的重要内容，需要攻关的关键技术领域包括：兆瓦级海洋温差能开发热力循环工艺系统、高效热交换器和工质透平系统、深层海水提升重控分析技术、深层海水综合利用技术、温差能发电浮式平台一体化设计等。目前已完成国内首个 10MW 全海式海洋温差能电站概念方案的设计，设计方案包括：热力循环工艺系统、冷水管系统、温差能发电平台总图布置、重控分析、控制及通信系统、电气系统和平台结构的研究设计，以及投资估算和经济评价，这为国家未来开发利用海洋温差能提供了技术和决策支持。

2. 发展碳汇，实现碳抵消

(1)发展海洋碳汇方面：①加大基础研究和人才队伍建设，推动并加快海洋碳汇理论创新、技术研发和应用示范。②构建完善的标准体系和监测系统。③建立陆海统筹减排增汇的协同机制，积极联动海洋能、风能、太阳能等海上可再生能源进行统筹开发和综合利用，提升海洋生态系统的固碳储碳潜力。

(2)开展 CCUS 技术方面：①攻关 CCUS 各个环节的关键技术，加大 CCUS 技术研发投入，降低成本及能耗，推动 CCUS 产业化发展。②完善 CCUS 标准体系和管理制度、CCUS 碳排放交易制度等，建立并完善 CCUS 建设运营所需的技术规范。③建立并完善 CCUS 财税支持政策，给予 CCUS 项目专用设备投资额抵免优惠。④提供稳定持续的科技创新政策支持，提升 CCUS 的技术成熟度、经济性和安全性，推动 CCUS 产业集群示范工程的实施。